China Manufacturing 2025

中国制造2025大众读本

丛书总主编　褚君浩
丛书副总主编　王喜文　朱运海

海洋工程装备及高技术船舶

周忠海　李正宝　编著

山东科学技术出版社

图书在版编目（CIP）数据

海洋工程装备及高技术船舶 / 周忠海，李正宝编著． —济南：山东科学技术出版社，2018.4
（中国制造2025大众读本）
ISBN 978-7-5331-9228-0

Ⅰ．①海… Ⅱ．①周… ②李… Ⅲ．①海洋工程—工程设备—制造工业—工业发展—中国 ②造船工业—工业发展—中国 Ⅳ．① F426.474

中国版本图书馆CIP数据核字（2018）第004810号

中国制造2025大众读本

海洋工程装备及高技术船舶

周忠海　李正宝　编著

主管单位：山东出版传媒股份有限公司
出　版　者：山东科学技术出版社
　　　　　　地址：济南市玉函路16号
　　　　　　邮编：250002　电话：（0531）82098088
　　　　　　网址：www.lkj.com.cn
　　　　　　电子邮件：sdkj@sdpress.com.cn
发　行　者：山东科学技术出版社
　　　　　　地址：济南市玉函路16号
　　　　　　邮编：250002　电话：（0531）82098071
印　　　刷：山东新华印务有限责任公司
　　　　　　地址：济南市世纪大道2366号
　　　　　　邮编：250104　电话：（0531）82079112

开本：720 mm×1020 mm　1/16
印张：16.5
字数：264千
印数：1—3000
版次：2018年4月第1版　2018年4月第1次印刷

ISBN 978-7-5331-9228-0
定价：68.80元

褚君浩，丛书总主编，中国科学院院士，中国科学院上海技术物理研究所研究员，华东师范大学教授，九三学社中央科普工作委员会主任，上海市科普作家协会终身名誉理事长。主要从事红外物理、窄禁带半导体以及铁电薄膜的材料器件物理的应用基础研究，发表学术论文500余篇，出版《窄禁带半导体物理学》等中英文专著3部。获国家自然科学奖3次、部委级自然科学奖或科技进步奖10次。2012年获上海"科普杰出人物奖"；2015年被评为十佳全国优秀科技工作者；2017年获得首届全国创新争先奖章。

王喜文，丛书副总主编，工学博士，博士后，高级工程师，九三学社中央科技专门委员会委员、中央促进技术创新工作委员会委员。1998年8月起在北京第一机床厂工作过两年，后为日本开发10年计算机软件。2009年8月至2017年12月在工业和信息化部国际经济技术合作中心工作，历任信息部副主任、主任，电子商务研究所所长，中国智造与工业4.0研究所所长。

朱运海，丛书副总主编，双博士，博士后，硕士生导师，山东省科学院自动化研究所所长，山东省经济和信息化发展研究院副理事长。致力于智能制造与智慧城市应用技术研究，主持和参与国家重大专项十余项；参与编绘《国家1:100万地貌图图集》1部，参与编译《地理学方法》译著1部；授权软件著作权2项，发表学术论文30余篇，获省科技进步三等奖1项。

科学指导

陈学庚（中国工程院院士，农业机械设计制造专家）

俞建勇（中国工程院院士，纺织材料专家）

施仲衡（中国工程院院士，地下铁道专家）

钱　锋（中国工程院院士，工业过程智能控制专家）

甄永苏（中国工程院院士，微生物与生物技术药学、肿瘤药理学
　　　　领域专家）

编著委员会

主　任

褚君浩（中国科学院院士，九三学社中央科普工作委员会主任）

副主任

孟安明（中国科学院院士，九三学社中央科技专门委员会主任）

白宗文（山东科学技术出版社副社长）

成　员（按姓名笔画排序）

王东伟　王吉星　王传栋　王喜文　王旖旎　石　忠　朱运海

汤华波　负　强　李正宝　李向东　杨正泽　邹　迎　沈　江

尚书旗　周忠海　周思凡　郑　佳　段崇刚　徐　曼　凌沛学

丛书序言

科学技术的进步和普及是社会进步的重要内在动力。《中国制造 2025 大众读本》丛书生动解读和传播中国制造强国建设第一个十年纲领性文件《中国制造 2025》及其技术路线图提及的科学技术，是一套值得大众阅读的科普好书。

习近平总书记在 2016 年"科技三会"上指出："科技创新、科学普及是实现创新发展的两翼，要把科学普及放在与科技创新同等重要的位置。没有全民科学素质普遍提高，就难以建立起宏大的高素质创新大军，难以实现科技成果快速转化。"本丛书编写的目的就在于通过科学普及，让大众都能消化吸收和运用扩展"中国制造 2025"的科技内涵，从而能够在实现创新型国家建设中更好地发挥才智。

目前，我们已经有一些科普网站从事科学传播工作，也有很多普及科学的广播和电视节目、报刊和图书，其内容或是对科学趣味性的发掘，或是对科学之美的展现，或是对读者阅读兴趣的引领，主要是科学知识的普及与传播，侧重于全民科学知识的积累。这为提高全民科学素养奠定了扎实的基础。与此同时，如何进一步传播从知识到技术的转化，以促进产业和经济发展，是需要广大科技工作者尤其是致力于科学普及创作的科技工作者深入思考并身体力行的。

就图书领域来说，由上海市科普作家协会组织编撰、由我担任总主编的国家出版基金项目《战略性新兴产业科普读本》（8 卷本，上海科学技术文献出版社 2014 年出版），已经试着打破传统科普读物那种纯粹以知识普及为主的固有模式，将科普与国家政策、产业发展、科技创新以及社会发展大势紧密融合，从而帮助人们形成产业意识并投入其中，吹响人们"科技行动"的号角。

但是，当时并未意识到科普与国家政策、产业发展等的结合将会开创一个全新的科普读物门类——工业技术科普读物。这次，由九三学社中央科普工作委员会和科技专门委员会成员组织编撰、山东科学技术出版社出版的《中国制造 2025 大众读本》丛书，从国家政策的顶层设计、产业行业的发展轨迹和科学技术的知识内涵等方面，对我国制造强国建设的第一个十年纲领性文件《中国制造 2025》及其技术路线图进行了多方位、全视角、普及化的解读，是对工业技术科普读物内涵的又一次深入发掘，标志着我国原创科普图书创作的一种新模式、新品种、新门类的诞生，将为广大科普爱好者奉上全新的知识盛宴。

工业技术科普的最大亮点，是打破了传统科普读物纯粹的知识普及为主的固有模式，将科普与国家政策、产业发展、科技创新以及社会发展大势紧密融合，体现了科普创作服务于国民经济建设的宗旨，可作为领导干部和公务员的决策参考、可为企业家和相关产业科研人员提供研发启迪、可使学生及普通读者获得具有现实应用意义的新知。[①]

中国制造 2025 具有鲜明的时代特征。"互联网 +"时代，信息技术与各项实体技术深度融合，工业行业的重重围墙不断被突破，"互联网 +"以巨大的资源聚合力和创新驱动力推动着全球工业格局重塑。"互联网 +"以其特有的跨界融合、资源聚合和整合传播力，深刻地改变了人们理解和体验现代科技文明的方式和习惯。以"开放、共享、协作、参与"的互联网精神扎实有效开展工业技术科普，切实构筑我国工业强国建设的公民科学素质根基，迫在眉睫。[②]

中国制造 2025 的核心是创新驱动。习近平总书记多次对中国制造转型升级做出重要论述。李克强总理从政府层面扎实推进中国制造 2025，努力推动形成我国经济发展的新动能。2017 年 6 月 12 日新华社发表标题为《习近平

---

① 佚名.科普爱好者的"盛宴" "战略性新兴产业科普读本"丛书亮相 [N/OL]. 人民网－上海频道 [2014-08-12]. http://sh.people.com.cn/n/2014/0812/c134768-21965506.html

② 张义忠."互联网 +"时代亟须工业科普 [N]. 中国科学报，2015-09-28.

重新定义中国制造》的评论员文章，再次将世界的目光吸引到"中国制造"上来③。文章中归纳出，中国制造，当以创新为灵魂，当以品质为生命，当以人才为根本。现在，在比较挑剔的外国消费者眼里，中国产品的质量也已今非昔比，但我们也应清醒地认识到，中国制造走以质取胜的发展道路仅仅开了个头，人们还多用老眼光来看"中国造"。改变人们的"老眼光"，既要立足于行，使"质量第一"成为从企业到消费者普遍参与的社会行动；也要大力宣传，展现我们在制造业方面"强"的部分，激发人们的自豪和认同。横向对比，"德国制造"之所以长盛不衰，与其拥有大量一流技术工人、发达的职业技术教育分不开。从我国现实看，制约中国制造转型升级的一个瓶颈就是人才短板。建设制造强国，需要培养和造就一支数量充足、结构合理、素质优良、充满活力的制造业人才队伍，为实现中国制造"三步走"战略目标奠定坚实人才基础。相比技术的研发、产品的创新，这一过程更加需要定力和耐心，也更加呼唤企业界、教育界和政府部门等各方的共同努力，其基础在于改变人们对于制造业"傻大笨粗"的老印象、从事制造业"低人一等"的老观念，吸引更多的优秀人才到制造行业中创新创业，就业乐业。《中国制造 2025 大众读本》的策划，正是基于这个信念，从"工业技术普及"的角度，采用科普图书生动活泼的笔触，为产业现状、工业技术倾注各领域专业人士的情感，用带有温度的呈现形式展现出我国制造业的现状和未来。内容架构上，从纵向（历史）的角度展现各领域产业行业的传承与发展，从横向（国际）的角度展现各领域产业行业所取得的成绩以及与世界先进水平的差距。

《中国制造 2025 大众读本》丛书，与国家政策、产业发展、科技创新以及社会发展大势紧密融合，体现科普创作服务国民经济建设的宗旨。丛书共分十册，总论《中国制造 2025 曙光：智能·绿色·融合·创新》结合 2015 年国务院印发的《中国制造 2025》文本，全面剖析我国制造业的新阶段、新形势和新环境，准确分析面临的挑战和任务。其余九册分别围绕新一代信息技术产业、高档数控机床和机器人、航空航天装备、海洋工程装备及高技

---

③ 辛识平. 习近平重新定义中国制造 [N]. 新华社 [2017-06-12]. http://news.xinhuanet.com/2017-06/12/c_1121130716.htm

船舶、先进轨道交通装备、节能与新能源汽车、农机装备、新材料、生物医药与高性能医疗器械等《中国制造2025》要突破发展的九大重点领域（《中国制造2025》提及的是十大领域，其中电力装备对应的分册暂不出版）进行科普解读，系统介绍每个领域产业行业的发展历程、发展路径、技术方向、发展目标以及和社会经济发展的关联。编写中，突出"掌握规律—技术发明—产业应用"的发展脉络和思想，体现所涉及技术、产品知识产权的"自主"和"创新"。内容选取，参照又不拘泥于国家制造强国建设战略咨询委员会发布的《〈中国制造2025〉重点领域技术路线图》，既阐明我国制造业"大而不强"的现状态势以及"从大变强"的意愿和做法，帮助读者"认清家底儿"，又重点展现我们在制造业方面"强且领跑"的部分，激发读者的认同和自信。

本丛书编写团队，由我担任总主编，工信部中国智造与工业4.0研究所原所长王喜文博士和山东省科学院自动化研究所所长朱运海博士具体协调组织，作者以九三学社中央科技委委员为主，既有工信部、科技部下属科研院所以及山东省科学院的青年才俊，又有北京市交通委、中国中车的技术大拿，还有中国科协的首席科学传播专家，更有泰山学者、山东省科学技术最高奖获得者，他们的专业性和对于科技传播和科普创作的热忱，决定了本丛书是一套既有科技含量又有温度的工业技术科普读物。

希望本书有益于深化大众对《中国制造2025》的全面认识。

褚君浩

（中国科学院院士，中国科学院上海技术物理研究所研究员，
华东师范大学教授，九三学社中央科普工作委员会主任　褚君浩）

序　言

　　这是一本系统全面介绍我国海洋工程装备和高技术船舶的书籍，本书内容广泛，资料丰富，紧密围绕着未来十年海洋工程装备和高技术船舶发展方向与重点，针对海洋资源开发装备、海洋空间资源开发装备、综合试验检测平台、高技术船舶、核心配套设备五个方面，就相关概念，关键技术，发展现状、未来趋势等进行了深度的介绍。本书作者在海洋工程技术领域具有20多年的从业经验，经历了我国海洋工程装备及高技术船舶从弱到强，从无到有的发展历程，对海洋工程装备和高技术船舶的发展有着深刻的理解。海洋工程装备是开发、利用和保护海洋所使用的各类装备的总称，是海洋经济发展的前提和基础；高技术船舶具有技术复杂度高、价值量高的特点，是推动我国造船产业转型升级的重要方向。海洋工程装备和高技术船舶处于海洋装备产业链的核心环节，推动海洋工程装备和高技术船舶发展，是促进我国船舶工业结构调整转型升级、加快我国世界造船强国建设步伐的必然要求，对维护国家海洋权益、加快海洋开发、保障战略运输安全、促进国民经济持续增长、增加劳动力就业具有重要意义。

　　我国是一个负陆面海、陆海兼备的大国，提高海洋开发、控制和综合管理能力，事关经济社会长远发展和国家安全的大局。海洋与陆地的一个根本区别是海上的一切活动必须依托相应的装备，人类对海洋的探索与开发都是伴随着包括造船技术、海洋工程技术在内的装备技术的进步而不断深化的。经略海洋，必须装备先行。党的十九大报告明确提出了加快建设海洋强国，《中国制造2025》也指出，海洋工程装备和高技术船舶领域将大力发展深海探测、资源开发利用、海上作业保障装备及其关键系统和专用设备。随着我国海洋强国建设进程向前推进，综合实力不断上升，逐渐建立起了自主可控的装备体系，掌握了一些海洋工程装备和高技术船舶等高端装备的自主研制能力。目前，我国正在大力推进南海开发进程以及海上丝绸之路建设，对海上基础设施建设、资源开发、空间开发等相关装备的需求更为急迫，也对我国高端海洋装备的发展提出了更高的要求。

在过去的五年间，我国海洋科技取得了一系列突出成果，为建设海洋强国奠定了物质和技术基础，现在到了全面建设海洋强国的时候了。未来十年，我国船舶工业应紧紧围绕海洋强国战略和建设世界造船强国的宏伟目标，充分发挥市场机制作用，顺应世界造船竞争和船舶科技发展的新趋势，强化创新驱动，以结构调整、转型升级为主线，以海洋工程装备和高技术船舶产品及其配套设备自主化、品牌化为主攻方向，以推进数字化网络化智能化制造为突破口，不断提高产业发展的层次、质量和效益。力争到2025年成为世界海洋工程装备和高技术船舶领先国家，实现船舶工业由大到强的质的飞跃。

在我国加快建设海洋强国的战略指导下，本书的编写和出版将有助于从事海洋工程装备及高技术船舶的相关人员全面了解我国海洋工程装备和高技术船舶的发展历史和趋势以及在我国经济社会中的重要意义，激励更多的人投身于建设海洋强国的伟大事业中，增强广大海洋工程装备及高技术船舶领域相关人员发展我国海洋工程装备和高技术船舶的紧迫感、责任感和使命感，激励我们共同努力，为把我国建设成为海洋强国而努力奋斗！

（中国海洋大学工程学院教授，博士生导师，

海洋工程系主任　**董胜**）

前 言

在人类开发、利用和保护海洋资源及海上运输的活动中，海洋工程装备及高技术船舶是必不可少的载体和手段，是海洋经济发展的前提和基础。海洋工程装备和高技术船舶处于海洋装备产业链的核心环节，推动海洋工程装备和高技术船舶发展，是促进我国船舶工业结构调整转型升级、加快我国世界造船强国建设步伐的必然要求，对维护国家海洋权益、加快海洋开发、保障战略运输安全、促进国民经济持续增长、增加劳动力就业具有重要意义。

本书聚焦解读《中国制造 2025》规划之海洋工程装备及高技术船舶领域，从重点产品、关键零部件、关键共性技术等角度介绍了高技术海洋工程装备、船舶的现状及未来的发展趋势。

本书从 12 个方面分别介绍了有关深海资源、构成物、现象与特征等资料及数据的采集、分析和显示技术，以及研发的相关装备；世界深海油气资源开发技术的发展特点和趋势及主要的深海油气资源开采装备；深海采矿系统的技术方案及其关键技术和深海矿产资源岩芯探测取样技术与装备；海洋可再生能源的类别及发电技术和各种各样的海洋能发电装备；深海空间站的组成部分及配套设备，展望了深海空间站的发展前景；海洋大型浮式结构物的特点和设计、研究，以及所面临的关键问题；海上试验场国内外的技术现状，从国家战略需求角度点明了海上试验场的重要意义以及国际化海上试验场区建设总体构想；数值水池的概念、建设的主要内容及意义；水下生产系统的各个组成部分及关键设备的构成；动力定位系统、单点系泊系统等海工装备专用设备；LPG 船和 LNG 船、豪华邮轮、极地船舶、新能源船舶、智能船舶等高技术船舶；船舶常规动力装置的现状及常规动力装置的发展趋势，我国船用柴油机产业的发展情况。

本书在编写和出版过程中，得到了山东省科学院海洋仪器仪表研究所各级领导的支持和鼓励，特别对长期以来共同从事海洋工程装备及船舶设计工作的同事给予编者的鼎力帮助，这里一并表示感谢。同时，对书中引用文献的作者深表敬意。

由于海洋工程装备及高技术船舶领域涉及的知识面既广又深，而编者水平有限，书中难免存在不妥之处，恳请广大读者批评指正。

目 录

深海探测技术及装备 1
    深海探测技术 2
    深海浮标技术 4
    海洋遥感技术 7
    水声技术 10
    深潜器技术 12
    大型深水物探船关键技术研究 14

深海油气资源开发技术及装备 18
    深海油气资源开发技术 19
    自升式钻井平台 22
    半潜式钻井平台 24
    张力腿平台 26
    单柱式（Spar）生产平台 27
    浮式生产系统（FPSO）技术 28
    深水钻井船 30
    海上供应船 32
    铺管船 39

深海矿产资源开发技术及装备 ... 48
深海矿产资源开发技术 ... 49
深海采矿系统的技术方案 ... 52
深海采矿系统的关键技术 ... 54
深海矿产资源岩芯探测取样技术与装备 ... 59

海洋可再生能源开发装备 ... 70
主要的海洋可再生能源 ... 71
潮汐能开发技术 ... 74
潮流能开发技术及装备 ... 76
波浪能发电技术 ... 84
海洋温差能发电技术 ... 91
盐差能发电技术 ... 94

深海空间站 ... 100
概述 ... 102
载人自主航行 ... 108
水下钻井 ... 117
平台水下安装 ... 124

海洋大型浮式结构物 ... 128
概述 ... 129
新概念超大型浮式海基规划与设计 ... 132
消波堤 ... 143
模块连接方式 ... 147

海上试验场 ... 153
国内外试验场技术发展现状 ... 154
国家战略需求分析 ... 156
国际化海上试验场区建设总体构想 ... 160
潮流能、波浪能海上试验与测试场 ... 165
试验场架构设计 ... 169

数值水池 ... 171
概述 ... 172
数值水池顶层技术设计 ... 184
船模数值水池的顶层设计 ... 188
造波 ... 192

水下生产系统及关键设备 ... 196
水下采油树 ... 197
管汇及连接设备 ... 200
水下控制及脐带缆系统 ... 202
其他设备 ... 204

海工装备专用设备 ... 205
动力定位系统 ... 206
单点系泊系统 ... 215

高技术船舶 ... 220
LPG 船和 LNG 船 ... 221
豪华邮轮 ... 225
极地船舶 ... 229

新能源船舶 233
　　智能船舶 237

动力系统 239
　　概述 240
　　船舶常规动力装置的类型 240
　　船舶动力装置的发展趋势 242
　　低迷船市下船用柴油机的发展 244
　　我国船用柴油机产业的发展情况 245
　　船用低速机产品及技术发展趋势 246

参考文献 247

深海探测技术及装备

深海探测技术

深海探测技术是针对有关深海资源、构成物、现象与特征等资料以及数据的采集、分析和显示技术，是深海开发前期工作的重要技术手段，包括深海浮标技术、海洋遥感技术、水声探测技术以及深海观测仪器技术等。

深海探测技术是深海开发利用的先导。要开发利用深海，必须首先了解深海，对深海资源及其开发利用资源所依赖的深海环境进行科学的调查与探测。据统计，世界海洋石油蕴藏量 1 000 多亿 t，天然气储量约 140 万亿 m^3，深海区域还蕴藏着丰富的多金属结核、热液矿床和钴结壳等矿产资源。目前，世界上已有 100 多个国家和地区进行海上油气及金属矿产资源的勘探，其中对深海底进行勘探的有 50 多个国家和地区，各国在深海领域的争夺比历史上任何时期都要激烈，这种竞争都集中在高新技术的竞争和比拼上，而作为深海开发利用的先导，深海调查与探测技术就成为至关重要的一环。为此，美国、俄罗斯、法国和英国等许多世界发达国家和濒海国家，都在积极发展包括调查与探测技术在内的深海技术。在各国政府的支持和海洋强国的带动下，深海探测技术呈现飞速发展的特点和趋势，主要表现在下列几方面：

正在向海面、水下和空中发展，出现立体化的发展趋势

进入 21 世纪，世界深海探测技术已经取得了很大的改进和提高，深海探测技术正在向海面、水下和空中发展，出现了立体化的发展趋势。在这个立体探测体系中，海面上有调查船和浮标技术，空中有飞机和卫星遥感技术，水下有潜航器和水声技术等。当前，发展陆海空全方位的立体化海洋探测系统已成为世界许多国家的研究重点。目前，美国正在计划发展的"综合海洋观测系统"（Integrated Ocean Observing System，IOOS）就是一种先进的海洋立体探测系统。该系统由水上、空中和空间的不同探测平台组成，每种平台上传感器收集到的信息将通过海底光纤电缆和卫星传输到陆上进行集中处理，从而形成对全球海洋环境的观测网络，最终达到为海洋环境预报、海洋资源开发、海上交通运输以及海上军事斗争服务的目的。

美国计划发展的"综合海洋观测系统"构想图

先进的微电子技术、信息技术、遥感技术、水声技术、可视化技术和计算机网络技术将在深海探测技术领域得到更加广泛的应用

近年来，随着微电子技术、信息技术、水声技术等高新技术的广泛应用，世界深海探测技术取得了飞速发展，相继出现了多波束声呐、旁侧声呐和干涉仪、非线性差频探测与信号处理技术、水下声控和定位技术等多种探测技术手段，形成了以常压载人深潜器（ADS）、遥控式无人潜航器（ROV）、自主式无人潜航器（AUV）等为主要水下平台、采用声学与光学技术对海底地质、地形地貌和矿产资源进行高分辨率数字化探测的高效系统，其分辨率可达厘米级，海底穿透深度可达数十米；漂流浮标、锚泊浮标、拖曳体、自动沉浮式滑行器等观测仪器平台正朝着低成本、耐久型方向发展；水声技术日趋成熟，并逐步从军用转向民用，提高海洋的常规监测能力。

目前，世界许多发达国家建立了长期水下无人观测站，以获取长时间序列资料，定量和有效地表述海洋环境的相互关系。自1995年以来，国外专门用于海洋探测的卫星达10多颗，空间遥感技术、地理信息系统技术（GIS）、可视化技术以及计算机网络技术已经广泛应用于海洋信息领域,国外主要海洋国家已经将遥感技术和 GIS 技术应用于海洋军事、海洋资源与生态环境的监测和保护、海岸带管理、海洋防护工程规划、海岸演变趋势预报和海洋地理系统的建设等方面,信息服务方式已经逐渐向可视化、产品化、网络化和信息共享等方向发展。

在深海油气勘探领域,大面积三维地震、地震资料叠前深度偏移处理和多波地震等地震勘探技术,以及直接指示石油烃类的非地震勘探技术发展很快,引导着海上油气勘探技术的发展。

深海浮标技术

深海浮标是一种载有各类探测传感器的海上观测平台,是现代深海立体监测系统中的重要技术。它犹如一个海上自动水文气象站,可以在广阔的海洋上进行定点(或漂流)长期连续观测,不管是在风平浪静之日,还是在狂风暴雨之时,都能监视海上风云的变幻,为海上战场军事情报准备、海洋环境预报、航海运输、海洋科学研究以及海洋开发提供实时的海洋信息,费用也比使用船舶低,特别是能收集到海洋调查船难以收集到的恶劣天气及海况的资料。

浮标技术具有军民两用的特性,和平时期主要用于海洋观测,收集各类相关海洋数据;战时可提供环境资料,为战场情报准备提供保障。目前,世界各国布放的浮标成千上万,构成了深海大洋中的浮标监测网。

当前,世界各国发展的深海浮标,按观测项目来分,主要有水文气象遥测浮标、海洋污染监测浮标、地震测量浮标和多用途浮标等;根据浮标在海面上所处的位置来分,主要有锚泊浮标、漂流浮标和潜标。

锚泊浮标又称为海洋资料浮标或海洋遥测浮标,是用锚把海上平台系留在海上预定的地点，具有定点、定时、长期、连续、较准确地收集海洋水文气象资料的能力，被称为"海上不倒翁"。

漂流浮标与锚泊浮标不同，其特点是体积小、重量轻、没有庞大复杂的锚泊系统，可以在海上随波逐流地收集大面积范围内的海洋资料，具有简便、经济的特点。现已在许多国际大洋考察计划中广泛使用。

潜标则可潜于海中，能避开表层恶劣海况的影响，主要用于深海测流以及深层水文要素测量。

深海浮标技术的未来发展趋势主要集中在以下两个方面：一是进一步提高浮标的智能化程度。智能化程度是深海浮标，特别是深海漂流浮标的重要指标之一。经过多年的发展，世界各国研制了许多智能型深海浮标，并在世界许多深海、大洋得到应用。智能化程度仍然是深海浮标未来的一个发展方向，以适应大尺度、大范围、长时间的深海探测需要。二是进一步加强能源技术研究，提高深海浮标的工作时间。为了降低成本，改善在海上长期连续工作的能力采用温差能、风能、波浪能以及太阳能等能源作为动力的深海浮标将会不断出现。

深海浮标的关键技术主要包括浮体技术、传感器技术、信息采集与处理技术、通信技术、电源技术以及锚泊技术。

浮体技术：浮体是深海浮标海上仪器设备的载体。经过多年的研究和发展，浮体技术已经相当成熟。目前现有的锚泊浮标大多采用圆盘状，其次是柱状和船状，而漂流浮标多采用圆锥柱状体。

不同形状的深海锚泊浮标

圆盘状浮体重心低、稳定性好、摇摆幅度小，是技术性能较好的一种浮体形状。浮体一般由表面涂有防腐涂料的合金钢、玻璃钢以及其他合成材料制成，有较强的耐腐蚀性。通常情况下，圆盘状浮体的使用寿命可达10年。

传感器技术：传感器是浮标上收集各种相关海洋数据资料的关键技术，用于各种海洋水文、气象测量，其主要测量参数包括风速、风向、气压、气温、水温、湿度、盐度、海流、海浪和浮标方位等。浮标上的传感器就像人的感觉器官，有着观天察海的本领，对其性能的要求是牢固可靠、具有很强的抗海水腐蚀性能。

数据采集与处理技术：传感器获取的数据资料须经过数据采集与处理系统进行处理、转换和传递，使之成为有用的信息。数据采集与处理系统是深海浮标技术的重要组成部分之一。由于先进的电子技术以及微处理器技术的飞速发展，使得目前数据采集与处理技术的可靠性和技术性能得到很大提高，是一项新的、发展十分迅速的关键技术。

通信技术：通信技术是浮标系统最为核心的技术。传感器获取的资料必须通过通信系统进行传递，而岸站（或船上）对浮标的指令也必须通过通信系统下达。目前，浮标与岸站（或船上）的通信大多采用高频、甚高频和特高频等不同的传递方式。对于潜标还应包括声学应答释放器，用于对水下潜标进行遥测遥控。

电源技术：电源是深海浮标的动力源，目前常用的有蓄电池、燃料电池。此外，随着技术的不断发展，人们还在研究利用风能、太阳能、波浪能作为浮标的动力源，以改进浮标的性能，延长其工作时间。

锚泊技术：锚泊浮标上使用的锚泊系统由缆索和锚组成，是保证浮标在海上能够立足的关键技术，目前主要有单点锚泊和多点锚泊两种方式。多点锚泊主要用于浅海，深海则多采用单点锚泊技术。由于海中存在鱼咬和腐蚀问题，所以对锚泊系统的可靠性要求很高，既要牢固可靠，又要防腐防污，才能确保经久耐用。目前，国内外浮标上的锚缆一般采用金属链，也有将金属链与加铅芯的强力尼龙绳混合使用的。

海洋遥感技术

"遥感"意为"遥远的感知"。人眼在可见光的帮助下可以发现和识别远处的物体，蛇借助于红外光可以发现洞穴中的青蛙，这是生物机体本能的遥感。由于海洋调查船、海洋浮标等装备只能获得海洋中点、线、面的区域性连续资料，所以还不能对大面积海区乃至整个大洋进行同时而又系统的调查与观测。而要达到这一目的，目前依靠的是遥感技术。遥感技术指的是把传感器装载在人造卫星、宇宙飞船、飞机、地面等工作平台上，对海洋进行远距离非接触观测，取得海洋景观和要素的图像或数据资料。而海洋遥感技术是空间技术应用于海洋科学研究，进行海洋资源调查与环境监测的技术。

海洋遥感始于第二次世界大战期间，发展最早的是在河口海岸制图和近海水深测量中利用航空遥感技术。1950年，美国使用飞机与多艘海洋调查船协同进行了一次系统的大规模湾流考察，这是第一次在物理海洋学研究中利用航空遥感技术。此后，航空遥感技术更多地应用于海洋环境监测、近海海洋调查、海岸带制图及资源勘测等方面。从空间高度上探测海洋始于1960年。这一年，美国成功地发射了世界上第一颗气象卫星泰罗斯–1号，卫星在获取气象资料的同时，还获得了无云海区的海面温度场资料。海洋卫星是专门用于海洋观测，为海洋研究、海洋环境调查和资源开发利用等提供信息的一种人造地球卫星，是在气象卫星和陆地资源卫星基础上发展起来的，包括军用海洋监测卫星、综合性的海洋观测卫星、各种专用的海洋学研究卫星等。海洋卫星主要应用于海洋环境研究、监测和预报，海洋资源开发利用和海洋环境保护，海洋综合管理，海洋防灾和减灾，以及提供导航、定位和军事应用等。

海洋遥感技术的出现使海洋观测系统有了根本性的转变，目前已逐步转向以卫星遥感为主，辅以航空遥感、调查船调查、浮标和岸站系统的现代海洋观测系统。卫星遥感具有费用低廉、覆盖面广、不受恶劣天气影响，可获得实时连续资料等优点。近些年来，海洋卫星遥感技术发展异常迅猛，现已从实验阶段发展到应用阶段，并取得举世瞩目的成就。迄今，全世界共发射各种专用海洋卫星10余颗。

随着技术的不断进步，世界范围内一个多层、立体、多角度、全方位和全天候的对地、对海观测网将会形成。除使用已有军用极地气象卫星和海洋卫星以外，还将联合建立以卫星遥感为主的全球观测系统。在航空遥测方面，将进一步研制和装备先进的探测仪表，如海洋水色仪、合成孔径雷达、雷达温度计、微波散射计和光学传感器等。今后将利用海洋监视卫星上的被动式雷达和红外遥感器，对舰艇和其他海上目标进行跟踪，并监视雷达和通信信号，为制定战略、战术和决策提供可靠信息，为确定攻击目标提供准确数据。

海洋遥感技术的关键技术主要包括遥感工作平台技术、传感器系统技术和信息处理系统技术。

遥感工作平台

遥感工作平台是遥感传感器的运载平台，主要分为地面工作平台、航空工作平台和航天工作平台，根据需要，它们既可以单独使用也可以联合使用。

地面工作平台指的是地面上装载传感器的固定或可移动的装置，包括遥感观测塔、地面遥感站等。如用车载云雨测量雷达观测海空的云型和雨区锋面；在岸边和海岛上建设遥感站，观测波浪和海风，帮助各种舰船选择最佳航线；对海水污染状况进行监测等。地面工作平台具有建造容易、寿命长、对传感器的重量、体积等要求不高、使用控制方便、测量精度高、可进行连续观测等方面的特点，今后需要解决"视野"狭窄、只能进行定点或局部海区的观测等方面的不足。

航空工作平台主要包括飞机、无人机、气球和探空火箭等。航空遥感的特点是机动灵活、观测范围较宽、测量精度较高，特别适合于海岸带和局部海区的遥感观测和环境监测。在航空遥感中，飞机可以使用一些遥测仪器，进行直接的海洋测量，例如，用空投仪测量海温垂直剖面，进行海水取样，用专门的浮标装置直接测量海流和海浪，用投弃式声学浮标探测海水声学特征和进行水下声学监测，用机载气象传感器直接测量大气参数等，而这些是航天遥感目前做不到的。

航天工作平台包括人造卫星、宇宙飞船、航天飞机等。通常所说的遥感，指的就是航天遥感，其优点是"站得高，看得远"，观测范围大；缺点是技术复杂、对传感器的要求高、测量精度比不上地面和航空遥感。

遥感传感器

遥感传感器是记录目标辐射、反射、散射的电磁波能量，以便识别目标特征的专用装备。海洋遥感技术的发展，首先归功于各种传感器的技术进步。目前用于海洋遥感的传感器按其工作的电磁波谱段来划分，可分为可见光传感器、红外传感器和微波传感器三类。

可见光传感器的特点是空间分辨能力高，如美国的阿波罗、天空实验室等航天器，通常都使用中等焦距，如 80 mm 或更大焦距的感光摄影机。如果摄像高度约 200 km，地面覆盖宽度约为 200 km，其地面分辨率为 50~100 m。若采用 457 mm 焦距，飞行高度 111 km，地面分辨率可达 5 m，对所获取的信息记录在相片上，比较直观、分析解译较容易，如在测量沿岸水深和水团混合带、海面石油污染时，可以获得比较精确的图像。其缺点是不具有全天时（只能在白天）、全天候（不能透过云雾）的工作能力。

红外传感器按照使用的红外波长，大体可以分为两种：一种是反射红外，其特点与可见光差不多；另一种是热红外，根据物体辐射出来的红外线进行感知，其强度取决于物体的温度。对于海洋表面来说，热红外传感器是最有前途的一种传感器。其特点是空间分辨率高，大体上接近可见光传感器的水平；照片比较直观、解译不难；具有全天时的工作能力。缺点是不能透过云雾等。

由于可见光和红外传感器受大气和其他环境因素的影响较大，它们的应用受到一定的限制。而微波对云层、冰雪、地表植被等有一定的穿透能力，因而成为海洋遥感传感器的发展重点。微波传感器适用于海洋，因为海水是一种导体，微波对海水的导电性能很敏感，可以用微波测量海水盐度。微波能穿透海冰，所以可以用微波测量海冰厚度。微波对海面粗糙度也十分敏感，因此可以用来测量海面风速、风向以及波浪的有关参数，也可以用来测定海面油膜的厚度。微波传感器有无源和有源之分，其特点是具有全天时（昼夜都可以工作）、全天候（能穿透云雾、雨雪等）的工作能力；较易于实现主动式遥感。其缺点是所获取的资料分析解译较复杂，空间分辨力较低。

遥感信息处理技术

遥感传感器获取的信息一般记录在照片或计算机磁盘上，这些信息往往很不明显，需要经过处理才能供用户使用。目前，遥感信息处理的技术方法主要有两种：一是电子光学影像增强技术，即利用电子光学技术处理遥感照片，使照片中的信息更加突出明显；另一种是采用计算机信息处理技术。

水声技术

水声技术是利用声波在海洋中进行探测、通信、控制等的技术。由于海洋探测和开发的对象是被海水包围着的特殊空间，这就决定了海洋开发中的每一项工程活动，几乎都可能与水声技术有着密切的关系。由于光波和各种电磁波在海水中的衰减很快，只能传播很短的距离，而且波长愈短，衰减愈大。例如，使用几千赫兹的低频电波，用兆瓦级的长波发射电台，也只能和几十米深处的潜艇通信。采用卫星遥感技术，虽然能得到地球表面的各种参数，包括海洋表层的参数，但要得到海洋深处和海底地层内部的信息，却无能为力。而声波，特别是低频声波能在海洋中传播很远的距离。例如，利用深海声道效应，人们甚至远在 5 000 km 以外也能清晰地收到几千克 TNT 炸药爆炸时所辐射的声信号。

20 世纪末以来，随着微电子技术和信息技术的进步，水声技术得到了飞速发展，出现了可以用于海底地形、地质勘探、水下通信、导航和定位、海底矿物资源勘探以及海洋水文物理勘探等许多水声高技术产品，使海洋探测研究不断扩大和延伸，成为现代海洋水中探测、测量、通信以及水中兵器制导的主要手段，也是潜艇战和反潜战的重要工具。目前，使用最新的水声扫描声呐，可以一次成像，获得航迹经过海域几十千米宽的海底立体图像；可以利用水声技术探测海底一定深度的地质构造，并已广泛应用于海底油气资源勘探；采用新的水声通信和定位技术，可用于鱼群探测、水下目标搜索以及水下开发设备的自动遥控；潜艇上的新一代水声装备，甚至不用发射声波就可以探测并识别对方潜艇的动态；此外，利用水声技术还能够制造出用于测量海流、波浪等环境数据的各种先进仪器设备。

海洋声学层析和水声成像技术，是近些年发展起来的研究海洋的重要手段，其工作原理与计算机辅助的 X 射线层析技术（CT）类似，好比用声波手术刀剖析海洋，用于测绘声速场和流场，探测海底地层结构和海洋表面粗糙度。美、日、法等国还致力于远距离声源传播的高精度测时和实时传输技术的水下声成像系统的研究。水声匹配场处理技术，是把海洋环境知识通过波导声传播建模，引入目标辐射声信号的时空处理，从而提高声呐探测、识别、定位和跟踪性能，实现所谓"水声匹配场监视"。这一技术可使小型作战平台具有突破几何尺寸的限制、具备相当大的探测能力，用于侦察监视、远程高精度测向、高分辨声成像、大面积深海地貌精细测量，具有巨大的应用价值和军事意义。

虽然经过多年的发展水声技术取得了很大进步，但是目前水声技术的潜力远没有得到充分认识和发挥，未来的研究主要集中在水声新技术的采用和新型水声装备的研制和提高上。在远程目标探测技术方面，将进行海底地形探测和海洋声场建模，以期建立可供快速预报的半经验模型。在水声新技术方面，将重点研究合成孔径技术。而鱼雷、水雷目标的探测和识别技术将向智能化方向发展。

深潜器技术

20世纪70年代以来,随着高新技术的发展,世界深潜器技术发展很快,技术功能不断更新,人们先后研制建造了一批先进的探测装置和各种类型的深潜器,可在复杂的海况下进行有效的水下探测和作业,实现了对深海和洋底的遥控探测和现场观察。深潜器的工作范围遍及全球大陆坡深水区2 000～5 000 m的洋中脊、海台、海底山、火山口、裂谷,以及6 000 m深的洋盆、海渊和海沟,获得了大量的地质、沉积物、矿物、生物、地球化学与地球物理信息资料、样品,以及意想不到的重大发现。

载人深潜器技术

载人深潜器的历史最早可以追溯到1934年,20世纪70年代以来,随着技术的不断进步,载人深潜器已成为海洋考察的标准性"工具",并得到广泛应用。目前的载人深潜器与初期的相比,其机动性和功能已有了极大的提高和改进。不同用途的载人深潜器,其配置是有区别的,但其基本组件主要包括:具有生命维持系统的承压壳体、进行升降及姿态控制的平衡系统、推进系统、提供动力的蓄电池、水面和水下通信导航系统、操纵杆、照明装置、观察孔及流线型的框架。标准的仪器主要包括:测向和深度指示器(海底以上的高度和水深)、CTD装置、数据采集系统及具有同步拍摄功能的录像机和具有水下拍摄特殊功能的照相机等。

深海载人深潜器涉及许多高新技术,其主要的关键技术有:

◆模块化、集成化的总体技术,包括大深度潜航器整体结构优化技术、水动力性能和控制综合优化技术及仿真技术、系统工程优化技术和作业系统与潜航器本体的集成技术等。

◆重量/排水体积比低的高强度合金耐压壳结构建造工艺以及比强度高

的复合新材料应用的可靠性技术。

◆无动力上浮下潜系统（运动特性和运动仿真）技术。

◆海水泵流、特殊作业工具等潜航器特种装置（推进、液压）技术。

◆潜航器舱内小环境（温度监测、控制、空气浓度监测、供应、控制）下生命保障系统和行为科学技术。

◆水下动力源（比能量高、比容量低的闭式循环热气机）技术。

◆满足低阻水动力特性且耐腐蚀、比重低、易加工的深海浮力材料，包括制造工艺、无机物的高温发泡、材料的结构性能与测试等技术。

除上述关键技术外，还有起吊回收、导航定位和通信传输等支撑技术也需要深入研究开发。

无人潜航器技术

世界上第一台无人潜航器诞生于1953年，迄今已有50多年的历史。20世纪70年代，随着海上石油开采的兴起，无人潜航器的发展掀起了高潮。这一时期开发出一批能在不同深度、可进行多种作业的无人潜航器。它们可用于石油开采、海底矿藏调查、打捞作业、管道铺设及检查、电缆铺设及检查、海上养殖以及江河水库大坝的检查等方面。20世纪80年代可以说是无人潜航器大发展的时期，这一阶段全世界研制出的无人潜航器总共有900多艘，90%以上用于海洋石油工业，其中很大一部分是有缆遥控式无人潜航器。这一时期，计算机及其存储技术等信息技术的飞速发展，为自主式潜航器的制导和控制提供了更加完善的算法。软件系统和工程技术的进步，使得开发者的许多幻想能够得以实现，特别是潜航器成为作战系统的一些技术问题得到一定的解决，使得一些国家开始研制军事用途的无人潜航器。进入20世纪90年代，许多国家加大了资金投入，开发了许多不同用途的无人潜航器，一些国家还紧紧围绕各种作战需求开展了一系列的研发，并在商业化方面取得了重大进步。

目前，世界上已有越来越多的国家认识到无人潜航器的重要性，并开始研发这种高技术深海装备；无人潜航器也从过去主要为海上油气和矿产资源开发服务转向军事用途，相信未来这一深海技术将会得到更快的发展。

不同用途的无人潜航器具有的关键技术是不一样的，对于深海作业型无人潜航器，其关键技术主要有如下几项：

◆大深度技术。包括密封、电缆阻力、远距离能源传输和通信、水下动力机械及作业机械等技术；

◆水下定位技术。主要解决潜航器的平面位置和水下深度的位置，需要建立一个以母船为基准的坐标系，为潜航器准确定位；

◆动力定位技术。主要解决潜航器在走航和作业时的自动定深、自动定高和动力定位问题；

◆智能技术。包括作业目标的自动搜索与识别、自动避障、自动规划技术等。自主式无人潜航器的一些成果可以运用到遥控式无人潜航器系统上来；

◆导航与视觉技术。这项技术对深海无人探测作业至关重要，主要包括深海水介质中的近景摄影测量装置与技术，复杂地形和景物环境的高分辨率声呐成像技术，适用于深海无人潜航器的计算机视觉理论与方法，用计算机视觉信息控制无人潜航器的技术方法，有效利用深海地形信息的导航技术等；

◆水下作业机械手。除了要求它具有耐高压高温、耐海水腐蚀、能量消耗小、易于操作、在恶劣海况下安全作业的性能以及重量轻、体积小的特点外，深海无人潜航器及其机械手还要求具有耐热性能，水下取样器也要求能满足恒温、恒压，以使所取样品保持其原有的温度、压力等条件。

大型深水物探船关键技术研究

物探船是一种用于海洋地球物理勘探的专用工作船舶，用途单一，但拥有大量昂贵的精密专业设备。随着全球海洋开发特别是海洋石油开发的突飞猛进，对该类船型的需求也越来越大。海洋石油开采分勘探、开发、生产三大阶段，物探船作为勘探领域的关键装备，可独立完成大面积海域的地质勘探，这对降低开采者的风险与成本至关重要。大型物探船具备高效的采集能力、提供高质量的三维地震数据,因此,拥有大型深水物探船的物探公司,在国际海洋勘探市场的竞争中必将处于优势地位。

目前,全球大型深水物探船主要被PGS、WESTENGECO、CGG-VERITAS、FUGROGEOTEAM等国外公司所拥有,以此为依托,上述公司占据了国际海洋三维物探市场80%以上的份额。

随着各大石油公司将开发海洋油气资源特别是深海油气资源作为未来的重要战略举措,海上油气勘探区域逐步向深海发展,需要新一代物探船的续航力、自持能力、抗风浪能力进一步提高,具备高效的深海长距离、多缆大面积地震勘探作业能力。

物探作业特点

在海洋油气勘探的初期,海洋地震的震源主要使用的是炸药震源,由于炸药的不安全性和对鱼类资源的巨大破坏性而逐渐被淘汰。现今普遍采用的是非炸药震源,应用最广的是气枪震源。

物探船的震源激发系统采用多气枪激发,接收系统采用压电检波器,按不同需要固定在海上拖缆上。作业时,物探船引导拖缆按测线方向前进,形成边行驶、边激发、边接收的工作方法。海洋地震勘探需要精确的实时卫星定位系统,随时记录激发点和接收点的准确位置,包括海水流向造成的拖缆不同偏移方位。因此,海洋地震勘探与陆地相比,其方法和装备都要复杂得多。

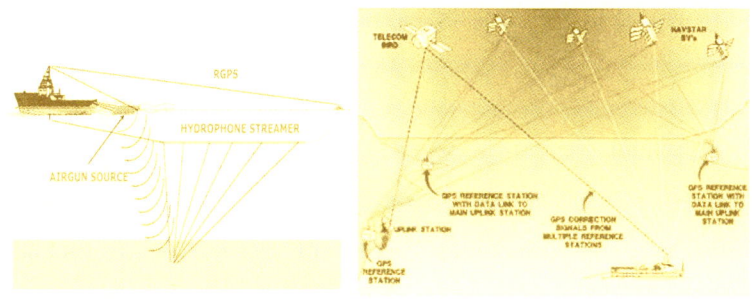

海上拖缆地震勘探及位置定位示意图

综合国内外海上物探的作业过程,海洋地震勘探方法具有如下特点:

◆勘探施工过程连续、测线均匀覆盖,具有更高的效率和低廉的成本;

◆导航定位要求高、技术复杂;

◆地震勘探的震源采用非炸药震源；

◆检波器能抗船体的拖曳及由此产生的噪声，具有漂浮性能、绝缘性好。

近年来，随着技术的发展，三维物探船的作业能力不断提升，拖带电缆数已经发展到22缆。

总布置特点

物探船的主要功能区域包括：物探作业及设备存放区域、数据处理处所、生活舱室、机舱及推进机舱、油水补给品、压载水舱等。

物探船总体布置考虑的主要问题有：物探系统的布置、船舶通用系统及功能设施的布置、数据处理处所须低振动及低噪声、生活舱室舒适性以及规范对稳性、防火救生、环保等方面的要求。

一般而言，主甲板以上舱后为物探作业区域，舱前为生活舱室，主甲板以下须设置震源设备间、推进及辅助机器处所、液舱等。震源设备须考虑与炮缆系统的合理衔接，不宜相隔太远。电缆系统与数据处理处所之间同样须考虑便于电缆连接。

物探设备在布置上还有着明显的划分，即对开敞和封闭的要求不一样。

开敞的功能区有：尾部排缆器及吊机的储存、作业区；电缆储存、作业区；炮缆及气枪的储存、作业区等。

封闭的功能区域有：物探通用仪器房及其机柜室、办公室等；震源设备间、电缆储存间、电缆修理间、专用空压机室、各种工作舱室、储藏室等。

对物探船的布置影响最大的区域当属物探采集作业相关的区域，特别是采集电缆的排缆数量，直接影响船宽的选取。随着物探船对多缆作业的不断追求，电缆系统所需的空间越来越大，而简单增加船宽既不经济亦无必要，因此往往单独将船体尾部区域加宽，而船体中、前部维持不变。

物探震源系统与水下接收系统

其中物探设备按功能可分为震源系统和信号采集系统。

震源系统设备主要包括：震源空压机、双联炮缆绞车、气枪阵列收放行吊、气枪阵列存储行车、气枪阵列、辅助绞车、辅助滑道等。

信号采集系统设备主要包括：双联电缆绞车、双联备用电缆绞车、双联排缆器、电缆拖点、尾标行吊、电缆扩展绳绞车、扩展器及收放存储装置、横向拖点、电缆油系统等。

另外，需要特别注意的是，大型物探船工作人员众多，规范对救生、防火等方面的要求往往会指向客船的相关规定，这将对主尺度及总布置带来极大影响，再加之物探船甲板层数众多、方形系数较小，往往会面临布置紧张、稳性不够的尴尬。

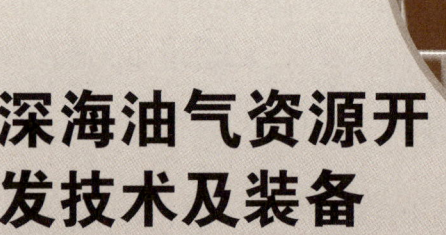

深海油气资源开发技术及装备

深海油气资源开发技术

海洋蕴藏着丰富的石油和天然气资源。近年来,随着人类对陆地和近海资源的大肆掠夺和破坏,陆地和近海油气资源逐渐减少甚至枯竭,全球范围能源紧张的矛盾更加突显,为满足不断增长的能源需求,世界许多国家特别是一些发达国家都将油气资源的开发重点投向深海。目前,全世界从事海洋油气开发的国家已达 100 多个,遍及 40 多个沿海国家的海域,勘探范围包括除南极大陆以外的所有大陆架,其中不少已深入到较深的大陆坡和深海区,尤其是美国、沙特阿拉伯、委内瑞拉等国,其海上石油年产量均在千万吨以上。世界最大的海底石油储量分别是在中东的波斯湾、委内瑞拉的马拉开湖、挪威的北海以及墨西哥湾。波斯湾现已探明的石油储量达 120 亿 t,占世界已探明的海洋石油储量的 50% 以上,有"石油之海"之美称。在海底天然气储量方面,波斯湾也居第一,挪威的北海占第二,墨西哥湾列第三。

海洋油气资源深藏在海底深达 3 000 m 左右的地层中,又被海水覆盖着,因此探寻和开采要比陆地难、成本高,必须依靠高新技术。一般来说,探寻海底油气资源的技术方法主要有地质调查、地球物理勘探及钻探等几个阶段。首先是对海区进行广泛的地质调查,以确定可能形成油气构造的海区;其次是对重点地区进行海上地球物理勘探,以圈出沉积盆地的范围,了解地层厚度、岩性和构造状况;最后在海上打探井,进行直接钻探,通过探井中所取岩芯样品的分析,算出海底油气的储量来。

深海油气资源开发技术涉及深海油气勘探技术、深海油气钻井技术、深海油气开采技术、深海油气储运技术等诸多技术领域,包括深水半潜式钻采平台、深水钻井船、张力腿平台、自升式平台、浮式生产储油卸油系统(FPSO)钻采平台以及钻机、钻井泵、井控设备、固控设备、井口钻具、井下动力钻具和仪表、完井系统、油气水分离处理系统等配套设备,荟萃了许多尖端的科学技术,具有如下几个特点:①技术密集。表现为技术新、精度高、难度大、更新快,需要多学科的综合技术,在水下环境中,要求高效、安全、可靠、经济,所以广泛采用了当今世界最先进的技术和装备。②资金密集。由于海上的一切工作都需要借助适当的载体和手段才能进行,所以与陆地同类工作相比,其开支要高得多。③风险大。海洋自然条件所构成的风险大,表现为判断失误的比率高,从发现到正式投入生产的过程长。

目前,在深海油气资源开发技术上拥有世界先进水平的国家主要集中在美国、日本和欧洲等少数发达国家。其中美国是深海油气资源开发技术水平最先进的国家,英国和挪威的钻采平台自给率达到80%,法国的高压石油软管技术,半潜式、自升式平台技术,测井技术,LPG储运设备制造技术独树一帜,意大利的海上铺管技术、管线涂敷技术,瑞典的动力定位铺管技术,荷兰的大吨位海上浮吊技术及海底工程地质调查技术,德国的钻井设备制造技术、海上液压工业装备技术、大功率变频电力拖动技术及仪器仪表技术等亦闻名于世。日本由于其造船、冶金、电子技术领先于世界,在平台建造、海洋工程结构和石油管材(含石油输送管线、钻杆、套管、油管等)以及平台上配套的机、电、仪等技术方面具有很强的国际竞争力。此外,韩国、新加坡的海洋石油钻采平台建造技术也在世界崭露头角。

世界深海油气资源开发技术的发展特点主要表现在投资强度增大,钻探能力提高。近年来,世界各国在深海领域的投资呈现不断增加的趋势。2001年,全球在深海石油开发领域的投资超过110亿美元(不包括勘探和评估方面的投资),2003年,这一数字超过了150亿美元。根据有关资料报道,2003～2007年的5年中,全球约有580亿美元的资金投向深海油气开发。

另外,随着技术的不断进步,世界深海钻探能力也在不断提高和突破。1965年,世界第一口深水井的水深只有193 m,目前已达近3 000 m,预计未来20年将有工作水深达到并超过4 000～5 000 m的半潜式平台和钻井船出现。世界深海油气钻井深度垂深记录目前为9 210 m,海洋采油井最深为7 088.73 m,海底采油水深记录为2 196 m。这些数字在不久的将来也一定会被改写。

天然气开发技术成为重点。作为清洁型能源，天然气一直受到世界各国的高度重视。由于天然气能源是继原煤、石油两个能源发展阶段走向第三发展阶段的主要能源，是接近第四阶段能源（可再生能源，如水力发电、太阳能、风能、潮汐能等）的必然发展阶段，它有利于改善生态环境和可持续发展，因此它的钻采、集输与利用成为世界能源开发利用的趋势。天然气的勘探、钻采技术以及处理、压缩和液化技术、储存和运输技术成为当前和今后的发展重点。

"可燃冰"开发技术成为研发热点。可燃冰是近20年来发现的海底新型清洁型能源，是天然气和水在一定的温度、压力条件下相互作用所形成的固体。调查研究发现，"可燃冰"矿藏的稳定带处于500～700 m水深以下的海底，水越深它就越稳定，因此，在水深较深的区域开发天然气水合物造成的环境影响可能也越小。可燃冰储量巨大，相当于全球所有煤、天然气和石油总和的2～3倍。许多国家，如美国、日本、印度、韩国、俄罗斯、加拿大、德国、墨西哥等都先后制订了"可燃冰"的研究和发展计划，并成立了相应的研究机构。目前，世界许多国家均已在各自海域发现了"可燃冰"，并从海底钻探到样品。由于"可燃冰"以固态形式存在于海底，往往混迹于泥沙中，并且与自然环境条件处于十分敏感的平衡之中，当环境变化时往往会导致各种环境效应，导致海底失稳，引起海底滑坡等，其分解产生的甲烷可能诱发温室效应，对全球变化具有重要影响。"可燃冰"既是资源，也是环境的影响因素，因此其开发技术十分复杂，如果控制不好，会给开发带来很大的风险。目前，世界开发和使用"可燃冰"资源的技术尚不成熟，但由于具有十分诱人的前景，因此许多国家正在积极研究"可燃冰"资源的开发利用技术。

钻井装备的自动化和智能控制技术将更加完善，并向浮动化、大型化方向发展。高精度的卫星、无线电、声学定位技术，卫星数据传输通信技术以及高精度的动力定位技术将得到更加广泛的应用。

定向钻井（特别是水平钻井）技术、极地海域钻井技术以及钻井的自动化和标准化将有新的突破；激光钻井技术前景广阔并将得到应用。

钻井技术趋向更小、更有效的井眼设计；能适应特殊问题的生产技术不断发展，以开采特定的油气藏，利用干式采油树从深水中采油将成为可能；流体运输技术更加安全可靠，能够通过不断加长采油管线来进一步开发深水油气藏。

深海钻采平台是在海上进行作业的场所，是深海油气资源开发的重要技术装备，主要包括钻井平台（船）和采油（或生产）平台。目前，世界已探明的海洋石油储量的80%以上在水深500 m以内，而全部海洋面积的90%以上水深在200～6 000 m之间，因而大量的海域面积有待探明。此外，世界上除了少数海域以外，大部分地区的近海油气资源已日趋减少，向深海发展已成必然趋势，深海钻采平台技术已成为国际海洋工程界的一个热点，进行了大量的研究，新的深海钻采平台结构不断涌现。

自升式钻井平台

自升式钻井平台是主体能自行至海面升降的平台，属于移动平台，由船体和上下升降的桩腿组成，自20世纪50年代问世以来，不断发展，成为当前海洋油气勘探开发钻井作业的主要钻井平台类型。自升式钻井平台的优点是钻井作业平稳、效率高、造价相对低；缺点是桩腿长度有限，使它的工作水深受到限制。自升式钻井平台由船体、桩腿和升降装置三部分组成。

船体：船体是一个箱形结构，平面多为三角形，也有矩形及其他形状。钻机布置在悬臂梁上，可以悬伸到船舷外面打井。在作业水深90 m（300 ft）以上，自升式钻井平台绝大多数是悬臂梁式钻井平台。船体是水密结构，舱室内和甲板上布置安装动力设备、钻井设备、仪器仪表控制设备、消防设备等。船体的大小决定了钻井平台的拖航浮力和舱室及甲板容量，可变载荷的大小。

桩腿：桩腿是自升式钻井平台有别于其他钻井平台的最明显特征。结构形式有箱式结构（圆柱形或四方形）和桁架式，作业水深超过 50 m 的，大都采用桁架式。钻井作业时，桩腿承受最大的作业负荷，桩腿的长度决定了钻井平台的最大工作水深。3 条腿自升式钻井平台占了绝大多数。自升式钻井平台分为独立桩腿自升式钻井平台和沉垫支承自升式钻井平台。

升降系统：升降系统是自升式钻井平台实现平台船体和桩腿垂直相对升降的机构，是平台非常重要的设备。一般分为：机械式，由电机、齿轮和齿条等组成，是最常用类型；液压式，有液压发动机、油缸、定位销等组成，主要用在小型平台。

自升式钻井平台（海洋石油 941）

从目前的发展趋势分析，悬臂梁式自升式钻井平台是发展主流，它的优点是便于在导管架上修井、钻开发井、实现快速钻井等。液压驱动移动式悬臂梁，钻台可在悬臂梁上沿纵向与横向移动，一次定位能钻数十口丛式井。从钻井设备的配置分析，采用了顶部驱动装置、大功率绞车、大功率泥浆泵、电驱动系统等，从而整体提升了钻井平台的作业能力，也为安全、快速钻井提供了前提条件。

自升式钻井平台是海上近海进行石油勘探开发的主要钻井平台型式。虽然国内也自行研制了几艘浅海自升式钻井平台,但作业水深不大,我们研究的目的,就是在现有技术的基础上,消化吸收外国的先进设计理念,加强自我基础性研究,掌握120 m以上水深自升式钻井平台的设计和建造技术,研发具有自主知识产权的深水自升式钻井平台,缩小与国外先进技术的差距。自升式钻井平台技术研究的关键技术内容有:自升式钻井平台总体优化设计、自升式钻井平台悬臂梁优化设计、自升式钻井平台桩腿高强度钢研究、自升式钻井平台升降系统研究、自升式钻井平台建造技术研究。

半潜式钻井平台

半潜式钻井平台由坐底式钻井平台发展演变而来,主要由浮体、立柱和工作平台三大部分组成。浮体提供半潜式钻井平台的大部分浮力;立柱用于连接工作平台和浮体,支撑工作平台;工作平台,即上部结构,用于布置钻井设备、钻井器材、起吊设备、直升式平台、安全救生、人员生活设施以及动力、通信和导航等设备。半潜式钻井平台在深海水域能充分显示出它的优越性,特别是在采用动力定位系统后,现代深水半潜式钻井平台一般为四支柱型或六支柱型,工作平台一般呈矩形。

深水半潜式钻井平台的可变载荷是衡量钻井平台性能的重要指标,优化平台设计,应用高强度钢、甚高强度钢技术,减轻平台自重,可增加可变载荷,以适应更大的工作水深和远海深钻。采用动力定位辅助加锚系泊定位或纯动力定位,都将消耗大量的能源,深水半潜式钻井平台的装机总功率呈上升趋势。新一代钻井设备、动力定位和电力设备、监测报警、救生消防、通信等得到改善与增强,钻井作业的自动化、智能化、效率和安全性能等都有显著提高。

深水多功能半潜式平台的特点是:抗风浪能力强(抗风100～120 kn,

波高 16 ~ 32 m）；甲板面积和可变载荷大（达 8 000 t）；适应水深范围广（深达 3 000 m）；钻机能力强（钻井深度 6 000 ~ 10 000 m）；具有多种作业功能（钻井、生产、起重、铺管等）。半潜式钻井平台仅少数立柱暴露在波浪环境中，抗风暴能力强，稳性等安全性能良好。一般深海半潜式平台都能生存于百年一遇的海况条件，适应风速 100 ~ 120 kn，波高 16 ~ 32 m，流速 2 ~ 4 kn。半潜式钻井平台在波浪中运动响应较小，钻井作业稳定性好，作业海况下其运动幅值可为升沉 ±1 m，摇摆 ±2°，漂移为水深的 1/20。随着动力系统配置的增大和动力定位技术的发展，能适应更深海域恶劣海况。

随着海上勘探开发向深水发展，对深水半潜平台的设计技术提出了更高的要求，如更加恶劣的海况、解决稳性与可变载荷的平衡矛盾、使平台结构更趋合理简洁、减少焊接缺陷和疲劳裂纹、采用高强度钢以减轻自重、设备材料的选择、建造成本的控制、提高可变载荷量、水动力性能和运动性能预报、强度和疲劳评估等技术研究，使得对深水半潜平台的设计更优化，以趋向最佳。

半潜式钻井平台是深海水域进行石油勘探开发的主要钻井平台型式之一，我们研究的目的，就是在消化吸收外国先进技术的基础上，全面掌握当代国际半潜式钻井平台的核心技术，形成自主知识产权的深水半潜式钻井平台设计和建造技术，建立先进的深水半潜式钻井平台设计技术体系，填补我国深水海洋油气资源勘探开发的关键核心装备空白，打破国外的技术垄断，推动国内石油装备制造业的发展，提升我国深水海洋工程装备研制能力，实现平台设备及钻井设备国产化，实现我国深海油气勘探开发技术的跨越式发展，直接服务于我国南海深水海洋油气资源的勘探和开采。半潜式钻井平台技术研究的关键技术内容有：半潜式钻井平台优化设计、钻井系统及设备配套技术研究、半潜式钻井平台控制系统集成技术研究、半潜式钻井平台定位技术研究、半潜式钻井平台建造技术研究。

张力腿平台

张力腿平台（Tension Leg Platform—TLP）是一种垂直系泊的浮式平台，是深水顺应式平台的一种典型型式。张力腿平台是半潜式平台的延拓，通过张紧缆索（tether）或张力键（tendon）将浮式半潜平台结构系于海底，其合理的适用水深在150～2 000 m深海海域。张力腿平台通常简称TLP，它由平台上体、浮体、张力腿、上部设施组块、顶张力井口立管、悬链式立管（外输/输入）和锚桩基础构成，船体通过由钢管组成的张力腿与固定于海底的锚桩相连。船体的浮力使得张力腿始终处于张紧状态，从而使平台保持垂直方向的稳定。

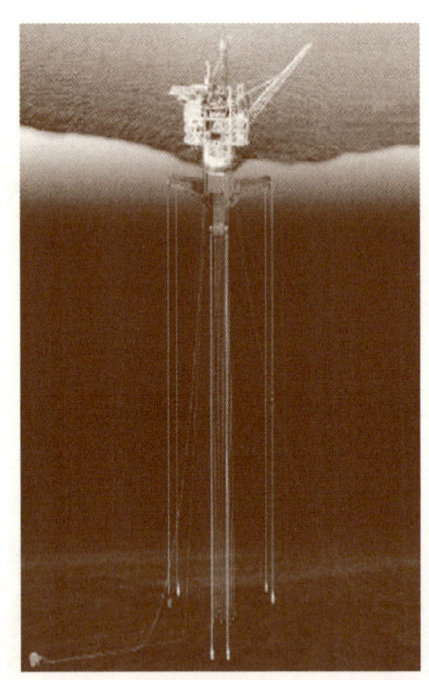

张力腿平台

张力腿平台自由浮动时的稳定性较好。平台的浮力由立柱和位于水面以下的浮箱提供。浮箱首尾与两个立柱相连形成环状结构。由于位于水面以下较深处，所以浮箱受表面波浪力的影响较小。张力腿与立柱的数量关系一般是一一对应的，每条张力腿由2～4根张力筋腱组成，上端固定在平台本体上，下端与海底基座模板相连，或是直接连接在桩基顶端。采油井位于平台本体的中部，可以支持采油干树系统，生产立管通过采油井，上与生产设备相接，下与海底油井相接。

自从1984年世界上第一座由美国CONOCO公司建造的张力腿平台正式

安装在欧洲北海油田以来，张力腿平台技术获得了迅速发展。与其他平台相比，张力腿平台具有如下一些优点：一是造价随水深的变化增加不大；二是具有良好的运动性能，是深海油气生产适宜的平台形式；三是井口系统设置在甲板下面，方便了石油开采、钻井、采油过程中各种数据的采集，有利于井场试验，最适合大规模深海油田的开发。

张力腿平台是方便油气处理及外输的主要钻井平台型式之一，我们研究的目的是跟踪国际先进技术和发展动向，在消化吸收外国的先进设计理念，加强自我基础性研究，掌握深水张力腿平台设计和建造技术，研发具有自主知识产权的张力腿平台，缩小与国外先进技术的差距。张力腿平台技术研究的关键技术内容有：张力腿平台总体优化设计、张力腿平台系泊系统技术研究、张力腿平台动力响应分析研究、张力腿平台油气处理外输形式研究、张力腿平台建造技术研究。

总之，由于张力腿平台具有其他钻井平台不可比拟的优异性能，因此在今后相当长的时间里将得到广泛应用和迅速发展，并将是 6 000 m 水深范围内的最佳选择。

单柱式（Spar）生产平台

柱状式平台（Spar Platform）概念是从张力腿平台发展而来的，其主要特点有：主体吃水很深，水线面相对较小，在系泊系统和主体浮力控制的作用下，6个自由度上的运动的固有频率都远离常见的海洋能量集中频率范围，从而有效减少波浪引起的平台垂荡，显示了良好的运动性能；柱体底部装有压载，使得平台的重心低于浮心，以保证平台的稳性和垂向稳定，减少纵摇；平台中部侧面布置锚链等锚泊系统以锚泊在海底，从而减少平台的纵荡和垂荡。与其他深海平台相比，Spar平台的系泊系统投资成本降低一半左右。这些特点使Spar平台成为当今国际海洋工程领域的研究热点之一。

　　由于其技术特征和投资成本低,Spar平台已经成为当今国际海洋工程领域的研究前沿热点之一。虽然国内尚未正式涉足此类张力腿平台的开发设计和建造,针对我国南海深水油气田的开发,上海交通大学和有关科研院所已进行了一定程度的技术开发研究,具有一定的技术研究基础,我们研究的目的,就是跟踪国际先进技术和发展动向,在消化吸收外国的先进设计理念,加强Spar平台基础性理论研究与模型试验,掌握Spar平台设计和建造关键技术,研发具有自主知识产权的Spar平台,缩小与国外先进技术的差距。Spar平台技术研究的关键技术内容有:Spar平台总体优化设计、Spar平台系泊系统技术研究、Spar平台动力响应分析研究、Spar平台理论研究与模型试验技术、Spar平台建造及安装技术研究。

柱状式(spar)平台

浮式生产系统(FPSO)技术

　　FPSO即浮式生产储卸油装置。FPSO由锚系到海底的大型油轮型驳船构成。FPSO通常与井口平台或海底采油系统组成一个完整的采油、原油处理、储油和卸油系统。其作业原理是:通过海底输油管线接受从其他海上设施的海底油井中收集采出的原油,并在船上应用油气处理设备进行处理、注水或注气,然后储存原油在货油舱内,最后通过尾卸载系统输往穿梭油船。浮式生产储油卸油装置FPSO作为一种浮式生产系统，它集生产、储油及外输油为一体，具有装置投资省、建造周期短、迁移方便、可重复使用等优点，尤其适用于海上油气储量有限、地层构造复杂或边远地区中小型边际油气田的开发；FPSO适应水深条件范围非常广泛，又具有风标效应，被广泛应用于环境条件比较恶劣的海域。

世界上第一座浮式生产系统建成于1977年，由于具有安全、可靠和高效等优点，得到了快速发展。目前，浮式生产系统已在巴西等海域成功用于深海油气资源开发，作业水深也在不断突破。

浮式生产系统是一种以浮式生产储油船为基础，对开采的石油进行油水气分离、处理含油污水、动力发电、供热、原油产品的储存和外输等，是集人员居住和生产指挥系统为一体的海上大型石油生产基地。FPSO主要包括系泊系统、船体部分、油生产设备、尾卸载系统等几个部分。系泊系统：这种系统可以有一个或多个锚点、一根或多根立管、一只浮式或固定式浮筒、一座转塔或扼架，主要用于将FPSO系泊于作业油田。船体部分：这部分既可以按特定要求新建，也可以用油船或驳船改装。生产设备：主要是采油设备和储油设备，以及油、气、水分离设备等。尾卸载系统：包括卷缆绞车、软管绞车等，用于连接和固定穿梭油船，并将FPSO储存的原油卸入穿梭油船。

早期建造的浮式生产系统由于适用于水深较浅的海域，其系泊系统大多采用单点系泊技术，随着作业水深的增加，出现了单锚腿系泊技术，如悬链式锚腿系泊技术、外转塔系泊技术和内转塔系泊技术等，现有的浮式生产系统中约有1/3采用的是内转塔系泊技术。目前，世界上常用的外输系统有尾输、首输、侧靠和悬链锚筒式输油技术。20世纪90年代以后新建的内转塔系泊系统几乎全都采用尾部串接式的输油技术（即尾输技术）。尾输技术与其他输油方式相比具有如下一些优点：系泊力小、解脱迅速、输油船不会与单点系泊装置相碰等。此外，早期建造的内转塔系泊系统基本上都是在船体结构建成后再在甲板上安装油/气/水处理设施、主电站和热站等，周期很长。目前内转塔系泊系统的建造采用模块化工艺技术，船体结构和上部设施模块可同时进行建造，大大加快了建造进度，提高了工作效率。目前建造的模块大多采用框架结构，为避免结构疲劳，模块与船体甲板连接多为一端固定在甲板上，而另一端与船体之间可以自由滑动的形式。

FPSO关键技术主要包括系泊系统、外输油系统、生产工艺系统及船体系统。随着国际海洋工程装备市场的不断发展及向深海油田发展，针对深水超大型FPSO，除了考虑FPSO的结构强度与疲劳强度外，还要考虑船体极限强度要求。

浮式生产储卸油装置在我国的发展相对比较成熟。针对海洋油气资源勘探开发的特点，我国自行开发研制了抗冰型、浅水型和抗台风型等多型FPSO，服务于渤海湾、南海油田，具有较好的技术研究基础。我们研究的目的是跟踪国际先进技术和发展动向，在消化吸收外国的先进设计理念，针对我国南海深水油田，加强FPSO基础性理论研究与模型试验，掌握深水FPSO、FPDSO和LNGFPSO等设计和建造新技术，研发具有自主知识产权的装置。浮式生产储卸油装置技术研究的关键技术内容有：浮式生产储卸油装置总体优化设计、浮式生产储卸油装置系泊系统技术研究、浮式生产储卸油装置外输系统技术研究、浮式生产储卸油装置油气处理系统技术研究、浮式生产储卸油装置钻井系统技术研究。

深水钻井船

钻井船是用于海上钻井目的的船形浮式装置。浮式钻井船的船体结构大都与普通船相类似，通常为单船体式，也有双船体式结构。浮式钻井船的"船井"开设在船体中央，使之在纵横摇的摇摆近中心处。浮式钻井船分为自航钻井船和非自航钻井驳船两类。浮式钻井船设有锚泊定位或动力定位系统，水深超过500 m的大都采用动力定位。在锚泊定位中有多点锚泊（一般为4~8个辐射状锚泊）或中心转塔式锚泊，中心转塔锚泊可任意调节船舶方向，使之正对风浪方向以大大减少风与波浪对钻井船的影响。浮式钻井船是所有钻井装置中机动性最好的，移运灵活，停泊较简单，适应水深范围较广泛，一般从 20~5 000 m 乃至更深，特别适用于深水钻井，与半潜式钻井平台相比，浮式钻井船更偏重于超深水作业。浮式钻井船钻井深度最大达到了 11 430 m，与半潜式钻井平台一样配置了先进、可靠、安全的钻井设备，如大功率绞车、3~4 台大功率泥浆泵、顶部驱动装置、电控制系统、钻台辅助设备等，但浮式钻井船更趋向使用大功率、采取双壳船体、双钻井系统、高精度的动力定位系统。深水钻井船发展势头较为强劲，主要趋势表现在如下3个方面：

一是向更大的工作水深发展。

二是配备性能更加先进、钻探能力更强的钻机。

三是钻井船性能将更先进，可变载荷、主尺度、功率配备等均将更大，自持力、抗风浪能力将更强等。

随着钻井水深和钻井深度的不断增加，要求钻机的钻深能力加大，在钻井船上配套更大的钻机功率。它的缺点是受风浪影响大，稳定性差，摇摆度大，作业海况限制了钻井的正常作业，钻井作业性能是最差的，解决浮式钻井船在高海况恶劣环境条件下的耐波性能、提高减摇性能是浮式钻井船技术研究中的关键问题之一。

浮式钻井船是海上深水和超深水进行海洋油气勘探开发的主要钻井平台型式之一。我们研究的目的，就是注视世界发展的动向，在消化吸收外国的先进设计理念，加强自我基础性研究，掌握深水浮式钻井船设计和建造技术，研发具有自主知识产权的浮式钻井船，缩小与国外先进技术的差距。浮式钻井船技术研究的关键技术内容有：浮式钻井船总体优化设计、钻井系统及设备配套技术研究、浮式钻井船控制系统集成技术研究、浮式钻井船高海况耐波性能研究、浮式钻井船建造技术研究。

从深海平台技术的发展动向看，目前研究的热点主要集中在下列几个方面：

（1）新型平台型式研究。海洋工程界对此做了大量的探索，主要是对平台的运动特性、作业功能以及造价等关键问题进行优化，以寻求经济与技术的最佳结合点。

（2）非线性动力响应研究。尤其是考虑流和黏性影响的低频慢漂响应，高频响应中的二阶和频力（Springing）以及高阶脉冲力（Ringing）问题，此外，极限海况下的随机动力特性分析，波浪、风、流耦合对平台的作用以及晃荡（Sloshing）问题仍为海洋工程界所关注。

（3）柔性构件（系索、立管等）的动力特性研究主要是极限承载能力、疲劳断裂可靠性、涡激诱导振动、系索系统与平台主体的耦合分析。

（4）锚固基础特性分析尤其是筒型基础在周期性变化载荷作用下产生土壤液化、渗流、剪切等而导致土体破坏问题。

（5）深海中材料的应用，包括设计、检验和腐蚀问题。

（6）建造及安装技术研究。

（7）深海平台试验技术研究。

海上供应船

海上石油钻井平台作为独立的水上工程物，在远离大陆的海上作业，就需要外界的支持。最初，拖曳海上钻井平台的拖船和为海上钻井平台供应的渔船是相互独立的，后来，为了使拖船在平台移泊定位后不致闲置、提高其经济性，就把供应、拖曳、救助、消防等其他功能集合于一船，演变为专用海洋平台供应船。海上油气田的开发，无论近海、浅海或是深海，都要经过普查勘探、钻探建设和油气生产等阶段，其中，除了普查勘探阶段外，钻井平台都需要各型海洋供应船的支援，因而海洋供应船和海上石油钻井平台一起常被称为"母子船"。

海洋石油钻井平台和相应的海洋供应船类型

钻井作业区	海上石油钻井平台类型	相应的海洋供应船类型
近海区域	自升式钻井平台	锚作拖船/平台供应船
浅海区域	半潜式钻井平台	三用工作船
深海区域	更大、更沉重的半潜式钻井平台	多用途海洋供应船

第一艘专用海洋供应船是美国海事公司在1955年建造的。此时的供应船虽然由于只在风浪不大的墨西哥湾水域作业，主尺度不大，功率也较小，也没有或只有有限的专用拖曳设备，但已基本上形成了现代海洋供应船PSV（Platform Supply Vessel）的雏形。

20世纪60年代中后期，欧洲北海海上油气勘探和开采工程迅猛发展，美国供应船很快在北海暴露出了适航性差、海上补给困难、不能进行移锚、拖曳等作业的种种缺陷；挪威、荷兰、西德等国在借鉴北欧渔船适航性经验的基础上，重点增强了海洋供应船的操纵性，设计出了能向海上油气开发工程物提供抛起锚、拖曳、供应服务的三用工作船AHTSV（Anchor Handling Tug Supply Vessel）。

随着海上油气勘探和开采的范围越来越广、作业海况越来越恶劣和海洋油气开发技术的不断进步，兼有供应、拖曳、抛起锚、对外消防灭火作业、救助守护、海面溢油回收、消除海面油污、潜水支援、电缆敷设、水下焊接与切割、维修动力定位、冰山控制、海上穿梭油轮和采油船（FPSO）装载援助及海洋勘察等多种功能的多用途海洋供应船MPSV（Multi-Purpose Platform Supply Vessel）也就应运而生了。

供应功能（Supply）

海上石油平台钻井的商业速度在很大程度上不仅取决于钻井综合体的电力装备水平，还取决于能否在建井时不间断地供给必需的材料，包括钻杆和套管、膨胀土、重晶石、水泥、化学试剂、燃油、水和润滑材料等。

海洋供应船主要是为海上石油平台供应钻井物资和器材（钻井钢管、钻井泥浆、钻井水、散装水泥）、集装箱模块、燃料油、轻柴油、淡水、化学试剂等物资和材料。其中钻井物资和器材、集装箱模块等作为甲板货装载在露天主甲板上载货区域内，以方便由海上钻井平台的吊机进行装卸，而钻井泥浆、钻井水、散装水泥、燃料油、轻柴油、淡水、化学试剂等物资则装载于各船舱内或干/湿货罐中。

针对供应功能，海洋供应船普遍为长艏楼、平甲板、无机舱棚的设计，紧凑的驾驶室和船员舱室设在艏部（1/3～2/3）L范围内，烟囱和机舱通风口都紧靠艏楼后端或直接从艏楼中穿过，艏楼后宽敞载货甲板区域给在海上甲板货的装卸和救助遇难人员作业提供了有利的工作环境。载货甲板面积 S 和甲板载货量 C 是船东比较关心的参数之一，在给定的平面尺度下，想增大载货甲板面积、增加甲板载货量就要压缩艏楼的长度。

海洋供应船后甲板两舷设有挡货栏杆，挡货栏杆顶高的选取要考虑到甲板积水量对稳性的影响及拖曳作业时人员走动的安全和方便，一般取 1 500～1 800 mm；挡货栏杆之间还要铺设经过防腐处理的木地板，以防止甲板货物装卸时的冲击，厚度为 50～100 mm；甲板载货区的平均载荷一般设计为（4～5）t/m^2，局部设有重型设备的区域可达 10 t/m^2。

海洋供应船的舱室分隔得特别多，也是与供应功能相关的。一般钻井泥浆和化学试剂装载于货罐中；钻井水装载于双层底、机舱边舱或舷边货罐中；散装水泥装载于纵中货罐中；油料装载于双层底、机舱边舱中；淡水则装载于艏部及尾尖边舱中。这些供应品的分散装载不仅有利于海洋供应船自身的安全性，对纵倾的调整也有利。

海洋供应船在钻井平台附近装卸货物时，由于相互之间较近，加上高度差和风浪的影响，使得它们的相对位置很难保持稳定，经常发生拖船撞在平台上而造成破舱进水。据统计，海洋供应船因与钻井平台碰撞而沉没是其失事的主要原因，约占其失事总数的33.3%。为此，海洋供应船舷侧结构要比常规船型坚固得多。

海洋供应船常常要在恶劣的海况下向海上钻井平台卸货，因此其操纵性相当重要。为此，海洋供应船除采用可调桨、高性能舵外，还设有艏（艉）侧推器，相当一部分供应船还采用了动力定位系统（定位误差可小于 1 m）。

海洋供应船上各种操纵设备繁多，为简化驾驶程序，通常还在驾驶室两翼及前后四个驾驶台上均设有先进的单手柄操纵系统（Joy-Stick），便于在各个方向、各种工况下灵活地操纵船舶；该系统通过计算机将舵、可调桨、艏（艉）侧推器等设备联为一个网络，能自动计算风、浪、流等海洋环境对船舶的影响，使各操纵设备同时发生相应动作，以最小的能耗使船舶处于所要求的状态。

拖曳功能（Tug）

海洋供应船的拖曳功能是指其具有拖曳钻井平台、钻井架移位、协助穿梭油轮在海上就位装油、拖曳浮筒、采油船、海驳、遇难船只等的能力。为实现这一功能，海洋供应船上设有拖缆机、拖缆限位眼板、挡缆桩、拖缆挡桩等设备和设施，其中大功率拖缆机是海洋供应船的一项关键设备，通常设在甲板载货区域前部。海洋供应船的工况很复杂，其中抛起锚/拖曳工况是功率指标设计时的决定因素，但该工况只占供应船全部营运时间的5%，如果不将多功能组合，其功率的利用率势必很低，营运成本会很高，所以，海洋供应船普遍设计有轴带发电机和大功率的轴带消防泵。

海洋供应船各工况时间比例

海洋供应船工况	时间比例	功率比例
抛起锚/拖曳	5%	100%
供应（往返于岸上基地与平台间）	40%	50%～55%（经济航速下）
向平台卸货	15%	10%～15%
平台附近其他作业	15%	20%～25%
基地停泊	25%	/

系柱拖力是反映海洋供应船拖曳功能的首要指标，其与主机功率和推进器的型式有很大的关系。国际上也通常以系柱拖力和主机总功率决定供应船的租船价格。几型采用不同推进方式的供应船拖曳性能对比详见下表。可以看出，我国4 700 kW型和日本MITSUI6，OOOPS型、"北海102"号和"德翔"号的主机功率相当，但4 700 kW型和"德翔"号采用了固定导管后，RFPO都明显提高；4艘3 000 kW级的供应船中，采用了可调桨加固定导管推

进方式的我国海洋供应船系列与采用全回转推进器的国外同级船相比,拖曳性能也要优越。

海洋供应船在进行拖曳作业时一般不应装载甲板货物。

采用不同推进方式的海洋供应船拖曳性能对比

船型	推进方式	主机总功率 M (W)	系柱拖力 F_{po} (kN)	RF_{po} (N/kW)
3 200kW 型	CP 桨 + 固定导管	3 280	590	180
4 700kW 型	CP 桨 + 固定导管	4 706	800	170
MITSUI6,000PS 型	CP 桨	4 413	588	133
"德翔"	CP 桨 + 固定导管	10 560	1 500	142
"北海 102"	CP 桨	10 002	1 117	112
"ROA TOR"	全回转推进器	2 940	490	167
"FAIRPLAY-21"	全回转推进器	3 300	539	163
"CAPO VATICAN"	全回转推进器	3 090	490	158

抛起锚功能(Anchor Handling)

海上移动式钻井装置的定位要依靠被动定位系统的锚泊设备,如"大陆架-1"号半潜式钻井平台配有 8 只重量各为 18 t 的大抓力锚,在作业地风、水流和波浪的作用下,能保证钻井平台相对井轴的位移不超过海深的 4%。海上石油钻井平台的移位和钻井就位就是依靠海洋供应船的抛起锚功能来实现,而且一般需要 2~3 艘船同时作业。钻井平台每次移位都要由海洋供应船先将所有的锚收起,等移到新的钻井地后再将锚抛下。海洋供应船抛起锚作业的大体步骤如下:

(1)供应船上的拖缆机先放出牵引索,钩住用钢索系在起锚吊环上、用以指示锚泊位里的锚浮标;

(2)拖缆机收缆,将锚浮标拉上甲板直到液压挡缆桩前;

(3)用盆鱼钳或快速链钩固定锚浮标后的钢索,拖缆机松缆卸载,取下锚浮标;

(4)将主拖缆与锚浮标后的钢缆相连接后,盆鱼钳或快速链钩解开;

(5)拖缆机收缆,直到锚被拖到舰滚筒前的甲板上;

（6）钻井平台就位后，在指定方位和位置抛锚，抛锚作业过程与上述过程相反；

（7）抛锚后，钻井平台上的锚绞车动锚索或锚链就位。

由于在近海大陆架区发现储量巨大的油气田已经越来越困难，海上石油钻井的作业区域从近海大陆架区向深海区扩展已是大势所趋。

对外消防灭火功能（External Firefighting）

海上石油钻井平台属易燃易爆工作环境，在意外失火时，海洋供应船应具备一定的对外消防灭火能力，承担消防船的职能。海洋供应船的对外消防灭火能力可分为三个等级：

一级消防灭火能力：具有能扑灭初期火灾和接近起火结构进行营救工作的能力，一般设2门水炮；

二级消防灭火能力：具有能扑灭连续性大火和对起火结构进行冷却的能力，一般设3~4门水炮；

三级消防灭火能力：具有能扑灭连续性大火和对起火结构进行冷却的更大的能力，并配有固定式对外泡沫消防灭火系统，一般设4门水炮。

由于海洋供应船对外消防灭火作业时，轴带对外消防泵要消耗大量主机功率，可能影响到船上其他系统的正常工作，而且船上的燃油装载量也可能不满足规范要求，所以，一般3 000 kW级左右的海洋供应船只要求设计有一定的对外消防灭火作业能力，而不要求达到一级消防灭火能力；3 000 kW～1万kW级的海洋供应船只要求按一级消防灭火能力设计；1万kW级以上的海洋供应船一般也只要求达到二级消防灭火能力。如CCS对海洋供应船对外消防灭火能力的最低要求详见下表。

CCS对海洋供应船对外消防灭火能力最低要求一览表

序号	装备	对外消防灭火能力		
		I	II	III
1	水炮数量	2	3	4	4
2	每一水炮排量（m^3/h）	1 200	2 400	1 800	2 400
3	消防泵数量（台）	2	2	2

（续表）

序号	装备		对外消防灭火能力		
			I	II	III
4	泵总容量（m³/h）		2 400	7 200	9 600
5	水炮性能	射高（m）	45	70	70
		射程（m）	120	150	150
6	燃料油容量（h）		24	96	96
7	固定式泡沫炮系统	泡沫炮数量（门）	-	-	2
		每一泡沫炮排量（m³/h）	-	-	300
		连续产生泡沫的时间（min）	-	-	30
8	移动式消防设备	泡沫容量（m³/min）	-	100	100
		连续产生泡沫的时间（min）	-	30	30
9	船舶每舷软管接头数量		4	8	8
10	消防员装备		4	8	8

救助和守护功能（Salvage&Standby）

海洋供应船的救助和守护功能是指其以低速巡航于钻井平台附近海域，在钻井平台或为钻井平台服务的其他船只发生意外事故时，提供应急救援，如撤离人员、落水人员搜救、水下切割和焊接、堵漏、事故调查、拖曳失去动力的船舶或起浮的沉船返回港口等。

海洋供应船一般在载货甲板中部设置露天的救捞作业和救生营救区（长度不小于载货甲板长度的1/3，宽度不小于3 m），中小型海洋供应船一般在后甲板上标有"WINCHONLY"字样，代表直升机提升作业区，大型海洋供应船则在艏楼上设有直升机起降平台；一些海洋供应船还在两舷标有以黄色斑马纹作为警示背景的"RESCUEZONE"字样，代表营救落水人员区；营救区内不能有任何管系和舱盖，救生甲板后部要设置遥控式探照灯和远距离搜索灯具；船上还要为每一位获救人员提供一个座位或床位；如果条件允许，应设置专用救助器材库。

海洋供应船承担救助和守护作业任务后，要求能接纳所守护的钻井平台上的全部人员，一般中小型钻井平台上全部人员为90人左右，大型钻井平台上则有 200 ~ 250 人。如我国的 3 200 kW 型和 4 700 kW 型海洋供应船核定装载获救人数为 100 人，VS468II 型海洋供应船的核定装载获救人数则达到了 300 人。

其他功能（Others）

随着海上油气开发技术的不断进步，海洋供应船的作业功能将更趋于多样化、复杂化。未来，潜水支援、电缆敷设、维修动力定位、冰山控制、海洋勘察等这些更复杂、技术难度更高的作业功能将会得到海洋供应船更加广泛的应用。

值得一提的是，海洋供应船还有一定的军事用途。海洋供应船在战时加装小口径火炮、声呐、扫雷等装置后，就能迅速改装成为水雷战或巡逻舰艇。如加拿大"冰"级近海拖曳/供应船原来主要用于薄冰下的导航，1988 年加装了 2 挺 7.62 mm 机枪、BAJMK9 机械式扫雷装置（带 WSMF）、高定位导航系统及拖曳旁视变深高频声呐后，就成了扫雷辅助舰艇。

铺管船

深水铺管船

铺管船由主船体系统、管道焊接系统、管道铺设系统、起重系统、动力系统、锚泊系统、定位系统及移位控制系统、通信导航系统和安全及救生环保系统等系统组成。

按照铺管方法分类，深水铺管船可分为 S-lay 铺管船、J-lay 铺管船和 Reellay 铺管船三种类型。其中，Reellay 包括了 Verticallay 和 Carousellay。如果按照船型分类，则可分为船型和半潜式两种类型。

S-lay 铺管船

由于 S-lay 铺管法的铺管直径大、铺管速度快，因而得到了广泛的应用。目前，世界上最多的铺管船是 S-lay 铺管船。S-lay 铺管船有船型和半潜式两种类型。船型 S-lay 铺管船多为商船改装而成。国外主要深水 S-lay 铺管船的技术参数见下表。

船型 S-lay 铺管船

半潜式 S-lay 铺管船

国外主要深水 S-lay 铺管船技术参数

船名	船型	作业水深 /m	吊机 /t	定位	铺管直径 /m	张紧器 /t	绞车 /t	托管架 /m
Audacia	船型	3 000	150	DP3	0.051 ~ 1.524	525	550	106
Lorelay	船型	1 645	300	DP3	0.051 ~ 0.914	165	—	—
Solitaire	船型	2 775	300	DP3	0.051 ~ 1.524	1 050	—	140
Castoro Otto	船型	1 500	2 117	系泊缆	0.102 ~ 1.524	180	135	94
Castoro Sei	半潜式	3 000	2 × 134	DP	<1.524	330	330	—
Castoro 7	半潜式	—	—	系泊缆	0.203 ~ 1.524	340	340	120
Crawler	船型		546	DP	<1.219	142	90	65
Semac1	半潜式	600	318	系泊缆	<1.524	225	275	—
Sapura3000	船型	2 000	2 721	DP2	0.152 ~ 0.914	240	360	90
Acergy Polaris	船型	1 500	1 440	DP3	0.152 ~ 1.524	113	180	—

根据舱容的大小，深水 S-lay 铺管船上一般设有 7 ~ 12 个工作站（workstation），包括焊接、检测和焊缝的混凝土重力层作业工作站。工作站中最多的是焊接站，如 Audacia 的 12 个工作站中，焊接站多达 8 个，最少的为

5个。工作站中最少的是检测站，一般为1个，最多也只有2个，如Saipem公司的Castoro Otto号。现场接头的防腐保温涂敷层/混凝土重力层工作站一般为1个，大型铺管船最多为4个，如Solitaire号的10个工作站中就有4个混凝土重力层工作站。工作站的数量是铺管船的一个重

Audacia号S-lay铺管船上的工作站

要指标，它决定了铺管船的铺管速度。管线接长作业中，焊接作业时间较长，因此，铺管船上焊接站的数量最多。

  S-lay铺管船的关键设备是托管架和张紧器。它们决定了S-lay铺管船的作业水深和铺管直径。为了适应不同水深的作业需要，托管架必须能够调整曲率半径，以调整管线的入水角。因此，托管架一般由三段组成。在调整托管架的同时，也必须调整托管架上的滚轴高度和间距，使管线的上弓段曲率保持一致。

  张紧器是保持铺管曲线形状的主要设备，它提供平衡管线重力和控制悬垂段曲率所需的张力。因此，张紧器的能力代表了铺管船的铺管能力。

S-lay铺管船的托管架

400 t张紧器

J-lay铺管船

  J-lay铺管船也有船型和半潜式两种船型。其工作站位于J-lay塔上，

J-lay 塔的倾斜角度可根据水深和张力条件调整，以确保管线的入水角与悬垂段在 J-lay 塔末端的切线保持一致，形成一条光滑的 J 形曲线，从而满足悬垂段应变控制要求。国外主要 J-lay 铺管船的技术参数见下表。

船型 J-lay 铺管船

半潜式 J-lay 铺管船

国外主要 J-lay 铺管船技术参数

船名	船型	作业水深/m	吊机/t	定位	铺管直径/m	张紧器/t	绞车/t	J-lay 塔高（m）/倾角（°）
Balder	半潜式	3 500	6 300	DP3	0.114 ~ 0.813	525	800	—/50-90
Saipem FDS	船型	2 100	600	DP	0.102 ~ 0.559	270	440	52/—
Saipem 7000	半潜式	3 000	14 000	DP3	0.102 ~ 0.813	525	550	—/90-110
Acergy Falcon	船型	—	64	DP	~ 0.356	25	100	—/25-90
Deep Blue	船型	2 500	400	DP	0.102 ~ 0.660	550	880	65/58-90
Seven Seas	船型	3 000	350	DP2	—	400	450	—

J-lay 铺管船的甲板和塔上均设有焊接站，管线在甲板上接长至 J-lay 塔的长度。然后由专用吊架将管线放入 J-lay 塔，并由 J-lay 塔上的焊接站完成管线的整体接长后铺设入水。

J-lay 铺管船的管线接长作业

J-lay 塔管线吊装系统

Reellay 铺管船

Reellay 铺管法的连续移动性质要求铺管船的移动性好,因此,Reellay 铺管船均采用船型结构。

Reellay 铺管船的铺管能力主要取决于卷筒的尺寸和管线矫直机构(ramp),卷筒轴的直径决定了最大铺管直径,卷筒翼缘的直径决定了铺管长度。Reellay 铺管船上没有焊接站,因此,铺设刚性(钢)管时,最大铺管长度为卷筒储管能力。而铺设柔性管或脐带缆时,通常可采用两个卷筒。管线矫直机构的能力取决于矫直机(straightener)的吨位。

Reel lay 铺管船

Reellay 铺管船分为刚性管铺管船和柔性管铺管船,一般的刚性管铺管船也可铺设柔性管或脐带缆,但柔性管铺管船则不能铺设刚性管,一般的柔性管铺管船均装载两个以上的卷筒。下表列出了国外主要 Reellay 铺管船的技术参数。

国外主要 Reel lay 铺管船技术参数

船名	船型	作业水深/m	吊机/t	定位	铺管直径/m	张紧器/t	绞车/t	卷筒直径/m
Seven Oceans	船型	3 000	350	DP2	0.152~0.406	450	500	—
Seven Navica	船型	2 000	60	DP2	0.051~0.406	205	250	—
Kommandor3000	船型	1 000	25	DP2	—	150	200	14.78/11.90
Lochnagar	船型	2 000	60	DP2	0.406	255	255	16.0
Nomand Seven	船型	2 000	250	DP2	0.051~0.508	300	300	7.8/8.6/9.2/19
Acergy Condor	船型	2 000	70	DP2	—	130	130	5.0

其他铺管船

其他铺管船主要包括 Carouselay 铺管船和 Verticallay 铺管船。Sealion 公司的 Toisa Perseus 号多功能工程船配有 2 个 Carousellay 卷筒和 5 个 Verticallay 卷筒，因此具有 Carousellay 和 Verticallay 铺管能力。下表列出了国外主要的 Carousellay 和 Verticallay 铺管船。

Carousel lay 铺管船

Vertical lay 铺管船

国外主要 Carousel lay/vertical lay 铺管船技术参数

船名	船型	作业水深 /m	吊机 /t	定位	铺管直径 /m	张紧器 /t	绞车 /t
Deep Pioneer	船型	—	150	DP	—		
Deep Constructor	船型	1 500	300	DP2	0.610	—	130
Seven Pacific	船型	3 000	250	DP2	0.102 ~ 0.610	260	250
Sunrise 2000	船型	2 000	75	DP	0.127 ~ 0.610	100	—
Tcisa Perseus	船型	3 000	25	DP3			

铺管船铺管方式

铺管船铺设海底管道，常见的铺管方式有 S- 铺设铺管方式、J- 铺设铺管方式、卷筒类铺管方式三种。

S- 铺设铺管方式

施工时，将存放在船甲板两侧的管段输送到中央纵向作业线上，对中、焊接、X 射线检测、喷涂补口，最后由张紧装置经托管架将管子徐徐伸向海底。每完成一段，铺管船就在锚距范围内前进一管段距离，直到前后锚链均处于极端位置时为止。要使呈 S 形管线安全可靠地铺设到海底，张紧装置必须和托管架协调一致，否则管线就可能遭到破坏。

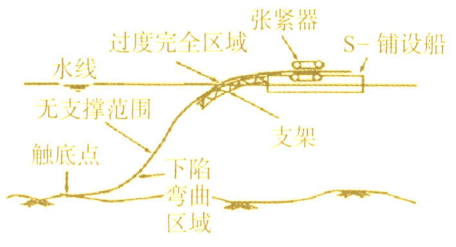

S- 铺设铺管方式

J-lay 铺管方式

利用钻井船上原有井架和管子输送装置，将已在岸上加工好的管

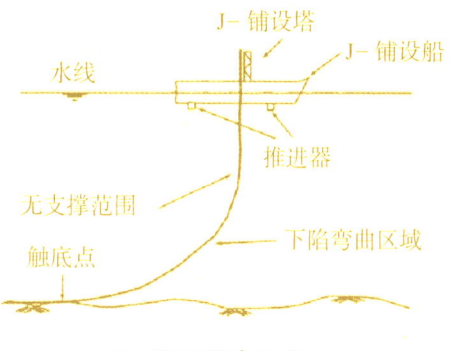

J- 铺设铺管方式

子垂直下放到海里。管子从井架输送装置里下放时,快速焊接、X射线检测、喷涂补口。下放一段后,钻井船就前进一段,直到铺完为止。为使管子在海底不会受到潮流作用而移位,末端系有一个外加重物沉入海底。

卷筒类铺管方式

该铺管方式分为水平卷筒类和垂直卷筒类。在这种铺管作业方式中,很长的刚性管或弹性管在岸上进行焊接作业,并缠绕在铺管船的卷轴上。在管铺放过程中,管道从卷轴绕出,铺向海底,但是管在离开铺管船时要将其管拉直处理。

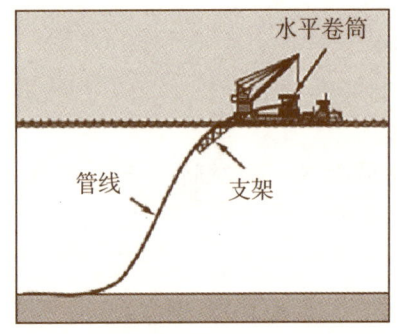 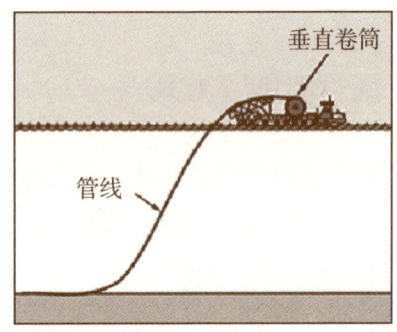

水平式卷筒铺管方式　　　　　　垂直式卷筒铺管方式

国内外主要铺管船

国内铺管船

1987年,我国引进了一条小型铺管船,结束了国内无铺管船的历史。随着铺管长度的不断增加,铺管施工技术也越趋成熟。蓝疆号是于2000年进行建造的新型起重铺管船,可以在恶劣气候环境中施工,最大起重能力为3 800 t,可进行平台安装,铺设管径4"~48",是当时亚洲最大的起重铺管船。海洋石油202主要用于浅海海域管道铺设和起重作业,铺管水深可达300 m,采用12点锚泊定位,船上设一台固定起重能力1 200 t、全回转起重能力800 t的重型起重机,设计铺管能力为每天3 km。国内铺管船主要参数见下表。

国内铺管船主要参数

名称	船长/m	型宽/m	型深/m	吃水/m	最大起重量/t	床位/人	管径范围/in	张紧器/t	A&R绞车/t	托管架/m	工作站/个	铺管方式
滨海106	80	23	5	2.5	200	103	4~60	1×22.5	34.6	22.5	2	S-Lay
滨海109	91.44	28.35	6.7	4.025	318	172	4.5~60	1×66.6	45.0	45+25	4	S-Lay
蓝僵号	157.5	48	12.5	8	3800	278	4~48	2×74	165.0	87	10	S-Lay
海洋石油202	168.3	46	13.5	9	1200	144	4~60	2×100	200	37.8+34	10	S-Lay

国外铺管船

国外铺管船型式较多，从铺管方式上可以划分为 S-Lay 型、J-Lay 型和 ReelLay 型，多数铺管船属于 S-Lay 型，此类铺管船多用于浅海海域；J-Lay 型铺管船多用于深海海域；ReelLay 型铺管船既可用于浅海海域，也可用于中等深度海域，铺设管径不宜过大。从船型上大致可以划分为驳船式、普通船型式和半潜式。驳船式铺管船排水量大，比较适合浅海海域施工；普通船型式铺管船吃水深度相对较大，适合需要承载较重设备时使用；半潜式铺管船船体较大，吃水深度大，稳定性高，多用于深海和环境较为恶劣的海域。从主要用途分，既有纯粹的铺管船，也有起重能力较大的起重铺管船。

深海矿产资源开发技术及装备

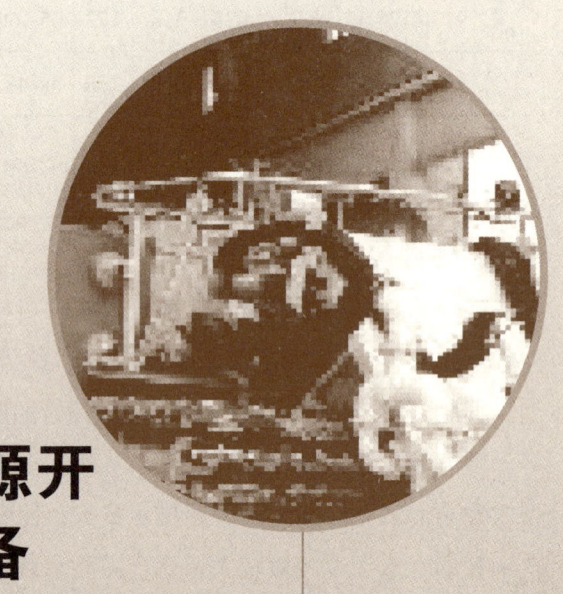

深海矿产资源开发技术

深海底的主要矿产是锰结核和海底热液矿床,广泛分布在各大洋海域的海底沉积物表层。根据有关调查资料表明,全球整个大洋底锰结核的蕴藏量约 3 万亿 t,仅太平洋就有 1.7 万亿 t。如果按照目前的工业消耗量计算,仅太平洋锰结核中的金属钴就可供全世界使用 34 万年,镍和锰使用 2 万年,铜使用 900 多年。不仅如此,这些锰结核还在不断地生长着。因此,只要开采得当,深海锰结核将是世界上一项取之不尽、用之不竭的宝贵资源,成为世界许多国家的开发热点。而海底热液矿,由于其金、银、铜等金属含量极为丰富,被称为"海底金银库"。此外,深海底还存在第三种矿物资源——富钴砂矿床,这种钴砂矿不仅含有钴、镍,而且还含有其他各种稀有金属,特别是矿床中与重要金属钴有关的金属含量约为陆地资源的 10 倍左右。

世界深海矿产资源开发技术的发展特点和趋势主要表现在如下几个方面:

(1)锰结核开采技术趋于成熟,初步进入商业化开发生产阶段。锰结核中各种金属成分的含量大约是:锰 25%,铁 14%,镍 1.9%,铜 0.5%,钴 0.4%。目前,世界深海锰结核的开采技术已经比较成熟,水平较高的有流体提升式采矿技术、连续链斗式采矿技术、海底机器人采矿技术、拖网采集技术等。目前世界各国普遍采用的开采技术主要有以下三种:

第一种是流体提升式采矿技术。根据提升方式的不同,流体提升式采矿技术可分为水力提升和空气提升。水力提升系统由海底集矿装置、高压水泵、浮筒、采矿管四部分组成。采矿管挂在采矿船和浮筒下面,起输送锰结核的作用。浮筒安装在采矿管上部 15% 的地方,其中充以高压空气,起支撑水泵的作用。高压水泵装置在浮筒内,通过高压使采矿管内产生高速上升水流,使锰结核和水一起由海底提升到采矿船上,集矿装置起筛选、采集锰结核的作用。空气提升式采矿技术与水力提升大体相同，区别仅在于船上装有大功率高压气泵代替水泵。高压气泵装在船上，采矿作业时，首先在船上开动高压气泵，气泵产生的高压气流通过输气管道向下，从采矿管的深、中、浅三部分输入，在采矿管中产生高速上升的固、气、液三相混合流，将经过集矿装置的筛滤系统选择过的锰结核提升到采矿船内。该技术的系统构造较为复杂，造价昂贵，但其优势是能在水深超过5 000 m的海区作业。以上两种采矿系统目前均已具有日产1万t锰结核的采矿能力。

第二种是海底机器人采矿技术。这是根据机器人技术研制的深海锰结核采矿系统，由很轻但强度很大的材料制成。下水前装满压舱无自动下沉，触底时，机械释放系统动作，在弹簧拉力下自动抓取样品，采满后网袋闭合，同时释放压舱物，按程序自动上浮到一个半潜式水上平台中，卸载后装上压舱物重新工作。该系统具有不受波浪、气候影响和不破坏环境的特点，是一种很有发展前途的深海采矿技术。

第三种是拖网采集技术。这是最简单的一种开采海底锰结核的方法，由采矿船上安装一拖网斗构成。这种拖网斗可按自由落体的速度降到海底，系在拖网斗上的音响计可以提示操作者拖网斗何时到达海底。拖网斗能横越海底拖动，直到装满结核矿后将它取回。拖网斗上还装有电视摄像装置，以指导拖网斗的装取工作。

目前，第一代采矿技术——连续链斗式采矿技术虽然技术比较简单、造价低，但由于采矿回收率低、采矿轨迹不好控制，不能适应海底地形的变化，难以满足商业性开发的要求，已经逐步淘汰。

值得重视的是，自从20世纪70年代结核开采试验成功以来，锰结核开采规模日益扩大，已由过去各国单独开采，发展到现在多国联合大规模合作开采。特别是随着在"联合国海洋公约"上签字和批准公约的国家越来越多，锰结核开发管理体系已日趋完善，世界大洋锰结核已进入商业化开发生产阶段。

（2）热液矿开采技术有望进一步突破。热液矿床有块状和泥状两种。对于块状，由于分布集中、矿石硬度高、密度大，需采用自动控制的海底钻探，然后在钻孔内爆破，炸碎矿体，随后采用与采集锰结核类似的方法，用集矿机和扬矿机输送到水面进行加工。对于泥状热液矿，需要在采矿船下拖一根数千米长的钢管柱，管柱末端安装一个抽吸装置，内设电控摆筛，使黏稠的软泥变稀，并使抽吸装置进一步穿透泥层，通过真空抽吸装置和吸矿管将软泥矿吸到采矿船上。这种方法已经进入商业性应用阶段。

（3）深海钻探技术不断提高。20世纪70年代，国际上实施了一项雄心勃勃的"深海钻探计划"。该计划由美国发起，后陆续有日本、英国、法国等20多个国家参加，打算从洋底钻透地壳，通过深海底岩芯取样，寻找深部矿产资源和能源，研究地球深部构造，以验证海底扩张和板块构造理论。这项计划成果辉煌，主要是依靠深海钻探技术。这套高技术系统由柔性立管、动力定位、重返井口技术和电子计算机控制系统等组成，安装在"格·挑战者"号万吨巨轮上。船的首、尾安装有由声呐控制的推力器，可根据海底声呐信标发出信号自动调整船位，使船舶始终保持在海底钻孔的上方，船位误差不超过12 m。其钻机使用一种特制的柔性立管，每根立管连接处允许有一定的弯曲。钻头上安装有扫描声呐，可根据海底钻孔附近的声呐放射器，自动寻找井口。"格·挑战者"号完成了96航次的钻探任务，在世界543个不同海域打下910个钻孔，钻进50多万m，采集了5万m芯，完成了深海钻探计划，并创造了一项深水钻探世界纪录——作业水深达7 034 m。

20世纪80年代以后，世界深海钻探技术不断发展，出现了地球物理测量的新技术，除了将原有测量器具的电缆由电绞车送入井孔，对不同深度地层的物理特性和参数进行测量和记录的作业外，还使用了井下声波电视、井眼自动地震仪等技术。目前，世界许多国家都在积极发展深海钻探船，旨在为深海底矿产资源的开发利用提供先进的技术装备。

（4）采矿机技术、集输技术取得重大进展。采矿机技术是深海采矿中的重要的专有技术之一，国外许多国家都进行了大量的研究与开发，提出的专利和设计几十种，有代表性的是20世纪70年代末80年代初包括美国、日本、德国、法国在内的跨国财团研制出的链板式机械集矿机，同期日本还研制出了抽吸式水力集矿机，此后德国在20世纪90年代初研制出将水力和机械复合在一起的复合式集矿机。这些新型采矿机的发展，极大地促进了深海矿产资源开发技术的发展。

从海底向水面输送采集到的矿物集输技术，由于涉及水面系统和提升技术而比较复杂，技术难度较大。目前的水面系统主要采用采矿船、钻井船或打捞船改装而成，用于水下采矿设备的吊放和回收则要专门设计。国外主要研究了水力提升技术、空气提升技术、轻介质提升技术、重介质提升技术、管道容器提升技术，以及将收集和运输结合在一起的穿梭艇技术等近 10 种技术方法。进入 20 世纪 90 年代，西方国家就已经具备了研制进行多金属结核商业性开采前的工业实用化试验的技术设备的能力，研究重点包括深海多种资源的全方位技术开发。俄罗斯目前就在建造 2 万～2.5 万 t 级的采矿船，船上将分别配备采集洋底多金属结核及采集海山区富钴壳的遥控潜水器，具有很高的技术水平。

深海采矿系统的技术方案

从功能上说，深海采矿是指采集赋存在海底的固体矿物并输送到海面上。国际上大规模的深海固体矿产资源开采技术研究始于 20 世纪 50 年代末对多金属结核开采技术的研究，出现过多种技术原型和样机。1972 年，日本对连续链斗法进行采矿试验，该方案是在一条 8 km 长的回转链上每隔一定距离挂一个挖斗，从采矿船船首投放、船尾回收。虽然这些挖斗也采集了一些结核，但作业中链索缠在一起而使试验终止。1979 年，法国工程师提出穿梭艇式采矿系统方案，该系统设想由一系列能自由潜入海底的独立采集器（穿梭艇）组成，到达海底后采集器排出压载物采集结核后再浮上水面，但可行性研究表明系统过于昂贵。比较成功的是由一些以美国公司为主的跨国财团提出的水力（气力）管道提升式系统。下图所示是由美、日、加、德等国财团组成的海洋管理公司（Ocean Management Inc.，OMI）的多金属结核采矿海试系统示意图。

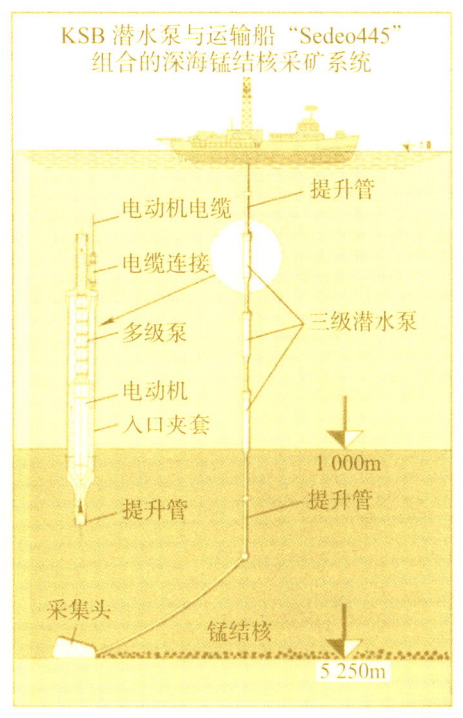

OMI 深海多金属结核采矿海试系统示意图

该系统一般被称为管道提升式，通常认为由三个部分组成：在海底进行结核采集的海底采矿车、通过泵和管道以水力或气力方式将矿物从海底运送至海面的提升系统、为海底采矿车和提升系统提供动力和操作支持并对矿物进行初步脱水和分选处理的水面支持系统（采矿船）。1978 年，OMI 采用该系统在太平洋进行了数次深海多金属结核采矿海试，成功地从 5 200 m 水深海底采集到数百吨多金属结核，最大产能超过 40 t/h，验证了该系统原理及其深海采矿的技术可行性。

深海采矿系统的关键技术

深海采矿系统技术可分为通用技术和专用技术，通用技术中的深海动力、深海通信等，可以直接应用深海油气工业中已发展的深水电动机、深海电缆及声呐等技术和装备，而深海矿产采集、输送等专用技术和装备，虽然也可以和需要借鉴或移植海洋油气和陆地采矿中的方法与技术，但却必须面对和解决深海采矿特殊环境和特殊要求所带来的特殊问题。

海底固体矿产资源的采集技术

深海固体矿产资源的采集方法和技术主要取决于矿产资源在海底的赋存状态。由于多金属结核、多金属硫化物和富钴结壳资源在海底的赋存状态不同，因此其采集技术亦不同。

（1）多金属结核采集技术：多金属结核赋存于水深4 000～6 000 m的海底沉积物表层，往往处于半埋藏状态；结核多为球形或椭球形，粒径一般为2～10 cm，密度约2 100 kg/m^3。根据多金属结核的赋存特点，目前已发展的采集方法包括水力式、机械式和水力——机械复合式等多种。

（2）多金属硫化物采集技术：海底多金属硫化物起源与海底喷发的热液与冰冷海水的混合，形成的矿体在海底呈大块状，厚度高达十几米或数十米。根据对大量样品的力学性能测试，海底多金属硫化物矿的断裂特性类似于煤，其韧性和塑性类似于盐和碳酸钾，轴向压缩强度小于40 MPa。就这类岩石的切割而言，陆上采煤业已有相当成熟的技术和装备可供移植或借鉴。

（3）富钴结壳采集技术：富钴结壳矿床主要分布于400～4 000 m水深的海山、中脊和海台的斜坡和顶部表面，以2～20 cm厚度的结壳状黏附在基岩上。富钴结壳采集的关键问题是如何将结壳从基岩上有效剥离。这个剥离受到两方面的限制：尽可能不要将结壳留在基岩上以保证高的回收率、尽可能不要将基岩切掉以降低贫化率（一般要求回收率高于80%，贫化率低于25%）。由于上述要求以及结壳的表面不平、厚度不均且与基岩黏附较紧，所以，富钴结壳的采集远比多金属结核和多金属硫化物的采集困难。就目前的研究来看，美、日、俄等一些研究者提出的方案基本上还是集中于陆地岩石切削螺旋滚筒截齿轧削、盘刀切削、拖刀耙削等机械式破碎剥离方法，尽管也考虑了并列多滚筒、柔性滚筒等微地形适应技术，但在同时满足高回采率和低贫化率方面并未取得很有效的结果。水射流剥离、声波破碎等概念和方案也曾被考虑，但由于破碎能耗高等原因暂时难以获得实际应用。

总体上说，深海富钴结壳的采集是一项尚未解决的难题，由此也将影响富钴结壳商业开采的时机。

海底采矿车行走技术

为了完成整个矿区的开采，深海采矿车必须具备在海底行走的能力。虽然海洋工程中已发展了海底铺缆机等海底爬行机器人，但海底采矿作业的环境与要求使深海采矿车的行走问题更加复杂。采矿车在海底的行走技术与海底矿床的地形和土工力学特性有关。深海多金属结核矿区为相对平坦（可采区坡度一般小于5°）的海底平原，根据其地形及其上覆水体，采矿车在海底或近海底的行走从理论上可以有三种可能的方式：浮游式、拖曳式和自行式。虽然目前使用最普遍发展最成熟的水下机器人（ROV、AUV和HOV等）均是采用浮游运动，但深海采矿作业产生的较大反力决定了深海采矿车不宜采用这种方式。早期深海采矿海试中曾多次采用拖曳式海底采矿车并被证明技术上可行，但也发现这种行走方式难以控制采矿车在海底的行走路径、采集率低且避障困难。1978年，OMCO研制了一种阿基米德螺旋式行走方式的采矿车并在其海试中使用，这是一种自行式行走方式，其优点是结构简单、海底通过性能好，但螺旋线凹槽易被沉积物敷住，导致行走打滑严重，转弯困难，而且与地面接触面积小，承载能力低，对海底扰动也比较大。目前在研的深海多金属结核海底采矿车基本上都是采用履带自行式行走方式。履带行走方式在陆地上已得到广泛应用，极强的负载能力和恶劣地形通过性能使其成为诸多重载作业车辆的首选，但用于海底作业车时，履带行走机构却遇到新的问题。根据目前勘查结果，深海多金属结核矿区的海底沉积物主要是极细的硅泥，并含有大量的水分，0～20 cm 深处沉积物剪切强度为 0～10 kPa、贯入阻力 0～15 kPa、内聚力 0～8 kPa，内摩擦角 0°～7°。由于内摩擦角极小，车辆在海底沉积物上的驱动不能沿用地面车辆所依靠的摩擦力，主要靠沉积物的抗剪力产生。另一方面，深海采矿车重达数十吨，且受多种外力作用，在稀软的海底沉积物上压陷情况亦十分复杂。因此，多金属结核海底采矿车履带的设计需要对车辆行走中压陷强度－切应力－滑移的复杂规律有充分的了解和掌握。

相对于多金属结核矿区，深海富钴结壳及多金属硫化物矿床的底质条件基本为岩石性质，在行走机理上与陆地车辆一致，可直接移植相关设计和制造技术。根据已掌握的微地形资料，这两种矿区不仅倾斜不平，且多乱石、沟坎，良好的越障避障能力是其海底采矿车的必须要求，目前的解决方案基本上是借鉴山地等复杂地形作业技术或作战车辆的一些相对成熟的技术，如采用多条履带、铰接式车体、大接近角与离去角履带设计等。

由于作业在数千米深的海底，深海采矿车的定位导航与控制必须采用遥控或自控方式。但由于深海电磁波衰减，深海采矿车的定位导航不能沿用全球定位系统（Global Positioning System，GPS）等陆地上成熟的技术。而且，采用光学方法时，由于海底沉积物的扰动影响视觉效果，采用声学方法则受到采矿车强噪声的干扰，深海采矿车的定位导航中存在大量有待解决的理论问题与关键技术。此外，由于采矿车结构庞大，行走在海底时的水动力特性也是必须考虑的问题。

矿物从海底向海面的输送技术

在管道提升式深海采矿系统中，采矿车在海底采集的矿物通过数千米的管道泵送至水面采矿船上，工程上是一个长距离管道输送问题。虽然在陆地采矿工程中，长距离管道输送已获得成熟应用，但其中固相的粒度为毫米级，而且输送管道多为水平或相对水平布置。而在深海采矿的管道输送中，海底矿物颗粒状浆体既含有从海底集矿带上来的海底沉积物和采矿车破碎、提升过程中矿物粉化、磨损产生的细颗粒，又含有粒径可能达 50 mm 的粗大矿物颗粒，矿物的粒级组成十分宽广，且管道为垂直布置，由于目前在研究中的采矿系统均采用水力输送，因此，在理论上，深海采矿管道输送是一个十分特殊的粗颗粒固液两相上升流问题。

很明显，将粗颗粒海底矿物浆体从数千米深的海底提升到水面需要有高扬程和通过粗颗粒性能的输送泵。根据深海采矿系统结构特点和输送工艺，该输送泵须串接在提升管线上，泵内粗颗粒浆体流动方向与泵轴方向相同，与陆地用输送伪均质浆体、轴向流入切向流出的普通离心泵的结构要求明显不同，是一种具有特殊应用功能要求的新泵型。

长距离垂直管粗颗粒两相流的输送也是深海采矿管道输送带来的新问题。已有的一些研究和实践表明，在固液两相流中，粗颗粒自身的运动、颗粒与颗粒、颗粒与流体、颗粒与管壁之间的相互作用等与细颗粒相比都将表现出不同的特性。因此，工程应用上，深海采矿管道输送中矿浆的提升速度、提升浓度和提升颗粒上限粒径等工艺参数的选择，不仅决定了管道提升的效率，而且直接关系到堵管、水击等管道输送的安全保障。理论分析中，对粗颗粒加均质浆体的固液两相流流动机理及模型的分析，采用现有的连续介质模型与离散颗粒模型均不太合适，有待构建更能反映粗颗粒与均质流体相互作用的高效分析模型和计算方法。迄今为止，国内外对于管道提升性能的研究主要还是依靠试验研究进行。

深海采矿管道输送的另一个特殊性是所面临的深海采矿特殊环境。在采矿作业过程中，数千米长的输送管道不仅将承受复杂的风、浪、流等海洋荷载，还需要随水面船和海底采矿车做拖曳运动。输送管道与周围水体的流固耦合作用、大变形长管线在复杂载荷作用下的力学行为、布放回收过程和开采作业过程的管系涡激锁住振动及抑制措施等诸多输送管道的动力学性能问题，不仅影响整个深海采矿系统的工作效率，而且影响系统的生存能力，已成为深海采矿系统研究中的一个十分重要的分支，得到了国内外学者的高度关注和研究。

深海采矿的水面支持系统

深海采矿系统的水面支持系统由采矿船及搭载的各种设备组成。同海洋钻探、油气生产系统一样，水面支持系统为海底采矿车、矿物输送管道提升系统提供动力和操作控制，提供采矿系统工作人员的生活起居服务设施。不同的是，深海采矿的水面支持系统需要对海底采集上来的矿石进行初步的脱水或分选处理后再送到运输船上运至陆地，因此，采矿船上需要有足够大的船舱与空间来进行矿石脱水处理并存放等待运走的矿石。为了对大型水下作业设备进行布放，采矿船上一般都开有大尺寸的月池。在满足了上述功能及产能要求后，深海采矿系统的采矿船通常都拥有巨大的结构尺寸。此外，在采矿作业时，深海采矿船的船面上会安装一个数十米高的塔架，船体之下更是会悬挂一个数千米长、数百吨重的扬矿管线系统。

由于多金属结核和富钴结壳矿床都是深海底表面薄薄的一层，所以，其大规模商业开采所采用的采矿工艺必然是采矿车以较低的行走速度按设计的路径在海底边走边采。为此，海面上的采矿船也必须进行相应的移动，构成所谓"深海采矿系统整体联动"问题。而深海采矿研究中的"整体联动控制"，则是要在对采矿海区环境海况、采矿系统动力学特性充分了解的情况下，分析合适的控制规律，采取适当的手段和措施，分别对采矿车和采矿船的行走路径与速度进行控制。在深海多金属硫化物矿的开采中，由于硫化物矿体在海底呈三维块状，厚度可能高达十几米或数十米，海底采矿车可以较长时间地在较小的范围内进行采集作业，所以，采矿作业中采矿车可以较长时间地保持停浮在相应的水面上。然而，不论是要求采矿船在海面上以一定精度按要求的路径航行，还是停浮在固体点附近，考虑到作业海面的风、浪、流作用，采矿船都需装备动力定位系统。动力定位系统借助 GPS 定位系统，通过控制动力推进器，控制船体的纵荡、横荡和偏移，使船体保持在所要求位置的几米范围内。根据采矿系统的正常作业海况（一般为 4 级以下）要求和系统特性，采矿船的动力定位等级一般要求为 DP2 级。

动力定位系统可控制船舶的纵荡、横荡和艏摇，但对其纵摇、横摇和升沉运动却无能为力。中国多金属结核采矿系统的设计要求是在 4 级海况下正常作业、能经受 6 级海况的风浪。而根据对中国矿区海况的调查统计数据并参照国际采矿船基本参数的初步计算，4 级海况下采矿船的升沉幅值在 0.75 m、周期 4.8 s，而在 6 级海况下则可达 1.6 m。根据计算，如果跟随采矿船做升沉以及纵摇和横摇运动的话，长 5 000 m、重数百吨的扬矿管道系统可能产生高达 7 000 t 的惯性力。因此，深海采矿船上一般都将设置升沉补偿系统来抑制扬矿管系的升沉及纵、横摇运动。尽管深海钻探船的情况与要求不尽一致，现有的深海采矿船升沉补偿系统还是比较多的借鉴和采用了在深海钻探升沉补偿系统的一些技术。

此外，由于深海矿区远离陆地数十至数千公里，采矿系统中的水下部分都是到达矿区后再布放组装而成，在恶劣的海况下对水下采矿设备的安全布放是水面系统的关键技术也是采矿作业的基本前提。事实上，在全球已进行的为数并不多的采矿海试中，的确有数次因为布放失败而提前结束。

深海矿产资源岩芯探测取样技术与装备

海底取样装备是开展海洋地质及环境科学研究、进行海洋矿产资源勘探和海底工程地质勘查所必备的技术装备。人类自1872年首次对海底进行取样以来，随着各国对海洋资源的日益重视，深海矿产资源岩芯探测取样技术与取样装备得到了快速发展。目前已开发了多种可用于海底矿石样品采集的技术和装备，主要有冲击式取样器、压入和射入式取样器、重力活塞式取样器、箱式取样器等。以上取样装备结构相对简单且大多属于非可控式取样器，主要应用于疏松的海底地层，钻入地层的深度难以准确控制。对于凸凹不平的海底地质状况，其取芯难度较大。对于像热液硫化矿、富钴结壳这类与岩石共生、赋存于海山岩石上的海底矿藏，大多数情况下需要使用海底岩芯取样钻机才能进行钻探取样。

深海岩芯探测取样技术与装备

深海浅孔岩芯探测取样技术与装备

1986年，美国华盛顿大学委托威廉姆逊公司（Williamsonand Associates）研制了世界上首台海底岩芯取样钻机，该岩芯取样钻机适用于水深为5 000 m，钻深能力为3 m，钻孔直径为60 mm，岩芯直径为33 mm，钻头类型为孕镶金刚石的岩芯钻头，钻机外形尺寸为3 m（三角形底座宽）×5 m（高）。

华盛顿大学海底3 m岩芯取样钻机的特点如下：在稳定支撑及调平技术方面，装备有3根液压驱动的可伸缩支腿，操作者可单独控制钻机的每一条支腿，最多可在15°范围内将钻机底盘调平；在取芯技术方面，采用提钻取芯技术方案；在液压系统与压力平衡技术方面，采用回路液压系统，该回路包括由一台单相电动机驱动的两台油泵、八功能双向多路控制阀和比例控制多路阀，各钻

华盛顿大学海底3 m岩芯取样钻机

进功能、调平支腿和视频摄像机云台均由液压驱动;在光纤动力复合电缆供电与通信技术方面,船上操作者通过铠装同轴电缆的传感器信号遥控操作钻机,从而实时无级调节钻头的推进力、转速、冲洗水的压力等;在下放与回收技术方面,利用托马斯调查船(R/V Thomas Thompson)上标准的铠装同轴电缆实现下放和回收作业。随后,俄罗斯、日本等国家也相继研制出本国海底浅地层岩芯取样钻机,并投入深海矿产资源岩芯探测取样科考工作中。

由于受西方国家的技术封锁,我国海底岩芯取样钻机的研制起步较晚,但通过科研人员的不懈努力,于2000年成功研制出我国第一台深海浅地层岩芯取样钻机,该岩芯取样钻机适用水深为4 000 m,钻深能力为0.7~2 m,取芯直径为60 mm,钻机的外形尺寸为1.8 m(长)×1.8 m(宽)×2.8 m(高)。

我国深海浅地层岩芯取样钻机

我国深海浅地层岩芯取样钻机的特点如下:在稳定支撑及调平技术方面,采用4条液压支腿调平技术,可在20°范围内将钻机底盘调平;在取芯技术方面,采用提钻取芯技术方案,岩芯保压装置采用弹簧加活塞结构,取样管外部包裹保温材料、内部设有恒温调节装置,从而对岩芯起到保温的作用;在液压系统与压力平衡技术方面,采用全液压驱动设计,可大范围调节钻进参数,从而提高对各种岩石的适应性。深海浅地层岩芯取样钻机采用蓄电池、逆变器和220 V浸油三相交流电机作为动力源,迄今已在海底钻取富钴结壳岩芯800多个，成为目前世界上同类产品中在深海海底实钻取芯次数最多的设备。此后，我国深海浅孔岩芯取样钻机经过数次升级改进，形成了多种型号的系列产品。与华盛顿大学海底3 m岩芯取样钻机相比，我国研制的深海浅地层岩芯取样钻机不仅在岩芯直径尺寸、支腿调平的范围等方面都有较大的提高，而且实现了对岩芯的保温取样，这样更有利于地质学家对该海底地质情况的研究。

深海中深孔岩芯取样技术与装备

英国地质调查局BGS（British Geological Survey）于2005年自行研制了海底中深孔岩芯取样钻机RockDrill2，这是目前世界上使用频率和钻孔成功率较高的一种海底中深孔岩芯钻机。RockDrill2钻机适用水深为3 100 m，单根取芯长度为1.5 m，钻深能力为15 m，岩芯直径为49 mm。

英国海底中深孔岩芯取样钻机RockDrill2

英国RockDrill2钻机的特点如下：在稳定支撑及调平技术方面，在机架对称的三边上装有由丝杆螺母机构驱动的三条调平支腿，可在海底调平钻机；在取芯技术方面，采用提钻取芯技术方案；在钻杆钻具接卸存储技术方面，钻机的桅杆架位于机架的中心，其两边各有一个单层的旋转钻具库，每个旋转钻具库可提供10个钻杆容纳槽，桅杆架前方装有两对换杆机械手，同时负责两个旋转钻具库上钻杆钻具的存取及移位。RockDrill2 钻机携带机载彩色寻址摄像头，可实时提供海底图像。为了使钻机在海底寻址时具有一定的机动能力，在钻机下部机架内还安装了两个液压驱动的推进器。

2008 年初，我国高技术研究发展计划（863 计划）海洋技术领域启动了"深海底中深孔岩芯取样钻机的研制"重点项目，目标是研制我国额定工作水深为 1 000 ～ 4 000 m、岩芯直径为 50 mm、钻深能力达到 20 m 的海底中深孔岩芯取样钻机，我国中深孔岩芯取样钻机的外形尺寸为 2 m（长）×2 m（宽）×4 m（高）。

我国海底中深孔岩芯取样钻机

我国海底中深孔岩芯取样钻机的特点如下：在稳定支撑及调平技术方面，在钻机上装备有 3 根液压驱动的可伸缩调平支腿，可在 15° 范围内将钻机调平。在取芯技术方面，采用提钻取芯技术方案。在钻杆钻具接卸存储技术方面，采用两个单排转盘式储管架，分别存放钻杆和岩芯管，每个储管架各附带一个机械手，分别用于钻杆和岩芯管在孔口和储管架之间的移送和定位。当钻杆钻具接卸丝扣时，在钻杆钻具夹具的配合下，液压发动机慢速正向或反向旋转，同时配合以钻进动力头的慢速缓升或缓降，实现钻杆钻具丝扣的拧或卸。此外，该钻机还具备强力起拔、卸扣、液压及水压抛弃钻杆、声学弃钻四种事故安全逃生技术。在液压系统与压力平衡技术方面，我国海底中深孔岩芯取样钻机采用全液压动力头结构设计，同时采用了带有弹簧加压装置的皮囊式正压压力补偿器。在光纤动力复合电缆供电与通信技术方面，针对"大洋一号"科考船甲板配套设备的现状，综合使用深海就地功率因素补偿技术、深海充油平衡式继电控制技术以及万米铠装光纤动力复合电缆高压供电。同时，钻机的全部工作参数及状态信息，包括多个海底摄像头彩色视频信号、钻进系统参数、液压系统参数、供电系统参数、钻机的姿态和离底高度等，全部依靠机载传感器系统进行数据采集，经机载计算机处理后通过万米光纤动力复合电缆向甲板操作计算机高速实时传递，从而实现对钻机的实时控制。在下放与回收技术方面，我国海底中深孔岩芯取样钻机利用母船上通用的铠装光纤电力复合电缆及绞车，实现钻机的下放与回收。

深海深孔岩芯取样技术与装备

为探明深层地质的矿产资源的分布情况及海洋科学研究，具备海深深度和钻进深度更深、岩芯直径更大、自动化程度及可靠性更高的海底深孔岩芯取样钻机应运而生。澳大利亚 Benthic Geotech Pty Ltd 公司委托美国威廉姆逊公司（Williamson and Associates）于 2003 年成功研制出了世界上第一台海底深孔岩芯取样钻机 PROD。PROD 岩芯取样钻机最

澳大利亚海底深孔岩芯取样钻机 PROD

大作业水深为 2 000 m，最大钻深能力为 125 m，沉积物压入式取芯直径为 44 mm，硬岩旋转钻进取芯直径为 35 mm，钻机的外形尺寸为 2.3 m（长）× 2.3 m（宽）× 5.8 m（高）。

2005年，德国不来梅大学 Marum 海洋环境科学研究中心成功研制了海底深孔岩芯取样钻机 MeBo，其适用水深小于 2 000 m，最大钻深能力为 50 m，沉积物压入式取芯直径为 84 mm，硬岩旋转钻进取芯直径为 74 mm（带套管），硬岩旋转钻进取芯直径为 80 mm（不带套管），其外形尺寸为 2.3 m × 2.6 m（支腿收回时）× 6.6 m（高）。

德国不莱梅大学海底深孔岩芯取样钻机 MeBo

深海岩芯探测取样钻机的关键技术

稳定支撑及调平技术

由于海底表面并不是平整的，特别是在热液硫化矿区，海底地形地貌更是复杂。而且，海底岩芯取样钻机不能像陆地钻机那样，进场前先人工平整场地，再通过地脚螺栓与地面固定。以现有的海底地形探测与定位手段，可以事先测量并选定海底岩芯取样钻机着陆点较大尺度范围（不小于 10 m）的地形地貌，但着陆点小尺度的微地形则需要钻机近底后通过寻址摄像信号目测确定。通常情况下钻机着底后都是倾斜及不稳定的，这就需要依靠其自身的重量在海底坐稳。为了保证钻具能够垂直钻入海底地层，海底岩芯取样钻机一般都设计了动力可调的支腿，利用这些支腿起到底盘调平和稳定支撑的作用。对于具有钻杆接卸功能的海底岩芯取样钻机，还要求机身在整个取芯过程中不发生明显的侧向滑移或机身姿态角的改变，否则在钻具提出孔口后，下一根钻具就有可能找不到原孔位或不能顺利放回原孔内。

海底岩芯取样钻机所使用的调平支腿形式可分为三种：油缸驱动直接伸缩式，如日本 BMS 钻机、我国深海浅地层岩芯取样钻机；液压发动机驱动丝杆螺母机构向外伸展式，如英国 RockDrill2 钻机、我国海底中深孔岩芯取样钻机；油缸驱动向外伸展式，如澳大利亚 PROD 钻机、德国 MeBo 钻机。在以上三种调平支腿形式中，油缸驱动直接伸缩式支腿的结构相对简单，但调节幅度较小，适用于本身重心较低、稳定性好，不需要再向外扩展接地区域以增加钻机稳定性的海底岩芯取样钻机。液压发动机驱动丝杆螺母机构向外伸展式支腿的调节幅度、扩展接地区域的能力、结构复杂程度、重量等方面都较油缸驱动直接伸缩式大一些。油缸驱动向外伸展式支腿不仅调节幅度大，且能够大幅度扩展接地区域以增加钻机稳定性，但结构较复杂，而且整个支腿支撑部分的体积大、质量大。

取芯技术

海底岩芯取样钻机的取芯技术有两种方案：即提钻取芯方案和绳索取芯方案。提钻取芯方案的结构相对简单、设计难度较小、对传感器个数和精度要求相对较低，同时，提钻取芯方案可靠性高、机构便于实现自动控制，因此在海底浅孔、中深孔岩芯取样钻机中应用广泛。

提钻取芯方案的缺点是：①每钻 2～3 m 就需要将全部钻杆钻具提出钻孔，然后再放回孔底继续钻进，提放钻杆钻具所需要的辅助作业时间较长，并且钻孔越深，辅助作业时间越长；②每次提放钻具都会对孔壁有破坏作用，如果地层复杂，岩石不完整则极易造成卡钻等孔内事故，且孔越深这种危险越大；③每次将钻具提出孔外后，上部孔壁岩石可能掉落孔底，使得该岩石下次再次被取芯，这样就容易造成样品地层混淆，样品纯洁性得不到保证。

与提钻取芯方案相比，绳索取芯方案的主要优势体现在：当钻孔深度较深时，辅助作业时间相对短且作业效率高，同时对孔壁的护壁作用较好，岩芯质量较好等方面。但绳索取芯方案的结构复杂，设计难度大、可靠性低。此外，在岩石破碎程度高或岩石研磨性高的地层，绳索取芯方案的优势也难以体现。

钻杆钻具接卸存储技术

对于海底岩芯取样钻机而言，当钻孔深度大于 5 m 时，大多需要采取分段取芯技术。正是由于海底钻机特殊的作业环境（其钻杆钻具中途无法补充或更换），使得大型海底岩芯取样钻机必须将完孔所需的全套钻杆钻具都事先储存在钻机的储管架上，同时配备移管机械手用于钻杆接卸存储时钻杆钻具的抓取和移位。此外，在钻进动力头下方还需由一个旋转动力卡盘和数个固定卡盘组成的钻杆钻具夹具，用于钻杆丝扣的拧卸。如日本BMS钻机设有一个单层的旋转钻具库，换杆机械手负责从旋转钻具库中抓取和移动钻杆，同时应用钻杆夹持器夹持钻具，最后，运用钻进动力头正反转运动连接或卸开钻具的连接丝扣。我国海底中深孔岩芯取样钻机采用两个单排转盘式储管架，分别存放钻杆和岩芯管组件，每个储管架各附带一个机械手，分别用于钻杆和岩芯管在孔口和储管架之间的移动，在钻杆钻具夹具的互相配合下，液压发动机慢速正向或反向旋转，同时配合以钻进动力头的慢速缓升或缓降功能，实现钻杆钻具丝扣的拧或卸。

　　海底岩芯取样钻机在钻探作业过程中可能发生卡钻事故。当发生卡钻时，钻机和母船将被锚固于钻探点而难以脱离。此外，在钻探过程中如果突发供电、通信、控制或液压系统等故障，且短期内故障不能消除，钻机将无法收回已经深入孔内很长的一根或多根钻杆，这也将导致钻机整机难以回收上船，这时，必须有可靠的技术途径使得孔内钻杆能与钻机相脱离，以确保钻机能安全回收。这种海底岩芯取样钻机在海底钻进作业中遇到卡钻等事故时钻杆与钻机、钻机与铠装光纤动力复合电缆自动分离的技术又称为逃生技术。

液压系统与压力平衡技术

　　基于减小体积、质量、便于自动控制等方面的考虑，海底岩芯取样钻机基本都采用全液压动力头，即实现钻进的两个基本动作：钻杆钻具的回转和进给。相对其他类型钻机而言，全液压动力头型钻机具有功率重量比大、结构紧凑、传动平稳、操纵简便以及易于实现全自动控制等一系列优点。由于相似性较高，陆地全液压动力头型钻机液压系统的设计技巧基本可以全部应用于海底岩芯取样钻机液压系统的设计中，包括液压回路设计、工作参数选择计算、系统及元器件分析等。但在液压元器件选型、密封材料与结构选择、深海压力补偿、油箱及系统散热设计、自动控制方式以及设计中需要考虑的各种因素的重要性排序等方面差异很大。

海深每增加 100 m，压力即增大约 1 MPa，在数千米的海底将有高达数十兆帕的压力。为使深海液压系统不被如此高的外部海水压力压垮，并且能够正常工作，海底岩芯取样钻机必须采取压力平衡措施。压力平衡措施通常包括以下两方面的内容：①无论采用开式或闭式液压系统，始终保持液压系统全封闭和密封，同时系统内部应充满液压油。在下水前系统内部液压油中仅允许存在少量气泡，且气泡的总体积应在压力补偿装置的补偿能力范围内；②采用压力补偿装置，使系统油箱内的液压油始终具有与外界海水相等（或略高）的压力，以保证系统油箱壁内外受力平衡。事实上，不仅深海机电设备的液压系统，而且包括各种强弱电元器件、液压控制阀体、各种传感器等，如果其壳体或安装容器不足以抵抗外部海水的压力，都应采取压力补偿措施。因此，在海底岩芯取样钻机设计时，必须考虑各零部件及密封件的变化以及所用机械电子部件的压力补偿问题。

光纤动力复合电缆供电与通信技术

铠装光纤动力复合电缆具有承载、供电和通信三种功能。海底岩芯取样钻机下放海底或者从海底回收是依靠铠装光纤动力复合电缆实现的，铠装复合电缆将钻机与母船上的绞车相连接，绞车转动带动铠装复合电缆收放而实现钻机下放和回收，这也要求铠装光纤动力复合电缆具有较大的抗拉强度和疲劳强度。

海底岩芯取样钻机在海底工作时，钻机通过铠装光纤动力复合电缆与母船连接，并通过该电缆获得电力供给。然而，在远距离供电过程中会出现沿程损耗、电缆发热等一系列问题，从而导致输电效率和能力降低。为此，如何减少铠装光纤动力复合电缆在长距离输电过程中的沿程损耗、如何在海底环境条件下对各用电设备进行继电控制、如何提高海底岩芯取样钻机的电功率因素以减少光纤动力复合电缆的发热，已经成为国内外相关学者的重要研究课题。

海底岩芯取样钻机工作时与母船上操作人员的距离在数千米以上，钻机的全部工作参数及状态信息，包括多个海底摄像头彩色视频信号、钻进系统参数、液压系统参数、供电系统参数、钻机的姿态以及离底高度等，全部依靠传感器系统进行数据采集，经机载计算机处理后向甲板操作计算机实时高速传递。同时，操作人员对钻机下达的操作指令也需要通过该光纤动力复合电缆向机载计算机传输。由于海底岩芯取样钻机的各种传感器、监控摄像头数量多，且精度和实时性要求高，使得深海长距离光纤通信技术、高效的视频压缩编解码技术、机载机械控制系统和嵌入式系统低功耗等技术越来越显得重要。

下放与回收技术

下放回收系统是海底岩芯取样钻机的重要配套设备，可靠的下放回收系统能极大地提高海底岩芯取样作业的安全性和作业效率。特别是对于质量较大的海底岩芯取样钻机，设计可靠性高的下放回收系统更是不可忽略的环节。受母船甲板作业面积、配套装备水平和能力的影响，下放回收设备可分为通用下放回收设备和专用下放回收设备两种。在同一母船上通用下放回收设备对海底岩芯取样钻机的高度有很大的限制。如我国"大洋一号"科考船上的通用下放回收装备，其允许海底岩芯取样钻机机身高度不超过 4.0 m。如果采用专用下放回收设备，则可将钻机倒放在母船甲板上，并以横躺的姿势通过 A 形架，在这种情况下，钻机高度就可不受母船 A 形架有效通过高度的限制，钻机高度可以放宽到 7～8 m。但专用下放回收设备对甲板作业面积、配套装备水平和能力要求较高。使用通用下放回收设备的海底岩芯取样钻机有华盛顿大学海底 3 m 岩芯取样钻机、日本 BMS 钻机、我国海底中深孔岩芯取样钻机等。配备专用下放回收设备的海底岩芯取样钻机有澳大利亚 PROD 钻机。

海洋可再生能源开发装备

主要的海洋可再生能源

海洋可再生能源通常指海洋中所蕴藏的可再生的自然能源，主要为潮汐能、潮（海）流能、波浪能、温差能、盐差能和海洋生物质能等。不同的划分标准其包含的能源种类略有不同。

潮汐能

我国潮汐能蕴藏量为 1.1 亿 kW，主要集中在东南沿海，尤其是浙江三门湾至福建平潭岛之间的海湾。潮汐发电研究的历史已有 100 多年，是海洋能中开发研究和利用最早、最成熟的一种，现已进入实用阶段，目前世界最大的潮汐能电站是韩国始华湖的 25.4 万 kW 坝式潮汐能发电站。潮汐电站的经济性和环保性存在较大争议，世界各国对此都采取比较审慎的态度。

20 世纪 50 年代中期我国开始建设潮汐电站，目前还在正常运行的潮汐能电站只剩下 2 座，分别是总装机容量 3 900 kW 和 150 kW 的浙江温岭江厦站和浙江玉环海山站，江厦潮汐试验电站是我国最大的潮汐能电站。2013 年，国家海洋可再生能源专项资金项目"温州瓯飞万千瓦级潮汐电站建设工程预可研"启动，该项目装机容量拟定为 45 万 kW，建成后年发电量将达 9.27 亿 kW·h，规模世界第一。

我国小型潮汐发电站技术基本成熟，已具备开发中型（万千瓦级）潮汐电站的技术条件，但存在的问题是装机容量小，单位造价高于水电站，水轮发电机组尚未定型标准化，电站水工建筑的施工方法和技术与国际先进水平尚有一定差距。

波浪能

我国沿岸波浪能资源平均理论总功率为 1 284 万 kW，以台湾、浙江、福建和广东东部沿岸最富集。目前，欧洲、日本等地区的波浪能利用研究技术最为成熟。2008 年，葡萄牙建成的阿古撒多拉波能发电厂是世界上第一个商业化波浪能发电厂，发电量为 2 250 kW·h。

国内自 20 世纪 80 年代初开始对固定式和漂浮式振荡水柱波能装置以及摆式波能装置等进行研究，山东的波浪能利用技术处于国内领先地位。中国海洋大学的振荡水柱波能装置的相关研究成果已应用于韩国济州岛 500 kW 波能电站。该校研制的"10 千瓦级组合型振荡浮子波能发电装置"在青岛斋堂岛海域已成功投放，可在大潮差海域实现 24 h 全天候自主控制运行发电。山东大学承担的海洋可再生能源专项"120 kW 漂浮式液压海浪发电站中试项目"也已在荣成海驴岛投放成功。

我国微型波力发电技术已经成熟，并已商品化，小型波浪发电技术已经进入世界先进行列，但波浪能发电装置示范试验的规模远小于挪威和英国，转换方式类型远少于日本，且装置运行的稳定性和可靠性等还有待提高。

潮流能

我国沿岸潮流能约为 1200 万 kW，属于世界上功率密度最大的地区之一，尤其是舟山群岛海域的诸水道最富集。国际上从事潮流能开发的主要有美国、英国、意大利等。2008 年，英国 MCT 公司在位于爱尔兰北部海床下完成了 1 200 kW 的 SeaUen 潮流发电机安装，标志着世界上第一个商业化规模的潮流发电系统投入使用。从整体上看，潮流能装置的技术已相对成熟，具备了开展商业化运行的技术与工程基础。

我国潮流能利用研究还处于应用示范研究阶段，在提高水轮机性能、完善设计方法、扩大单机容量以及电力并网技术、电站群体化技术、急流和强风浪下水轮机、载体及锚泊系统运行可靠性与安全性等方面还有很多技术问题有待研究。

温差能

我国温差能资源丰富，可开发储量约为亿千瓦量级，其中 90% 以上在南海。在世界温差能研究领域，美国与日本的技术最为先进。1990 年在日本鹿儿岛县建成的 1 000 kW 岸基封闭循环式发电站，是世界上最大的实用型海水温差发电系统。

温差能开发利用处于商业化开发前期阶段，循环过程、热交换器、工质以及海洋工程等大部分技术已接近成熟，具备设计建造规模万千瓦级温差能发电装置的能力。2012年，国家海洋局第一海洋研究所设计建造了我国首个15 kW温差能发电装置，该装置突破了氨工质透平制作的关键技术，采用了具有自主知识产权的热力循环，海洋热能利用效率提高到5.1%，达到国际领先水平。但总体来说，我国温差能开发利用技术仍处在关键技术研究阶段，还未进入海况试验阶段。

盐差能

我国的盐差能理论功率约为1.14亿kW，主要集中在长江和珠江等河口。美国和以色列最早开展盐差能研究。1976年，以色列制造了一套渗透法装置，验证了盐差能利用的可行性。我国于1979年开始盐差能发电的研究，1985年，西安冶金建筑学院研制了一套可利用干涸盐湖盐差发电的试验装置。目前盐差能因受发电成本高、设备投资大、能量转化效率低、能量密度小的限制，研究总体还处于实验室试验水平。

海洋生物质能源

微藻能源目前已成为生物能源研究的热点。美国从1976年起启动了微藻能源研究项目，已从实验室阶段走向中试和工业生产阶段，其培育的富油工程小环藻，实验室条件下脂质含量可达60%以上，比自然状态下微藻的脂质含量提高3～12倍。近5年来，中国、以色列、德国、西班牙、英国、澳大利亚、法国、日本和韩国等国家也开始重视微藻能源，但目前距离产业化仍然有一段路要走，成本高和难以规模化开展是微藻能源开发的两大"瓶颈"问题。

我国微藻基础研究力量较强，拥有一大批淡水和海水微藻种质资源，在微藻大规模养殖方面走在世界前列。大连化学物理研究所等单位在产氢微藻方面以及清华大学等单位在产油淡水微藻方面具有一定的研究基础。2011年，科技部启动了我国微藻能源方向首个"973"计划项目"微藻能源规模化制备的科学基础"，致力于突破微藻能源规模化制备的核心技术，提高微藻能源规模化制备系统的效率。

潮汐能开发技术

太阳、月亮与地球之间的万有引力与地球自转运动使得海洋水位形成有规律的高低变化，形成潮汐。现代潮汐能的利用，主要是潮汐能发电。潮汐能发电与水力发电的原理、组成基本相同，也是利用水的能量使水轮发电机发电。问题是如何利用海潮所形成的水头和潮流量，去推动水轮发电机运转。

潮汐能发电研究已有 100 多年的历史，英国、法国、加拿大和俄罗斯不少电站开发规划和设计论证已长达几十年。1966 年，法国在希列塔尼米岛建成一座最大落差 13.5 m、坝长 750 m、总装机容量 240 MW 的郎斯河口潮汐电站，之后潮汐发电技术进入以大规模商业性生产为目的、降低造价为目标的科研论证阶段。潮汐发电技术是目前海洋能发电技术中运用最成熟的技术，潮汐发电有以下三种形式：①单库单向发电，即落潮发电。涨潮时水库打开进行蓄水，等到落潮后用水库中水的势能驱动水轮机进行发电，浙江省温岭市沙山潮汐电站就是这种类型。②单库双向发电。用一个水库，但是涨潮与落潮时均可驱动轮机发电，只是在平潮时不能发电，广东省东莞市的镇口潮汐电站及浙江省温岭市江厦潮汐电站，就是这种类型。③双库双向发电。采用高低水位的两个水库，在两个水库之间布置发电机组，涨潮时上水库蓄满水，落潮时下水库放水，始终维持两个水库的水位差，这种方式不仅在涨落潮全程中都可以连续不断地发电，还能使电力输出比较平稳，浙江玉环县茅诞岛上的海山潮汐电站就是此种类型。双库双向发电原理的俯视图如下图所示。

海洋可再生能源开发装备

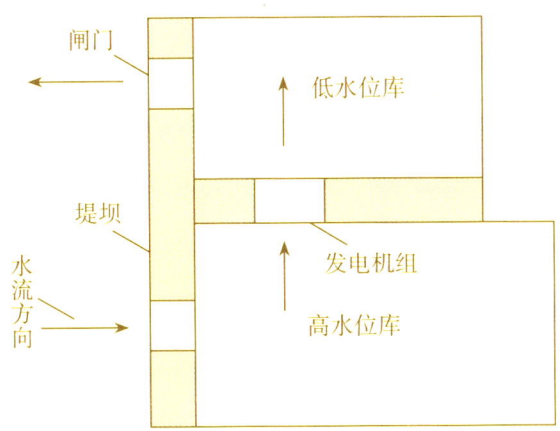

双库双向发电原理俯视图

近几十年来，我国在潮汐发电技术的研究和开发方面做了许多工作，目前已有不少建成投运的潮汐电站，下表是国内外已建成的主要潮汐电站。

国内外已建成的主要潮汐电站

站名	所在地	装机容量/MW	运行方式	建成时间
朗斯	法国	24×10	单库双向	1967年
安纳波利斯	加拿大	1×20	单库单向	1984年
牧斯洛湾	苏联	2×0.4	单库双向	1968年
江夏	中国浙江	1×0.5	单库双向	1985年
		1×0.6		
		3×0.7		
沙山	中国浙江	0.04	单库单向	1959年
幸福洋	中国福建	1.28	单库单向	1989年
海山	中国浙江	2×0.075	双库双向	1975年
白沙口	中国山东	0.96	单库单向	1978年
浏河	中国江苏	2×0.075	单库双向	1976年
岳浦	中国浙江	4×0.075	单库单向	1971年
果子山	中国广西	0.04	单库单向	1977年

潮流能开发技术及装备

潮流能发电技术

月球、太阳等的引力作用引起地球表面海水周期性涨落,这种涨落现象伴随两种运动,一种是涨潮和退潮引起的海水垂直升降运动,另一种是涨潮和退潮引起的海水水平运动,前者称为潮汐,后者称为潮流。潮流能主要的利用方式是发电,其基本原理类似于风力发电,即将海水的动能转换为机械能进而再将机械能转换为电能。潮/海流能发电装置不同于传统的潮汐能发电机组,它是一种开放式的海洋能捕获装置,该装置叶轮转速相对要慢很多,一般来说,最大流速在 2 m/s 以上的流动能都具有利用价值,潮/海流能发电装置根据其透平机械的轴线与水流方向的空间关系可分为水平轴式和垂直轴式两种结构。

水平式发电系统

水平轴式潮流能发电装置具有效率高、自启动性能好的特点,若在系统中增加变桨或对流机构,则可使机组适应双向的潮流环境,这种结构兴起于最近十年,取得了较大的发展。英国 Marine Current Turbine 公司设计了世界上第一台大型水平轴式潮流发电机 Seaflow,容量 300 kW,并于 2003 年在 Devon 郡北部成功进行海上试运行。2008 年,该公司第二阶段商业规模的 1.2 MW 双叶轮结构"SeaGen"发电机也在北爱尔兰 Stanfern 港成功运行。

SeaGen 结构示意图

垂直式发电系统

垂直式发电系统，顾名思义就是指轮机的转轴与海面垂直，海水流动驱动叶片，带动转轴垂直转动，从而驱动发电机发电。加拿大 Blne Energy 公司在垂直式潮流发电装置设计方面技术较为成熟，著名的 Davis 四叶片垂直轴涡轮机就是该公司的产品。

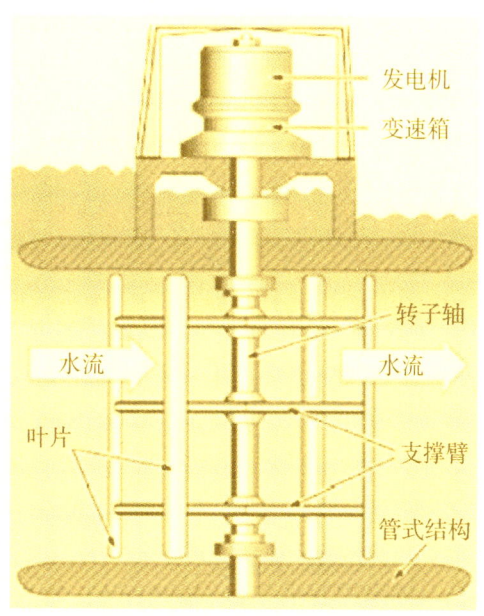

Davis 四叶片垂直轴涡轮机

潮流能的开发利用具有以下特点：①有较强的规律性和可预测性。由于潮汐的周期性，潮流能的变化具有较强的规律性，可进行预测性。②潮流能的开发不排放任何污染物,是环境友好型绿色能源。③潮流能开发装置一般安装在海底或漂浮在海面,无须建造大型水坝,对海洋环境影响小,也不占用宝贵的土地资源。④与风能和太阳能相比,潮流能的能量密度较高,约为风能的 4 倍,太阳能的 30 倍。

潮流能开发同样也面临一些不利因素。例如,潮流能的能流密度随涨落潮的流速发生周期性变化,因而潮流能发电机输出的电能不稳定,需要经过后续处理后方能供给用户使用;潮流能开发装置工作在海水中,环境较为严酷,对装置的耐腐蚀、抗风浪、防渗漏等有严格要求,海上安装需要较高的施工技术和相应的海洋工程装备,总体开发成本较高等。

截至 2014 年初,世界上还没有商业化运行的潮流能发电阵列,几乎所有的潮流装置都被布放在指定的测试场进行单机原型测试。下图显示了 21 世纪以来世界各国单机容量在 100 kW 以上的潮流能水轮机分布情况,从图中可看出,潮流能装置的开发和测试数量处于上升状态。

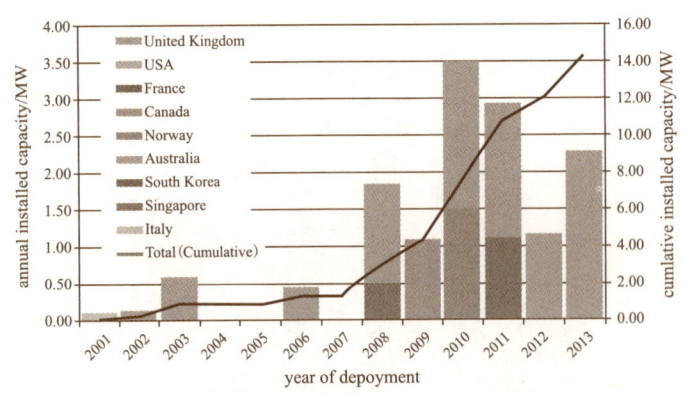

100 kW 以上的潮流能水轮机分布图

典型的国外潮流能发电装置

MCT "Sea Gen" 潮流能发电装置

1.2 MW "Sea Gen" 机组的额定功率为 1.2 MW,水轮机转子直径 16 m,额定流速 2.25 m/s,最低工作流速为 0.8 m/s,设计获能系数 0.45,装置传动比为 69.9,水轮机转子额定转速为 14.3 r/min。潮流发电装置的桩柱高 40.7 m,直径 3.025 m,横梁长 29 m。整个装置包括 2 台可变桨双叶片式水轮机,分别固定在横梁的两端。"Sea Gen"水轮机的叶片可 180° 变角，因此机组在退潮和涨潮时均可发电。从安装到 2010 年 8 月，该装置累计发电 2×10^6 kW·h，该装置的能量转换效率达到了 48%，处于世界领先水平，但与风力机能量转换效率还有一定差距。

英国 MCT 公司 SeaGen

目前，MCT 公司已完成了商用 2 MW 的 SeaGenSMK2 研究，正在研发适应深水的 3 MW 装置 SeaGenU，计划在加拿大 Fundy 湾测试。

AK-1000TM 潮流能发电装置

Altantis Resources 公司研发的 AK-1000TM 潮流能装置如下图所示，该装置采用了坐海底式定桨距叶片水轮机技术方案。采用了定桨距双转子方案，适应双向潮流特性，转子直径 18 m，设计流速 2.6 m/s，从 2010 年 8 月安装在欧洲海洋能中心测试运行。整套系统采用直驱式 PMG 发电机，其能量利用率可达 50%，对称化的设计简化了安装过程与装置回收。

AK-1000TM 潮流能发电装置

HS1000 潮流能发电装置

挪威 Hammerfest Strøm 公司开发的 HS1000 水轮机的机舱是固定的，叶片采用变桨距设计，因此其可以在往复来流方向中发电；由于采用了座底式基础，安装时所需的工程资源最少，并且在移动水轮机时不改变海底的环境。Hammerfest Strøm 公司于 2003 年在 Norwegian

HS1000 水轮机

Fjord 进行了 HS300 原型机的测试。这一水轮机是同类水轮机中首个与电网相连并进行发电的水轮机。HS10002011 年在欧洲海洋能中心（the Europeanmarineenergycentre，EMEC）完成了安装，目前还在进行测试。

国内潮流能发电装置

我国在潮流能的利用方面起步较早，20 世纪 70 年代末，浙江省舟山市的何世钧研制了一种水轮机，结构形式和船用螺旋桨相似，并在舟山群岛西侯门进行了现场测试。我国潮流能研究前期发展较为缓慢，直到 2010 年，国家财政部设立海洋可再生能源专项，每年投入 2 亿资金用于海洋能利用相关技术研究，从政策面和资金面双管齐下推动海洋能的开发应用，将大型国有和民营企业、高等学府、研究机构吸引到海洋能技术研发队伍中，掀起了我国海洋能技术研究和示范应用的高潮，潮流能技术开发也进入快速发展时期。至今，中国在潮流能转换与发电系统的设计方法研究、关键技术和试验装置研发等方面取得了长足的进步，哈尔滨工程大学、浙江大学、东北师范大学、中国海洋大学、中海油研究总院、国电联合动力技术有限公司、哈尔滨电机厂有限责任公司等单位开发了垂直轴、水平轴式装机功率 100 W ~ 600 kW 不同形式的潮流能发电机，以及漂浮式、座底式和固定式的支撑技术，积累了一定的海试经验。以下为目前具有代表性的装置：

"海明 I" 10 kW 潮流能发电装置

"海明 I" 10 kW 潮流能发电装置由哈尔滨工程大学研发，该装置采用水平轴定桨距直驱潮流能发电机，支撑结构为坐海底式。三腿底座支撑一个框架和水轮发电机，整个结构重 20 t，必要时吊出水面进行维护。开发了高效扩张型导流罩和自适应换向机构，导流和无导流两叶片叶轮直径分别为 2 m 和 2.5 m，自适应 180° 换向尾翼使叶轮自动迎着双向潮流运行，避免电缆缠绕。整体结构 9.0 m × 7.5 m × 6.5 m，重 20 t。2011 年 9 月底投放于岱山县小门头水道运行至今，发出的电力与岸上 1 kW 风电集成互补为"海上生明月"灯塔照明和供热。期间，先后进行有、无导流罩的装备运行测试：在 2.0 m/s 和 2.3 m/s 流速下，导流和非导流型发电功率均为 10 kW，系统效率分别为 78% 和 34.5%。

"海明 I" 10 kW 潮流能发电装置

"海能 II" 2 × 100 kW 潮流能发电装置

"海能 II" 2 × 100 kW 潮流能发电装置由中海油研究总院联合哈尔滨工程大学研制，采用的是漂浮式 2 叶片水平轴变桨距叶轮直驱发电机方案。由 4 套锚系固定的"中"字形载体搭载 2 台 100 kW 机组，可升降维护；叶轮直径 12 m，额定流速 1.7 m/s，2 台永磁低速发电机独立运行。2013 年 6 月安装于青岛市斋堂岛海域，发出的电力通过 1 km 海缆上岸接入中央控制室 500 kW 多能互补独立电力系统，该装置累计完成 3 个月试运行，发电装置能量转换效率在 34% 左右。

"海能Ⅱ" 2×100 kW 潮流能发电装置

20 kW 桁架座底潮流能发电装置

20 kW 桁架座底潮流能发电装置是由东北师范大学研制。东北师范大学先后研制了 1 kW 和 2 kW 低流速潮流能发电实验装置,并进行了海上拖曳试验。20 kW 桁架座底潮流能发电装置于 2013 年 4 月底装于斋堂岛水道测试运行。采用四腿支架支撑四叶片定桨叶轮和直驱发电机,开发了自适应 180°换向尾翼使叶轮迎着双向潮流运行,避免电缆缠绕,支架上部平台在水面以上以提升机组,海缆输电上岸。装置重 28 t,设计流速 2.1 m/s,额定转速 40 r/min。

20 kW 桁架潮流能发电装置

浙江大学 60 kW 漂浮式潮流能发电装置

浙江大学也是最早进行潮流能研究的机构之一，先后研制了 5 kW 和 25 kW 潮流能发电。浙江大学研制的 60 kW 半直驱潮流能发电机组，安装在舟山的摘箬山岛海域，该机组采用的是水平轴三叶片水轮机，半直驱式传动系统，支撑结构采用的是漂浮式载体，2014 年完成了海上安装，并成功发电。经测试，该装置能量转换效率为 39.26%。

60 kW 半直驱潮流能发电机组

50 kW 座底式潮流能发电装置

下图所示的 50 kW 座底式潮流能发电装置是中海油研究总院联合中国海洋大学研制，该装置采用座底式支撑结构，发电机组采用的是水平轴变浆距半直驱方案。叶轮直径 10.5 m，整体结构 18 m×12 m×17.5 m。至 2013 年 7 月，2 台 50 kW 已完成岸上组装，8 月安装于青岛市斋堂岛海域，通过 1 km 海缆上岸接入中央控制室 500 kW 多能互补独立电力系统。

50 kW 座底式潮流能发电装置

总体来说，国内潮流能技术和国外先进水平还有一定差距，国内百千瓦级的装置还都处于研发阶段，而国外已经有多个兆瓦级示范项目，这些兆瓦级示范项目为以后潮流能的商业开发积累了丰富经验，因此加快我国潮流能发电装置的研发已势在必行，避免像风力发电技术一样长期由国外技术垄断。

波浪能发电技术

波浪发电是利用波浪运动的位能差往复力或浮力产生动力，通过发电机来产生电能。波浪发电的关键技术在于如何有效利用不规则运动的波浪能。

通过波浪的运动带动发电装置内部发电机的发电是波浪能发电装置工作的基本原理，是将海洋中波浪的动能和势能转变为电能的过程。根据波浪能发电装置的内部关联、外在特性、构造与作用等方面的区别，可以把波浪能发电装置分成多种不同的种类。其中，按照装置固定与安置的方式，可以分为固定式和漂浮式；按照装置内部间能量转换的方式，可分为直接转换式和间接转换式；按照装置中能量传输与保存的形式，可将其分为机械式、气动式和液压式等。通过在20世纪70～80年代对多种样式的波浪能发电装置进行的科学理论研究以及进行的针对实际海况测验和应用范例探究，波浪发电装置的制造及应用技术已向实际应用的水平渐渐靠拢。同时研究的热点与重点也主要集中于以下7种被认为是具有商品化潜力的发电装置上，这7种类别分别是：振荡水柱式装置、振荡浮子式装置、推摆式装置、筏式、鸭式、收缩波道式波浪能转换装置以及直线电机式。

振荡水柱式

柱式波浪能发电装置的基本原理如下图所示，其内部的水柱会在波浪的冲击与起伏的作用下做活塞式的上下往返运动，由于水柱在装置内部不停地做活塞运动，致使水柱上方空间内的空气柱也在进行上下往复的运动，空气穿过气室上方的气孔流经一个往复透平，进而将空气运动产生的动能转变为电能。振荡水柱式波浪能发电装置相对于其他波浪能装置的最大的差异之处在于其具有气室。所谓气室，就是指置于海面以下的装置底部留有一出气孔或开口，可以使海水进入装置内部的设计与构造。优点是传递方便，通过气室将低速运动波浪的能量转化成高速运动的气液，可靠性好，缺点是建造费用昂贵，转化效率低，发电成本高。

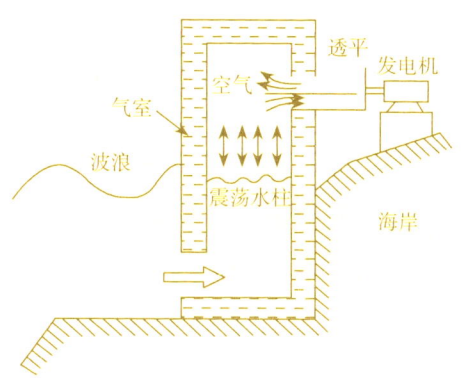

振荡水柱式波浪能发电装置示意图

振荡浮子式

振荡浮子式波浪能发电装置是在振荡水柱式装置的基础与理论上发展并完善起来的,其原理如下图所示,两者间具有一定的相似性与共同性。通常的振荡浮子式装置是用一个或多个置于港中的浮子作为载体,用来吸收波浪运动产生的机械能,然后利用放置于岸上的机械装置或是液压装置,将浮子吸收的波浪势能和动能传递出去,用以驱动电机进行发电。振荡浮子式波浪发电装置通常是由浮子、操纵连杆、液压传动部件、电机以及发电保护装置等多个部分构成。

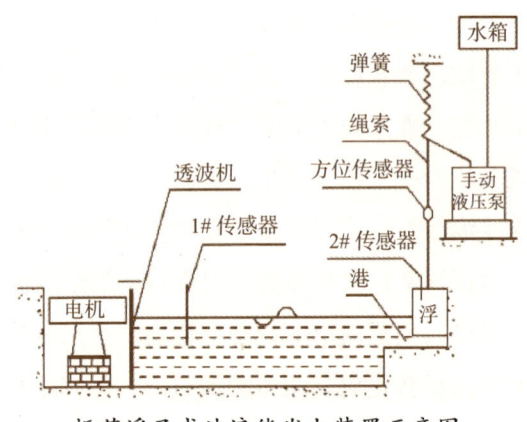

振荡浮子式波浪能发电装置示意图

振荡浮子式发电装置的优点或优势不仅在于其能量间的转换效率较高,而且其建造与实施难度相对较低,减少了水下工作量,有利于节省成本,具有较高的商业与应用价值。缺点是浮子受过多的冲击,易损坏。下图所示为一小型装置模型,将振荡浮子和振荡气室结构进行结合,针对装置的能量转换效率进行分析,四管道、四门结构设计使得气室内的往复气流从同一个方向通过空气透平机,提高波浪能利用效率。

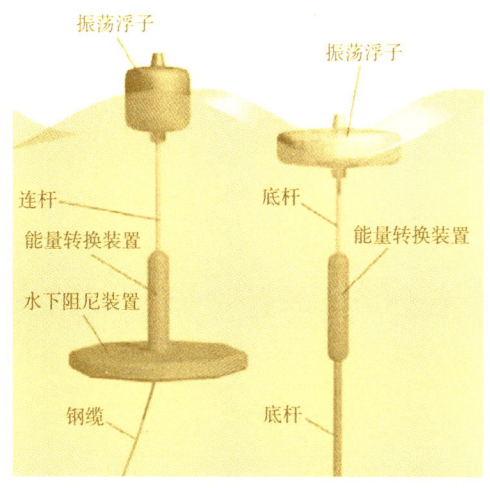

振荡浮子式海洋波浪能发电装置模型

推摆式

推摆式波浪能发电装置的基本原理是通过装置的摆体在波浪外力的影响下产生或向前向后，或向左向右的规律性钟摆式运动，从而将波浪的机械能转换为装置摆体的动能。推摆式发电装置的液压部件一般是与装置的摆体的轴相连接，目的是要将装置摆体的动能转变为液力泵的动能，实现部件之间的动能转移，再由压力泵所产生的动能来带动发电机进行发电。摆体的钟摆式规律运动很符合波浪推力大和频率低的特点。

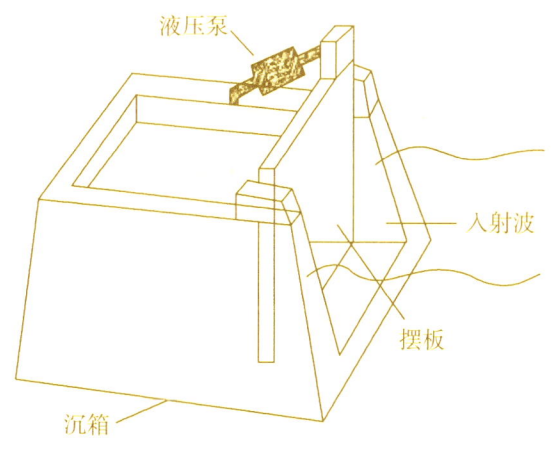

推摆式波浪能发电装置示意图

由此可见，推摆式发电装置的能量转换效率比可观，但其不足之处或是有待改进的地方在于装置内部的机械部件和液压部件的维护和保养难度较大，维修成本较高。此外，推摆式装置还具有另一重要特点，是在于相位控制技术能够比较容易地与其相配合，这一技术有益于波浪能发电装置吸收到宽度以外的其他类型的波浪能，因而提升装置的发电效率和效果。

筏式

筏式波浪能发电装置由若干筏体铰接在一起，且这些铰接的筏体漂浮在水面上，波浪运动时，带动筏体沿着铰接处弯曲，能量转换装置置于每一铰链处，从而反复压缩液力活塞并输出机械能，带动液压系统驱动发电机发电。由于筏体之间仅有角位移，故即使大浪经过，也不会有过大的位移，具有良好的抗风浪性能。

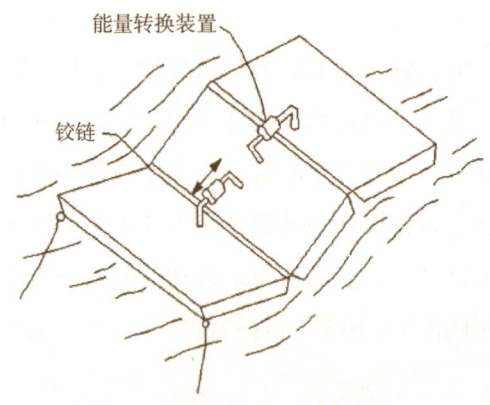

筏式波浪能发电装置示意图

鸭式

鸭式波浪能发电装置最早由 Salter 在他 1974 年的论文中提出，他介绍了一种独特的波能转换方法，使二维正弦波的转换效率可接近 90% 左右。

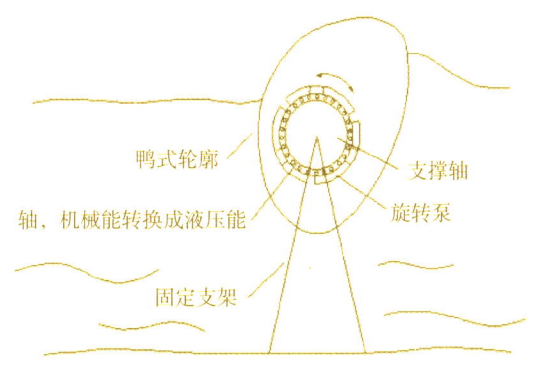

鸭式波浪能发电装置示意图

由于该装置的形状和运行特性酷似鸭的运动,因而称其为"点头鸭"。鸭式波浪能装置由鸭体、水下浮体、系泊系统、液压转换系统和发配电系统组成。在波浪作用下,鸭体绕支撑轴作往复回转运动,从而驱动连接鸭体与支撑轴之间的液压转换装置发电。在设计"点头鸭"波能转换装置时,若把"点头鸭"的重心设计成为可调节式的,可以最大限度地将其固有周期与波浪周期相配,提高波浪能的利用效率。但缺点是结构复杂,装置可靠性差,极易损坏。

收缩波道式

收缩波道式波浪能发电装置是基于波聚理论的一种波浪能转换装置,挪威特隆姆大学的 Falnes 和 Budal 是最早提出该理论的研究学者。收缩波道式发电装置通常是由一个高于海平面的高位型水库和一个逐渐收缩的波道所构成,其中收缩波道指的就是一般意义上的对数螺旋正交曲面,这种曲面通常是由两道钢筋混凝土制作而成的。收缩波道将从海里一直延伸并连接至发电装置的高位水库内部,由混凝土构成的曲面在高位水库内相连接。因为收缩波道具有波聚的功能与作用,致使波浪在进入装置内部的收缩波道时,波浪产生的波高会陡然增大,增高的波浪会越过由钢筋混凝土墙构成的正交曲面从而进入到发电装置的高位水库中,最后水库里的水将会经由水轮发电机组用来发电。转化效率较高,但对地形要求非常严格。

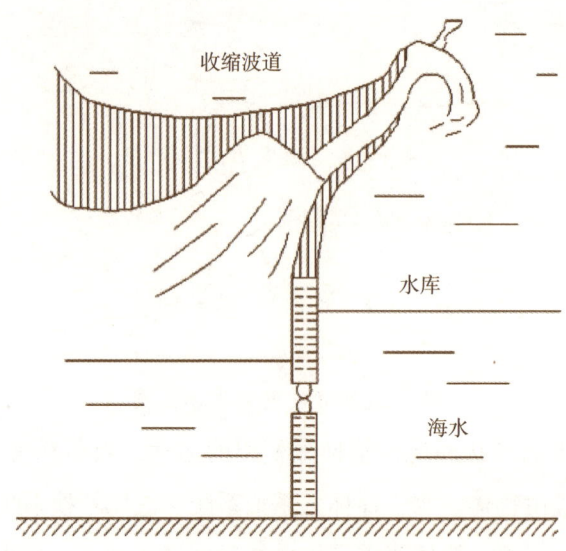

收缩波道式波浪能发电装置示意图

直线电机式

直线电机式波浪能发电装置的基本原理为：利用波浪能上下起伏变化而产生的波动力作为驱动力，驱动力作用于浮子上，浮子为能量吸收装置，带动与之相连的直线电动机的动子上下往复运动，将波浪能转化为电能。

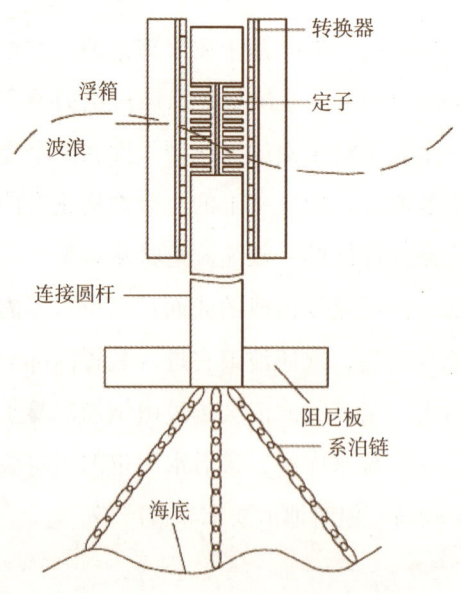

直线电机式波浪能发电装置示意图

直线电机式装置主要分为单浮子和双浮子两类：单浮子系统具有安装方便、适合用于沿岸以及孤岛附近的浅海中；双浮子直驱式系统将直线电机和浮筒漂浮，利用沿海海平面，不受海域的限制，效率高于第一种方式。

海洋温差能发电技术

海洋温差发电（Ocean Thermal Energy Conversion，简称 OTEC）的基本原理是利用海洋表面的温海水加热某些低沸点工质并使之汽化或通过降压使海水汽化以驱动汽轮机发电，同时利用从海底提取的冷海水将做功后的水汽冷凝使之重新变为液体形成系统循环。

海洋温差发电试验系统包括开式循环系统、闭式循环系统和混合式循环系统。其中闭式系统从运行工质上可分为单工质循环系统和混合工质循环系统。

早期海洋温差发电实验系统

1926 年，法国物理学家 G.Claude 进行了首次温差能发电实验，证明了海洋温差能发电的可行性。其实验原理为：在 2 个烧瓶（分别装有 28℃温水和冰块）之间实现温差能和电能的转换，如下图所示。回路里的空气被真空泵抽出，气压下降，当气压降至约 4 kPa 时，水的沸点为 28℃，烧瓶里的温水开始沸腾蒸发。水蒸气流经窄细烧瓶口变为高速的蒸气流。蒸气流冲击汽轮机，给小灯泡供电，而后在温度较低的烧瓶内重新凝结成水，使 2 个烧瓶间保持一定压差。蒸气流经过玻璃瓶导管不断从温水烧瓶流向冷水烧瓶，推动发动机发电，直至右侧温水烧瓶的水不再沸腾。

Claude 的实验利用降低气压使水的沸点降低的原理开启了利用海洋温差能发电的先河，但该装置只是对低温差能源发电进行了模拟实验，并未考虑发电效率、经济效益以及海洋环境对发电系统的影响。

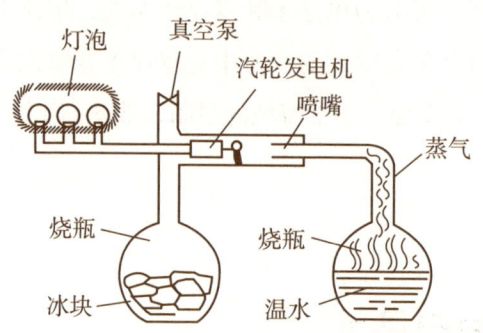

海洋温差能实验系统

开式循环系统

开式循环系统以海水为工质,从海水进水到出水是开放式的,它的工作流程是:启动温海水泵,将表层的温海水抽入蒸发器中,由于系统被抽成一定的真空,所以蒸发器中的温水在低压状态变成水蒸气。喷嘴将蒸气喷出推动透平发电,从透平出来的乏汽在凝结器中被冷海水冷却重新变为液体。利用该系统原理,G.Claude 在古巴坦萨斯海湾沿海建造了一座开式循环发电装置。

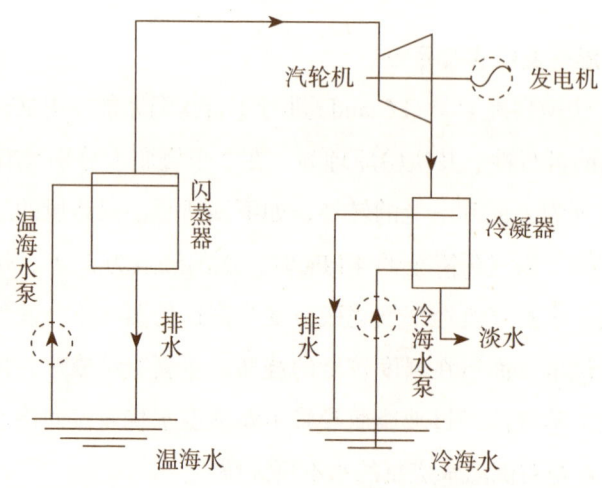

开式循环系统

开式循环温差能发电系统除了发电外,还可以生产淡水,所以近年来受到了较多的关注。

闭式循环系统

1964年,美国安德森父子找到了一种新工质:丙烷,提出了一种新的循环,即闭式循环系统。该系统的工作流程为:蒸发器中,液态丙烷从温海水泵抽上来的温海水中吸收热量变为蒸气,推动透平转动,随后进入冷凝器被冷海水冷却重新变为液态丙烷,进入蒸发器进行下一步循环。

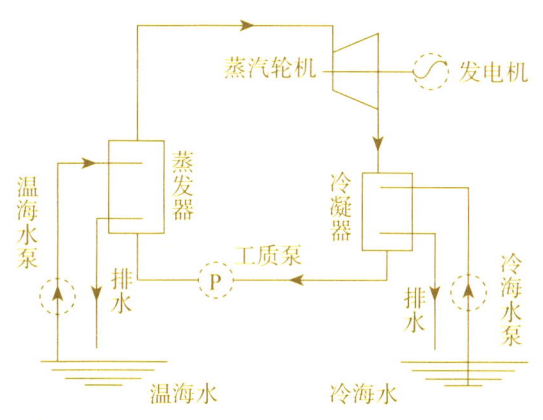

闭式循环系统

该系统的提出打开了海洋温差能发电的新思路,选择低沸点物质作为循环工质,不需要真空泵,能减少消耗及提高效率。但由于丙烷的沸点过低,不易冷凝,导致循环效率没有大幅提升。

下图所示为"mini-OTEC"电站,是安德森父子设计建造的,该电站于1979年在美国夏威夷附近的海上建成发电,其净输出功率为9~11 kW,该电站证明了海洋温差能发电可行且发展潜力巨大。

美国"mini-OTEC"电站

国海循环系统

近年来,我国国家海洋局第一海洋研究所提出了一个新的海洋温差发电循环——国海循环。该系统的工质为氨-水混合物,工质进入加热器,被加热后进入分离器,在分离器被分离成氨气和贫氨溶液,氨气经过透平做功后抽出一部分经过回热器2加热基本溶液,贫氨溶液在回热器1中预热从凝结器出来的混合工质。国海循环系统中回热器1在回热器2之前,使贫氨溶液与基本溶液间的热传递效果更好,从而做功的氨气更多,系统效率提高。另外,采用抽气回热循环使蒸发器面积和冷凝器体积减小。

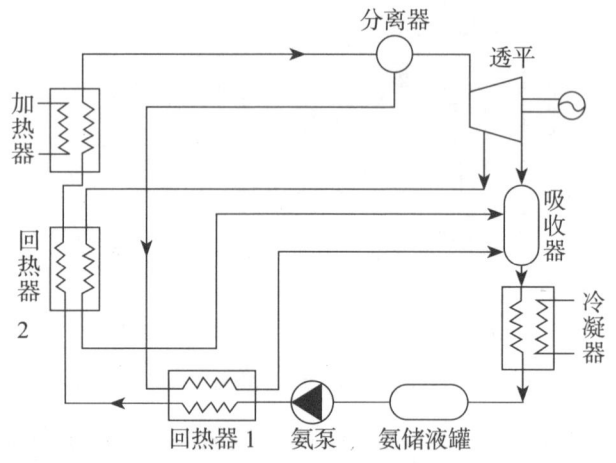

国海循环系统

盐差能发电技术

盐差能是海水和淡水之间或两种含盐浓度不同的海水之间的化学电位差能,主要存在于河海交接处。另外,淡水丰富地区的盐湖和地下盐矿也可以利用盐差能。盐差能是海洋能中能量密度最大的一种可再生能源,通常海水(3.5%盐度)与河水之间的化学电位差相当于240 m高的水位落差。盐差能发电主要有渗透压法、蒸汽压法、反电渗析电池法 3 种。

渗透压法

在河海交界处只要采用半透膜将海水和淡水隔开，淡水就会通过半透膜向海水一侧渗透，使海水侧的高度超过淡水侧（而该高度的水压即称为渗透压），这种水位差可以用来发电。渗透压发电装置通常可分为强力渗压发电、水压塔渗压发电和压力延滞渗压发电几种类型。

渗透压式盐差能发电系统的关键技术是半透膜技术和膜与海水界面间的流体交换技术，技术难点是制造有足够强度、性能优良、成本适宜的半透膜。

强力渗压发电

强力渗压系统是在河水与海水之间建两座水坝，并在水坝间挖一低于海平面约 200 m 的水库。前坝内安装水轮发电机组，并使河水与水库相连；后坝底部则安装半透膜渗流器，并使水库与海水相通。水库的水通过半透膜不断流入海水中使水位不断下降，这样河水就可以利用它与水库的水位差冲击水轮机旋转并带动发电机发电。通常海水的盐度为 3.5%，理论上水位差可达 240 m。

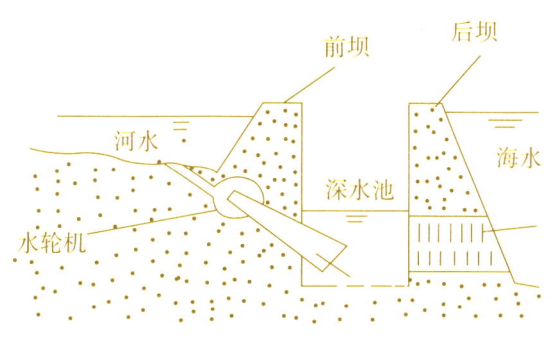

强力渗压系统

据 1976 年的估算，强力渗压发电系统的发电成本为 0.20 美元/kW·h，投资成本也要比燃煤电站高，而且也存在技术上的难点，其中最难的是要在低于海平面 200 m 的地方建造一个巨大的电站，能够抵抗腐蚀的半透膜也很难制造，因此发展的前景不大。

水压塔渗压发电

水压塔渗压发电系统如下图所示。图中水压塔与淡水间用半透膜隔开,并通过水泵连通海水。系统运行前先由海水泵向水压塔内充入海水,运行中,淡水从半透膜向水压塔内渗透,使水压塔内海水水位不断上升,从塔顶的水槽溢出,溢出的海水冲击水轮机旋转,带动发电机发电。在运行过程中,为了使水压塔内的海水保持一定的盐度,海水泵不断向塔内打入海水。根据试验结果,扣除各种动力消耗后该装置的总效率约为20%。

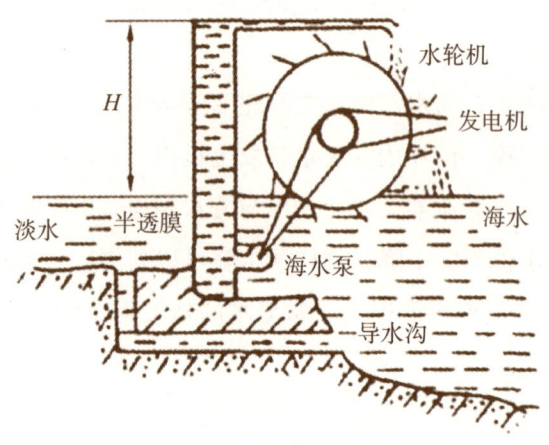

水压塔渗压系统

压力延滞渗透发电

压力延滞渗透发电系统运行前,压力泵先把海水压缩到某一压力(小于海水和淡水的渗透压差)后进入压力室。运行时在渗透压作用下,淡水透过半透膜渗透到压力室同海水混合,渗入的淡水部分获得了附加的压力。混合后的海水和淡水与海水比具有较高的压力,可以在流入大海的过程中推动涡轮机做功。

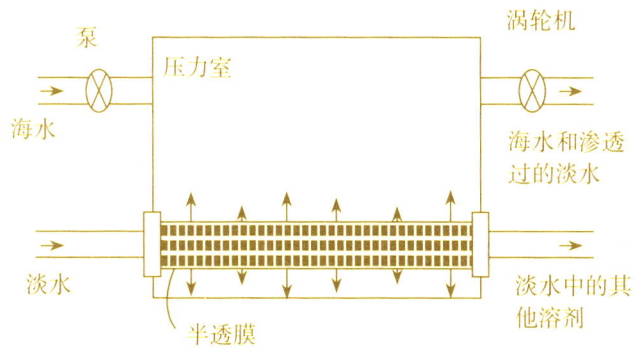

压力延滞渗透系统

压力延滞渗透系统是以色列科学家西德尼·洛布于1973年发明的。1978年，洛布和美国太阳能公司在沃伦市弗吉尼亚州做了大量的试验，当时估算采用这种压力延滞渗透式的装置，发电成本高达0.3～0.4美元/kW·h，而且还缺乏有效的半透膜。1997年，欧洲的Statkraft公司开始从事压力延滞渗透发电的研究，2001年，Statkraft公司开展了世界上第一个重点发展压力延滞渗透技术的项目。由于膜技术的进步，膜寿命提高到原来的4倍，膜性能也由原来的0.1 W/m^{2}提高到2.0 W/m^2，最高可达5 W/m^2。

蒸气压法

蒸气压发电装置从外面看像一个筒状物，它由树脂玻璃、PVC管、热交换器（铜片）、汽轮机、浓盐溶液和稀盐溶液组成。

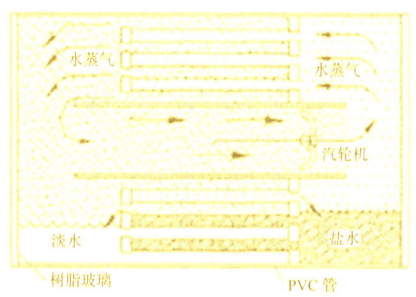

蒸气压法示意图

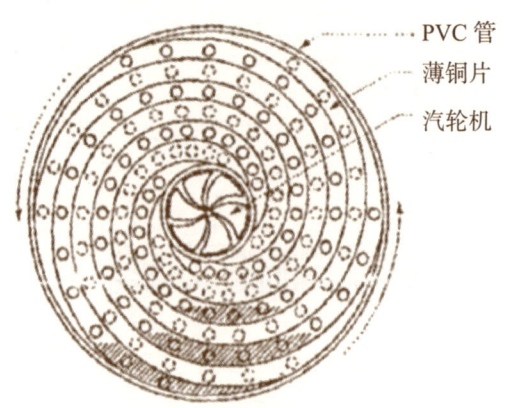

蒸气压发电装置侧视图

由于在同样的温度下淡水比海水蒸发得快，因此，海水一边的饱和蒸气压力要比淡水一边低得多，在一个空室内，蒸气会很快从淡水上方流向海水上方并不断被海水吸收，这样只要装上汽轮机就可以发电了。由于水汽化时吸收的热量大于蒸气运动时产生的热量，这种热量的转移会使系统工作过程减慢最终停止，采用旋转筒状物使盐水和淡水溶液分别浸湿热交换器（铜片）表面，可以传递水汽化所要吸收的潜热，这样蒸气就会不断地从淡水一边向盐水一边流动以驱动汽轮机。试验表明，这种装置模型的功率密度（热交换器表面积为 $1\ m^2$ 时产生的功率）为 $10\ W/m^2$，是反电渗析发电装置的 10 倍。

蒸气压发电的最显著优点是不需要半透膜，这样就不存在膜的腐蚀、高成本和水的预处理等问题。但是发电过程中需要消耗大量淡水，应用受到限止。

此外，在 70℃下淡水与海水的饱和蒸气压差为 800 Pa，而与盐湖的饱和蒸气压差为 8 kPa，显然，这种方法更适用于盐湖的盐差能利用。

反电渗析电池法

反电渗析电池法也称浓差电池法，是目前盐差能利用中最有希望的技术。它由阴阳离子交换膜、阴阳电极、隔板、外壳、浓溶液和稀溶液等组成，如下图所示，图中 C 代表阳离子交换膜、A 代表阴离子交换膜。

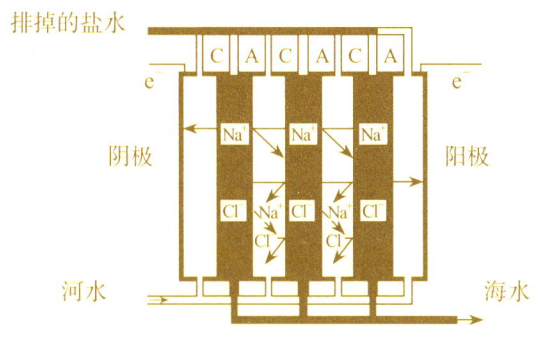

浓差电池示意图

这种电池所利用的是由带电薄膜分隔的浓度不同的溶液间形成的电位差。阳离子渗透膜和阴离子渗透膜交替放置，中间的间隔交替充以淡水和盐水，Na^+透过阳离子交换膜向阳极流动，Cl^-透过阴离子交换膜向阴极流动，阳极隔室的电中性溶液通过阳极表面的氧化作用维持；阴极隔室的电中性溶液通过阴极表面的还原反应维持。

由于该系统需要采用面积大而昂贵的交换膜，因此发电成本很高。不过，这种离子交换膜的使用寿命长，而且即使膜破裂了也不会给整个电池带来严重影响。例如300个隔室组成的系统中有一个膜损坏，输出电压仅减少0.3%。另外，由于这种电池在发电过程中电极上会产生Cl_2和H_2，可以帮助补偿装置的成本。

反电渗析发电不能商业化的主要障碍不单是膜的价格问题，运行中还受许多未知因素的影响，包括生物淤塞、水动力学、电极反应、膜性能和对整个系统的操作等，为了能使反电渗析发电装置很好运行，这些因素都需要进行研究。

深海空间站

深海洋底也是人类至今难以涉足的神秘领域，这一资源丰富、有待开发的新空间，将成为人类未来的重要能源基地，对深海洋底的探测和太空探测一样，具有很强的吸引力和挑战性。

深海空间站是一类不受海面恶劣风浪环境制约，可长周期、全天候在深海直接操控作业的工具与装置。它就像是一个龙宫，不仅可以做到衣食无忧，而且洗澡、娱乐等设施一应俱全。正如轨道空间站是航天领域核心技术的体现，"深海空间站"则代表了海洋领域的前沿核心技术，体现了一个国家的科技水平和经济实力。

我国深海空间站计划将分"三步走"。目前，第一步小型深海空间站试验艇的研制已经完成；第二步是小型深海移动工作站的研制；第三步的可以水下逗留时间60天的未来型深海空间站还在理论研究阶段。深海空间站作为深海工程的核心平台，将与水面平台（6 000 t级母船，支持其长期水下作业）、穿梭式多功能载人潜水器（往返于工作站与母船之间，具备输送、维修、通信、救生等功能）构成"一主两辅"的三元深海作业体系。

我国设想论证中的深海空间站可进入1 000 m以内的浅海域长期居留工作，排水量数千吨，最大航速10 kn左右，常驻人员10多人，可在水下连续工作数十天，带有安全可靠的小型核反应堆动力系统和海底工程机械设备，除配载深海潜航和海底工作的仪器设备外，还可驮载水下机器人。深海工作站可独立地在1 000 m以内的浅海域完成较大的开挖勘探、固定安放长期居留水下测量设备、建立水下原位生物试验装置和空间站实验室等；深海空间站通过过渡舱在水下与载人潜水器实现对接，载人潜水器的人员可以进入空间站休整或人员轮换，深海空间站对载人潜水器消耗物资实施补给、废气废物清理，使载人潜水器一次下潜时间延长并减少对水面母船的依赖。

深海空间站选择1 000 m水深，一是从安全方面考虑，国际上投入使用的潜艇最大下潜深度约600 m，鱼雷攻击一般很难超过600 m以下，其不易受到攻击破坏；二是从实现难度考虑，深海空间站功能复杂、内部设备多、常驻工作人员多、承压空间大、载荷量也大，再加深就会带来耐压壳体加厚、自重加大、通海门阀制造困难、造价大幅增加的矛盾；三是从功能需要考虑，水下 1 000 m，受海面风浪特别是台风的影响已经较小，深海空间站在海中这个深度工作受气象水文变化的影响不是很大。

深海空间站项目，国际海洋界公开的资料很少。美、英、日等国同时加紧开发远航程水下无人作战潜水器，使潜艇和潜水器技术向多功能化方向拓展。未来，我国的深海空间站将以和平开发海洋为主要目的，以深海空间站为"旗舰"的海底科考、试验、开发综合编队将对海洋经济建设起到巨大作用。

概述

建造深海空间站是为实现我国海洋天然气水合物的开发和工业化开采创造条件，为深水油气资源和矿产资源的开发提供技术支持和技术平台。为此，我们提出深海空间站总的布局和工作流程方案。

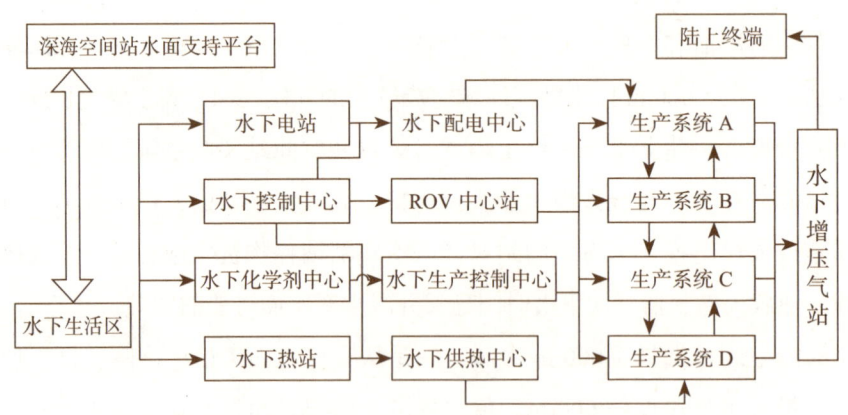

深海空间站工作流程及系统组成

深海空间站整体效果图

基本功能

为实现海底的人员驻留和生产流程,深海空间站的基本功能应包括:提供开采天然气水合物、石油天然气或矿产所需要的动力源、热源及高压气源;提供作业人员和科研人员的水下生活空间;形成水下生产监控、维护中心;形成水下分析化验中心(可以作为控制中心的一部分);以及提供水下供给支持、应急救护等的上部深水平台。

所以,整个海底空间站包括水面系统和水下系统两部分。水面系统由深水平台和陆上终端组成,水下系统根据在海水中的工作模式分为干式工作区、湿式工作区和生产/输送区。

整体功能划分示意图

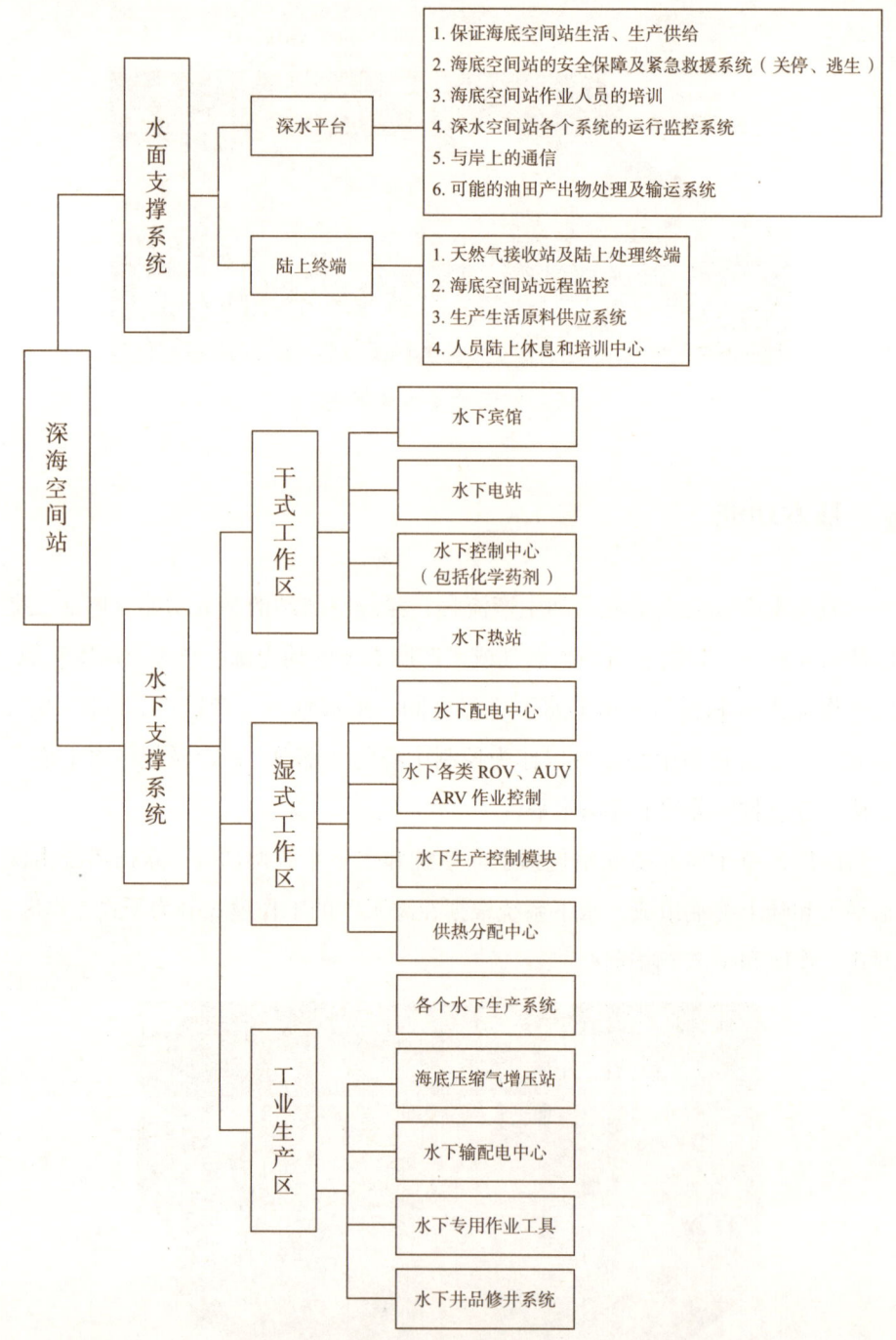

水面系统工作区域划分及功能

各区域的主要特点如下：

干式工作区是将整个工作区域内部与海水完全隔离，为承压壳体内部的干式工作区域，可以允许科研生产人员长期或一段时间内在其中工作和生活，主要的活动区域为水下宾馆生活区，各个区域之间可以通过一定的方式对接。

湿式工作区内部的所有部件和设备直接与海水接触，主要包括动力、热力、控制系统的水下次级分配模块，该区域为干式工作区域与生产模块之间的信号、能量传递枢纽。

生产/输送区是将常规的水下生产系统与油气、水合物、矿产的相关开采与输送技术相结合，实现深海资源的安全开发与合理利用。根据功能和服务范围的不同，深海空间站的组成部分可分为通用模块和专用模块两大类。各功能模块的主要特点和组成如下：

通用模块：包括深水平台、陆上终端、水下干式和湿式工作区、水下增压气站、管理与监控系统等。这些模块的主要特点是它们的公用性和服务性。它们的主要结构和功能不因工作对象的改变而发生大的变化。它们的主要作用是为所涉及的深水项目提供人员、动力、热力、监控方面的技术服务和支持，实现深水海底的人员驻留、动力供应、海洋探查、信息收集、系统控制、安全防护等需求。它们可用于科学考察、工业生产、军事防护等不同目的。

专用模块：主要包括水下各个井口生产设施、开发过程控制系统以及相关的钻完井及修井设备等。这些模块需根据油气开发、水合物开发或矿产开发的不同特点而分别设计。如天然气水合物开发就需将天然气水合物的开采技术与水下生产技术相结合，根据降压（降低压力将天然气从水合物矿藏中释放出来）、加热（加入热量将天然气从水合物矿藏中释放出来）、注剂（注化学药剂将天然气从水合物矿藏中释放出来）等不同方法，设计出特定开采工艺，在整套海底空间站其他模块的配合支持下，实现天然气水合物的合理开发利用。矿产开发则根据矿石的种类和在海床的分布特点，设计出包括矿石收集、储存、传送的开采工艺系统和相应的收集/储存/传送过程的控制系统等。

设计思路和关键技术

深海空间站承受的超高压环境,以及它与海床、海水、海流的相互作用和影响,使得深海空间站的设计和建造在某种意义上比太空空间站的设计和建造更为复杂、更为困难,从而给科技界和工程界提出了许多极具挑战性的课题。

深水平台

深水平台的主要功能是提供水面支持系统,并实现水上和水下的物质传输和信息传输。深水平台的基本设计思路是参考和借鉴各类深水平台设计建造技术,只是目前我国还没有掌握国外深水平台的设计建造等技术,需要尽快掌握;同时,应该注意到用于深海空间站的深水平台与常规深水平台主要功能有所不同,前者必须满足深海空间站水面上下单元之间的人员、物质供给以及紧急救援和水下各个单元的动态监控,后者仅仅是生产支持系统。深海空间站的深水平台设计需要的关键技术主要有:与水下干式工作区域之间的连接模式;紧急求救、救援的方式和方法;用于深海空间站的深水平台设计、建造和安装技术。

水下生活区

水下生活区的主要功能是提高操作人员的驻留空间和生活空间。鉴于载人潜水器和核潜艇的相关技术已基本成熟,设计水下生活区时可借用这些技术。但深海空间站的水下生活区与载人潜水器在工作长期性和安装模式等方面有较大差异,需要采用不同的操作规范和安全准则。设计时需要考虑的关键问题有:水下宾馆区生存环境的维护;水下安全预警系统及紧急救援措施;与上部支持系统、水下其他系统内人员和系统的对接;系统的定位、迁移与安装等。

水下电力供应模块

水下电力供应可采用水面供电加水下输配电和水下电站加水下输配电两种模式。水面供电需要提供大功率电源、电力输送系统和水上水下的电路传送系统，系统极为复杂、庞大，使用极不方便。水下自行供电的模式较为简捷。根据目前的技术发展，利用核电站或核潜艇供电技术比较可靠。当然，充分利用海洋资源的发电方式，如温差发电、水下波浪力发电等，也不失为可供选择的方式。由于深海空间站的能耗远大于核潜艇，需要研发小规模大功率核能发电技术。同时还需攻克水下湿式变压、变频器技术和高压湿式电接头技术。水下电力供应需研究的关键技术包括：水下核电站、水下波浪力站技术；水下核电站的安全；海洋能源的综合利用；水下高压湿式输配电技术；水下变压器、变频器研制；海底高压电力传输中的高压磁饱和、谐波；水下高压湿式电接头；特殊用途的复合电缆。

水下生产设施

水下生产设施的任务是实现水下的工业生产，以天然气水合物为例，其开采可借鉴常规的深海天然气田的水下生产设备的种类和功能，但设计时需考虑到被开采物的矿藏特性、开采特性、储存特性、输送特性等，实现开发过程的合理、高效、可靠、可控。与水下生产设施相关的需要研究的技术包括：将天然气水合物的开采技术和水下设备高度集成的水下生产装置的设计、制造技术；天然气水合物藏上方水下设施的安装及固定技术；水下增压气站及油气处理技术；水下生产设备及集输系统中水合物的生成控制技术；水合物的输送、储存新技术等。

水下热站及热力配置系统

水下热站及热力配置系统的功能是为生产提供热能。天然气水合物开采和稠油开采都需要外加热能。根据开采对象和生产环境的不同，可分别采用电热、水热、气热等不同方式。与水下热站及热力配置系统相关的需研究的技术有：深海加热的供应技术（回收、海水淡化、电热）；热输送过程中的保温技术。

水合物开采系统

天然气水合物是深海和永久冻土区提供给人类的又一重要战略资源，也是人类解决能源危机的一个新的突破口。但海底天然气水合物开发是一个全新领域，必须在现有深海油气开发技术的基础上，结合天然气水合物的特点，采取多种技术的结合和联合,同时进行一些新技术研究和开发,进而实现天然气水合物工业开采的产业化。与深海天然气水合物开发系统相关的需研究的技术有:相沉积物中水合物分解动力学研究;多种技术结合的、安全可靠的天然气水合物开发方式研究(热采、化学剂、降压);开采过程的控制及矿藏动态模拟技术研究;新方法、新工艺研究(COZ 替代开发技术研究)。

深海空间站系统集成技术

深海空间站是一个复杂而庞大的结构体系,它的设计和建造需要考虑的因素很多,涉及结构、材料、建筑、机械、电子、遥控、遥测等诸多高新技术,以及这些技术的融合与集成,最后成为人类能在深海环境下工作、生活的载体。实现该体系的建造需重点研制的关键技术包括:深海空间站系统的设计、建造、安装技术;深海空间站各个组块的系统集成技术;深海空间站远距离遥测遥控技术;深海空间站应急关断技术等。

载人自主航行

水下航行器作为一种高技术手段,在海底这块人类未来极具价值的发展空间中起着至关重要的作用,发展水下航行器的意义是显而易见的。

载人潜水器(简称 HOV)的作用是无人潜水器所无法替代的,是一种最有效的深海取样和勘探平台。它可以携带海洋科学家进入海洋深处,在海底现场直接观察、分析和评估,还可操作机械手实现高效作业。无人缆控深潜器(简称 ROV)可以由甲板控制人员通过遥控机械手和电视进行长时间、大功率的水下作业。无人无缆自治深潜器,又称自治水下机器人(简称 AUV),可以水下预编程航行,特别适用于区域性详细勘查。

根据目前的技术水平,三种不同的潜水器各有使命,互为补充。AUV 可实施长距离、大范围的搜索和探测,不受海面风浪的影响;ROV 可将人的眼睛和手"延伸"到 ROV 所到之处,信息传输实时、可以长时间在水下定点作业;HOV 可以使人亲临现场进行观察和作业。在无人潜水器迅猛发展的今天,载人潜水器的发展仍然受到发达国家的高度重视,被称为"海洋学研究领域的重要基石"。

载人潜水器需要解决的技术难点是相当多的,有些在陆上是相当成熟的技术,如电机、泵、阀之类,到了水下要求体积小、重量轻、耐海水高压和腐蚀,就变得很困难。

国外载人潜水器发展概况

人类很早就开始研制潜水器。大约公元前四世纪,亚里士多德(Aristotle)曾记载过一种供潜水员采集海绵的小型"潜水钟"。该装置犹如倒置的茶杯,潜水员不必露出水面,只需将头伸到潜水钟内部即可换气。由于技术水平的限制,该潜水器仅可供潜水员在 230~300 m 范围内进行采集活动。

第一艘真正意义的载人深海潜水器为"曲斯特I"号。1960 年 1 月 23 日,美国人唐·华尔什和深潜器发明者的儿子丁·皮卡特乘坐"曲斯特I"号,在太平洋马里亚纳海沟下潜达到深度 1.09 万 m(海沟最深点为 1.1 万 m),创造了人类下潜最深海沟的历史。但由于该潜水器无航行和作业能力,极大限制了它的使用性能,而且潜水器采用汽油作为浮力舱,体积较大,其建造与运输均不方便。因此,此类深潜器后续未得到进一步发展。

1964 年,美国的"阿尔文"号真正开创了人类探测海洋资源的历史,其工作深度为 1 829 m,1974 年经过改装后,工作深度达到 4 500 m,可搭载三名人员,水下工作时间为 6~8 h。1977 年,"阿尔文"号在将近 2 500 m 深处的加拉帕戈斯(Galapagos)断裂带首次发现海底热液和其中的生物群落。两年后,"阿尔文"号在东太平洋洋中脊发现第一个高温黑烟囱。20 世纪 80 年代,"阿尔文"号又成功地参与了对泰坦尼克号沉船的搜寻和考察。至今,"阿尔文"号已累计完成 5 000 次以上的下潜作业,为深海研究工作做出了巨大贡献。

法国1985年研制成的"鹦鹉螺（Nautile）"号潜水器最大下潜深度可达6 000 m，累计下潜了1 500多次，完成过多金属结合区域、深海海底生态等调查，以及沉船、有害废料等搜索任务。

俄罗斯是目前世界上拥有载人潜水器最多的国家，比较著名的有1987年建成的"和平Ⅰ（MIR-Ⅰ）"号和"和平Ⅱ（MIR-Ⅱ）"号两艘6 000 m级潜水器。它带有12套检测深海环境参数和海底地貌设备。该潜水器最大的特点是能源充足，可在水下停留17～20 h。2011年，俄罗斯又开发了两艘6 000 m级的载人潜水器"罗斯（RUS）"号和"孔苏尔（CONSUL）"号，并交付俄海军使用。

日本在1989年建成了下潜深度为6 500 m的"深海6 500（Shinkai6500）"潜水器，水下作业时间达8 h，曾下潜到6 527 m深的海底，创造了载人潜水器深潜的纪录。它已对6 500 m深的海洋斜坡和大断层进行了调查，并对地震、海啸等进行了研究，已经下潜1 000多次。

我国蛟龙号

"蛟龙"号是我国自行设计、自主集成研制的深海载人潜水器，具有四大功能特点：载人潜水器最大的工作深度达7 000 m；针对作业目标有稳定悬停就位的能力；具有实时高速传输图像和语音及探测海底小目标的能力；配备多种高性能作业工具，包括潜钻取芯器、

"蛟龙"号潜水系统

沉积物取样器和具有保压能力的热液取样器。为了满足上述要求，将潜水器分为 12 个大系统。下面将针对其中几个主要系统进行简要介绍。

结构系统

结构系统按承载方式可分为耐压结构和非耐压结构。耐压结构提供密闭常压腔体，"蛟龙"号的关键部件为乘员和仪器设备提供常压环境的载人舱。该载人舱（球）内径为 2.1 m，其壳体材料采用高强度钛合金。在"蛟龙"号上配有 3 个观察窗，其中，主观察窗（位于潜水器艏部中心线处）透光直径为 200 mm，两个侧观察窗透光直径为 120 mm，材料为透明聚丙酸脂。此外，耐压结构还包括 5 只小直径耐压罐、一只可调压载水舱和一只高压气罐等。

非耐压结构由框架结构和外部结构组成。框架结构为潜水器内部各类耐压结构和仪器设备等提供安装基础，又为外部结构中的浮力块、轻外壳、稳定翼和外部设备提供支撑，而且还是潜水器吊放、回收、母船系固和坐底时的主要承载结构，是各类设备总装集成的载体。外部结构主要有浮力块、轻外壳、稳定翼等。浮力块为潜水器提供水下浮力，同时也构成潜水器的外部线型。轻外壳提供部分流线型的外形，保护内部设备免受外物碰撞。稳定翼用于提高潜水器的稳定性和水动力性能。

生命保障系统

载人潜水器的生命保障系统通过控制载人耐压舱中的氧气浓度，吸收二氧化碳，创造一个适合乘员工作的生存环境。它包括正常工作生命支持、应急状态开放式生命支持、应急状态口鼻面罩式生命支持、生命保障系统监控面板 4 个部分。"蛟龙"号深潜器的生命支持总时间为 3 人 × 84 小时，其中，正常开放式为 3 人 × 12 小时，应急开放式为 3 人 × 60 小时，应急口鼻面罩式为 3 人 × 12 小时。舱内氧浓度控制范围为 17% ~ 23%，正常工作状态下二氧化碳浓度控制范围 < 0.5%。

潜浮与应急抛载系统及应急安全措施

潜浮与应急抛载系统为潜水器在正常状态和应急状态下实现下潜和上浮的系统，即潜水器"下得来，上得去"设计理念的执行者，其重要性不言而喻。在"蛟龙"号潜水器中，正常状态下的潜浮由可弃压载抛弃装置实现，而应急状态下有五大措施实现上浮。

为了节省能源，大深度载人潜水器一般采用抛载固体的方式实现下潜、上浮，也就是所谓"无动力下潜、上浮运动"。在"蛟龙"号载人潜水器中，可弃压载装置抛载由经设计计算过的压载铁来实现。考虑到安全可靠性，在装置设计中引入"冗余设计"的理念，具有2套独立的电磁铁和1套液压抛弃功能，既可单独抛弃也可组合抛弃，且在电源故障时会自动将压载抛弃。经过陆上试验、压力筒试验、海上试验等验证考核，系统工作可靠，满足设计要求。

在"蛟龙"号潜水器中，应急状态下抛载系统由主蓄电池箱抛弃机构、纵倾调节系统抛弃、机械手抛弃机构、应急浮标及采样篮抛弃机构组成。

在可弃压载抛不掉的情况下，采用主蓄电池箱抛弃机构可抛弃主蓄电池箱；应急情况下抛弃纵倾调节系统可获得数百公斤浮力；在机械手被缠绕的情况下可由专门设计机构抛弃整个手臂；采样篮的安装采用电爆螺栓，在采样篮被缠绕的情况下可以实施抛弃；当潜水器被困于海底无法上浮时，可通过电爆螺栓释放应急浮标，由浮标上的频闪灯显示浮在水面上的位置，便于母船直接抓取浮标提升潜水器至水面后回收。

导航通信系统

作为潜水器水下导航和作业的一个关键，导航和通信系统的重要功能包括潜水器和支持母船之间的通信、潜水器的引导、导航和控制、水下勘探等。"蛟龙"号潜水器导航有两种主要方法。在正常情况下，导航是依靠安装在支持母船上的长距离超短基线声基阵和潜水器上的异频雷达收发机。潜水器相对于船的位置是使用声呐阵列和异频雷达收发机之间的距离来计算的。若长距离超短基线声呐和声系统中发生紧急情况，则采用联合导航系统。

"蛟龙"号潜水器的通信系统由水面通信和水下通信两部分组成。水面通信是潜水器在上升至水面时通过VHF无线电来与支持船进行联系的。其他情况是通过声学转换声音、图像和信息来与支持船进行联系的。水下通信通过两部水声通信机主机和四个换能器实现。需要说明的是，"蛟龙"号载人潜水器能够实时传输彩色电视图像和声学图像的功能是国外绝大多数潜水器所没有的。

作业系统

作业能力是载人潜水器的一个重要方面。在"蛟龙"号潜水器上配置了一套功能强、机动性好的机械手和三大专用作业工具：沉积物取样器、热液取样器和钴结壳取芯器。

机械手作为作业功能的主要承担者，是作业系统重要的组成部分。在"蛟龙"号潜器正前方的左右两侧各配置一只液压机械手。其中，置于潜水器右舷的作业机械手以灵巧精细作业为主，采用主从式位置闭环控制方式；而置于左舷的定位机械手特点为力臂大，采用速度开关控制方式。在工作时，两只机械手协同作业，并可配合专用作业工具，完成钴结壳的钻探取样，热液硫化物、悬浮生物及沉积物取样等工作。

最新技术特点

耐压材料新型化

对于潜水器，特别是深潜器，耐压壳体的选择对控制潜器的重量至关重要。目前，世界上较浅的载人潜水器耐压材料的选择一般为钢材和铝合金，大深度载人潜水器耐压材料一般为钛合金，也有采用钢材的。钢材价格适中，但其密度较大，造成整体重量偏重，影响大深度载人深潜器重量及浮力的控制；钛合金相对较轻，且强度高，但是昂贵的价格限制了其在深海潜水器上的广泛应用。

陶瓷作为一种应用于水下耐压罐的新型耐压材料，越来越受到人们的重视。选择陶瓷作为耐压罐是因为其较高的强度与重量比，适合极限深度的特点，同样大小和数量的钛合金耐压罐与它相比在水中要重几百公斤，且需要昂贵、较多的浮力材料来补偿重量。

浮力材料轻便化

浮力材料为潜水器的另一重要材料，其作用是为潜水器提供浮力。浮力材料的先进性是用给定承压能力的条件下它的密度和吸水率来表示的，密度和吸水率越低越好。目前在潜水器上使用的浮力材料有两种类型，一种是玻璃微珠掺杂环氧树脂制成的可机加工型浮力材料，这种能承受 7 000 m 高压的浮力材料，最小密度可达 481 kg/m³。另一种是陶瓷球，这种浮力材料的比重更轻，全海深的密度只有 340 kg/m³，"海神"号潜水器中就采用该种浮力材料。该陶瓷球外径 91 mm。每个球质量 140 g，排海水量为 404 g，且均套上 5 mm 厚的 PVC 套来进行冲击保护，整个潜器在壳体的上方使用了 1 472 个浮球，可提供 417 kg 净浮力。

观察设备高清化

随着深潜器技术的成熟，人们对于深潜器的要求已不仅仅局限于"下得去，上得来"的水平，人类需要更加深刻的了解海洋，尤其是美丽的海底世界。因此，观察设备越来越成为各个国家深潜器设计的重点。随着高清摄像机的出现，深潜器观察系统的高清化成了可能。高清摄像机图像质量清晰，且其传输采用平行线传输方式，具有非常高的抗干扰能力，避免了定制昂贵的同轴电缆式的水密电缆，成了应用于水下观察系统的首选。目前，各大水下产品公司都已经有了水下高清摄像机，未来还会使用三维水下高清摄像机。另外，除了高清摄像机，水下灯光源、照度、色温的选择也可影响整个水下观察系统的清晰度。

作业工具模块化

深潜器一般都具有一定的海底作业能力，使用的作业工具包括机械手、各种传感器、热液取样器、矿物质取样器及一些针对特定生物的生物捕捉器等。热液取样器如下图所示。然而搭载的工具越多，深潜器有限的搭载空间及接口就会越复杂，相对来说在水下带来的危险性就越大。例如，机械手一般要伸出潜器线型以外，它和外界发生缠绕的概率就较大。为了减小作业工具所占的空间，缩小设计复杂程度及减少危险概率的发生，作业工具最好有模块化的设计思想，做到接口统一。这样可以根据潜次（每一次下潜任务简称一个潜次）任务的不同，搭载不同的作业模块。为此，要做两方面的改进，即深潜器和作业工具都要进行相应接口及体积的改进。

热液取样器

水声通信可靠化

水声通信是深潜器在深海中与支持母船取得联系的唯一有效途径,它受海洋环境影响较大。水声通信的可靠性及准确性对于深潜器安全航行与作业将起到至关重要的作用。载人深潜器与水面取得的联系将以3种方式表现出来:高速水声通信(包括图像、语音及文字信息)、水声电话(包括语音及文字信息,可作为高速水声通信的备份,也可单独使用)、超短基线定位声呐(主要提供深潜器相对于母船的方位与深度信息,将为深潜器安全返航提供重要保障)。其中,水声电话技术相对成熟,但是需要清晰化,减小主机通话时的噪声。高速水声通信技术为现今国内外科研人员重点研究的内容。发展距离远、效果好、可靠性高的高速水声通信将成为今后发展的重点。目前,国外的超短基线定位声呐技术水平相对较高,但在实际使用中,由于环境影响,会出现野值的概率,因此,要提高超短基线声呐的可靠性。

能源供给经济化

载人深潜器自带能源(一般为蓄电池),不从水面获得能源,因此蓄电池容量、放电能力等将成为制约深潜器航行作业时间的瓶颈。目前,载人深潜器所用到的蓄电池主要为铅酸电池、锌银电池及锂离子电池,各种蓄电池对比见下表。铅酸电池价格较低,但大电流放电能力相对较差,美国目前在用的"Alvin"号载人深潜器即是使用的铅酸电池。锌银电池是所有在用电池中比能量最高的,大电流放电能力极强,瞬间可达到上千安培,但是价格也是最昂贵的,中国的"蛟龙号"载人深潜器,俄罗斯的"和平号"载人深潜器都使用这种电池。锂离子电池是近些年新兴的能源,其比能量较大,但是其安全性能相对较差,这也阻碍了其在载人深潜器上的应用。另外,燃料电池以其比能量较高、操作简单、价格适中等一系列优点越来越受到人们重视,德国已把燃料电池应用在U31潜艇上。

蓄电池对比

种类	铅酸电池	锌银电池	锂离子电池	燃料电池
标称电压/V	2	1.5	3.7	无
比能量(w·h/kg)	35	150	80~125	30~1 000
循环寿命/次	300	30	500	取决于燃料
安全性	一般	一般	较差	较好

载人潜水器展望

如何发展各型深海装备技术,满足勘探开发利用海洋资源的迫切需求,更好发挥载人深潜器的作用,是我们必须要思考和解决的重大课题。对于载人深潜器的未来发展趋势,应立足于应用性,兼顾经济性与舒适性等要求。在载人深潜器的研制中,应根据其功能和使命的要求,提供性能更高、经济性更好的载人装备。从这个角度出发,载人潜水器的应用及发展应重视以下几个方面:

面向科学应用,形成作业能力

以科学作业为主要目的的载人潜水器,其任务是进行海洋探查和资源开发。对于该类载人深潜器,除了对可靠性、安全性提出更高要求外,还有一个突出要求,就是作业能力。我国的"蛟龙号"载人潜水器在完成7 000 m

级海试后，应尽快投入到海洋科学研究和海洋资源勘探作业等应用中，充分发挥其作业能力，为我国海洋开发提供服务。

面向深海探险和观光，探索极限海底奥秘

伴随着深海技术的日益成熟，出现了另一种面向深海探险载人深潜器。该类深潜器以满足人类对深海世界的好奇心为主要目的，其使用对象为一些探险家。与前一类载人深潜器不同，该种潜水器以挑战极限为主要目标，因此对深度指标提出更高要求。

构建深海装备体系，实现载人与无人装备之间相互支持和协同作业

面对日益增多的潜水器以及日益完备的装备体系，如何协调好载人与无人潜器的关系，发挥载人与无人潜水器的各自优势，是亟待解决的问题。在这一方面，应注重构建深海装备体系，实现载人和无人装备之间的相互支持、联合作业和协同工作，充分发挥综合技术体系的作用。

重视新技术及新装备的开发

深海高强度材料（如陶瓷材料）、水下高能量密度的能源、水下微细光缆技术以及通信导航等核心技术的进展，将极大提升深海装备研制能力和水平，如美国的下潜 1.10 万 m 的"海神号"混合型无人潜水器就采用了上述高新技术。

水下钻井

近年来，深海石油作业被认为是石油工业的一个重要前沿阵地。随着海洋石油勘探技术的发展，人们现在已越来越向深海挺进。在墨西哥湾、巴西、北海以及西非等地区，从深海钻井获得的大量油气，产生了很好的经济效益。

深海钻井作业困难很大，不利因素较多，这是可以想象的。如传统的系泊钻井平台已不适用，应该用有动力定位系统的钻井平台，平台应具有良好的定位系统和控制系统；有足够的动力和较高的安全性能；深水钻井隔水管系统也是一个非常重要的关键问题，这么长的隔水管使许多问题变得复杂了；导向以及声呐定位、重返井口问题也要妥善解决。除此之外，还有钻井工艺、泥浆比重、水合物问题等等，都与浅海钻井不同，其技术难度和要求相对变得复杂困难。正因为如此，深海钻井的勘探作业费用巨大。所以目前有能力进行深海钻井作业的还是集中在几家大的石油公司。随着全球经济的发展，各国各地区都在不断地研究、勘探开发深海的油气。我国虽然也在南海 30 多米深的海域进行勘探开发，但目前还未向更深的海域挺进。

水下钻井设备包括井口及基盘系统、防喷器下隔水管组以及控制系统、隔水管系统、张紧器系统、重返井口的声呐导向系统、导流器以及挠性接头系统、水下电视等。根据深水钻井的特点，隔水管系统和重返井口声呐系统最为关键。

海上钻井，必须安装控制地层油气喷出的防喷器，由于地层压力高，在浮式钻井中，一般把防喷器安装在海底，从海底至钻井平台必须有一个钻井泥浆的循环通道，也作为钻具下放到井内的导向通道，这个由钢管连接的通道称为隔水管。随着海深的增加，隔水管的长度就会增加，其本身重量也增加了许多。尤其是上部的隔水管，还要承受较大的张力。同时，高比重的泥浆柱静压力对隔水管产生很大的应力，要求有足够的强度。涌浪潮使钻井船产生摇摆振动，又使隔水管产生振动。根据研究，钻井船和隔水管所产生的共振又限制了钻探深度，所以在深海进行钻井采用隔水管作业选择和设计合理的隔水管是非常重要的。最早人们不用隔水管，用海水钻进，没有隔水管的钻井深度在 20 世纪 70 年代后期达到 1 700 m。这种方法简单，但是它有显而易见的缺点，容易引起井壁的崩塌，容易卡钻，钻屑带不上来，岩屑也无法收集，使钻井作业受到明显的限制，成功率降低。另外，在不配备防喷器的情况下钻井，显然从安全角度出发也是绝对不行的。所以，用此种方法只能用于海底取样等一类的钻井。为了钻探更深的井，特别是进行油气钻探，就需要配备防喷器组和隔水管。

涉及的另外一个问题就是水下钻井设备的导向问题。在浅水区进行钻井，在海底设置一个海底基盘，上系四根导向绳，从基盘一直拉到钻井平台上，钻头、工具防喷器组、隔水管等均利用导向绳引导到井口。钻头、工具重入井口、防喷器、隔水管安装到井位。为了获得良好导向，导向绳在平台的一端要有张紧器使其张紧，使导向绳永远保持设定的张力状态。深海钻井，随着海深的增加，导向绳越来越长，直径也加粗了，所以，在深海钻井中，一般采用无导向绳系统。一般来说，无导向绳钻探方法所使用的钻井平台都是动力定位装置，利用卫星定位系统确定井口位置之后，利用钻具下放井口基盘，基盘上安装有声呐定位的发送装置。开始钻井时，钻头下面装有声呐定位的接受传感器通过平台上的仪器找到井口，再利用水下电视、水下潜水器（RVO）进行对准，尔后利用动力定位系统调整船位，从而使下放的钻头对准井口或者下放的设备对准安装的部位进行导入或连接。

如前所述，深海钻井的另外一个重要问题就是隔水管的设计。就是说，究竟用什么样的隔水管才能适应深水。近几年来，国外深海油气钻井勘探中，曾因隔水管的损坏断裂引起了不少钻井事故，在海况恶劣的英国北海，隔水管事端多起，损失巨大，所以，隔水管的设计就成了首要问题。

隔水管从海底防喷器组一直接到钻井平台，与钻井平台的泥浆出口管连接。当钻井平台相对于海底井口位置作水平方向移动时，为消除隔水管的挠曲，在防喷器组的顶部和隔水管最下部之间安装了一个球接头，球接头可在垂直的任意方向有10度的倾斜。在水深变深、潮流力等外力增强时，为了消除钻井平台的摇摆给隔水管的影响，在隔水管头部与伸缩隔水管之间也安装了一个球接头。为了消除钻井平台的垂直方向的移动（升沉和潮位变化）对隔水管的影响，在隔水管上部安装伸缩隔水管，其内管与球接头连接，外管与隔水管连接，外管并由数个隔水管张紧器张紧到平台上。隔水管承受管内泥浆和作用在管外的海水的压力差、波浪力、潮流力、风力、泥浆和管子的自重、隔水管的本身浮力、张紧器产生的张力等外力。

在深水钻井作业中，随着水深的加深，作用于隔水管的外力增大，为了保持隔水管的垂直，给予它的张力值也要增大。但是，隔水管在深水中的作业情况异常复杂，张力也是有限的，所以，为了减少张力，需要用某种方法来增大浮力，如使用泡沫塑料圆柱作为浮力材料。不过泡沫塑料很容易老化、变质，也容易损坏。另外，海流阻力是随着隔水管的直径增大而增大，这意味着增大浮力而配备的浮筒外径必须尽量减小。这样就要用另外一种方法，即用钢质圆筒作为浮力筒附着在隔水管上。如美国休斯海洋钻井公司在墨西哥湾钻井使用的可调节的浮力隔水管，在隔水管上设有调节浮力作用的气阀，目的是通过调节某一段隔水管的浮力，使浮力与隔水管的重量相等或稍许超过隔水管的重量。值得注意的是，浮力太小不行，太大也不行。如果浮力大，其中有一节隔水管坏了，就会使隔水管向上猛冲，像一颗炮弹冲向船底，后果可想而知。隔水管的材料选用非常关键，它必须具有高强度、高韧性，以承受复杂的应力冲击，而隔水管的尺寸又不能太大。因此，隔水管的直径和重量就成为两个很重要的性能参数指标，设计时要作通盘考虑。

组成

水下设备的组成有：

（1）井口总成，包括井口盘、套管头组和永久导向架。

（2）防喷器组，包括液压连接器、闸板 BOP、环形 BOP、海底蓄能器组、压井/放喷阀及相应管线、液压连接器及管线等。

（3）隔水管系统，包括下隔水管组、隔水管和滑动接头。

（4）泥浆出口管组，包括上球接头、分流器、泥浆出口管、分流器和泥浆出口管液压执行器及控制管线。

（5）750 mm 锁销连接器组。

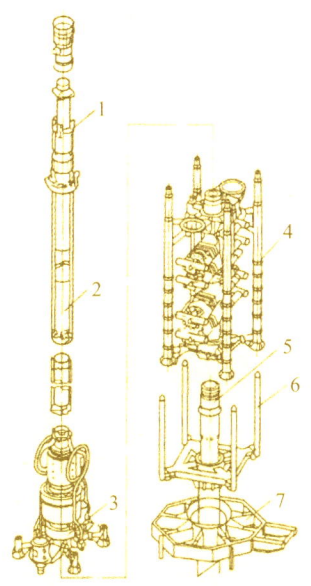

1-伸缩隔水管；2-隔水管；3-下隔水管组；4-防喷器组；5-套管头组；6-导向架；7-井口盘

海洋浮式钻井水下设备

功能

水下设备的主要功能

从井口到钻台构成一个隔绝海水的通道，经由这条通道可将各种钻探工具送入与导出钻井液。

由 BOP 组，压井/放喷阀门与管线及其控制系统对海底井口和井内压力实行控制。

通过上下挠性接头（或球接头）、滑动短接、张紧系统的偏斜和伸缩补偿，来适应平台的升程和潮差，纵横摇动与平移的随机，综合运动状态下进行钻井作业。

在井口装置与 BOP 组及 BOP 组与隔水管系统之间采用液压连接器，在紧急状况下实现平台与隔水管系统快速脱开；在钻井过程遇到超出允许状态的恶劣海况的条件下，切断井内钻杆或套管，使平台安全撤离井位。

承托海底各型套管和 BOP 组，保持密封；为下一步的平台回接、钻井和采油提供连接条件。

在平台综合运动状态下张紧入水的缆绳和隔水管，保持其安全。

套管头与套管

套管头也叫井口头，其作用是在钻井中支持防喷器组，在注水泥固井时悬挂套管，且在钻进和开采中将各层套管柱之间密封。浮式钻井平台典型钻井结构与泥线悬挂系统如下图所示。

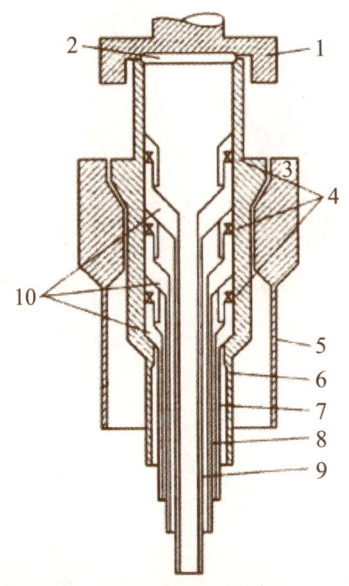

1-液压连接器；2-AX 密封环；3-套管头（井口头）；4-套管密封；5-导管；
6-表层套管；7-技术套管（1）；8-技术套管（2）；9-生产套管；10-套管挂

浮式钻井平台典型钻井结构与泥线悬挂系统

海底套管系统由套管头、表层套管、技术套管、生产套管、套管密封等组成。下套管时，最后一节连接上一只套管挂，并在固井前永久性地悬挂在套管头处，泥浆回经套管挂上的凹槽返回。一般水泥塞位于套管头上，用遥控开启，用钻杆柱从平台面至套管头之间泵送水泥浆。各层套管密封件用遥控方法下入并安装可靠，并且要备有特殊测试器具，以便对套管密封进行遥测。钻井过程中依次下入海底的是 750 mm 导管、表层套管、技术套管和生产套管。750 mm 导管的作用是为了与海床结构形成一体，以支撑套管头组和防喷器组；表层套管（500 mm）用于封固弱固结层，下入泥线以下约 300 m；

技术套管用于封闭相对低压的地层,从而使泥线以下 1 000 m 的压力层得到控制。

防喷器及其控制

防喷器(Blowout Preventers,简称 BOP)是为承压状态下关闭井口而设计的,是油气钻井过程井控装置的关键组成部分。为保持井的安全和对井的连续控制,适应井内不同尺寸的钻具和使流入井筒里的地层流体也能循环出来,要同时使用 ILK 中类型的防喷器;在海上作业时,为了备用,同一类型的防喷器也要有两台或更多台,把几台组装在一起称为防喷器组(BOPStack)。

BOP 组通常应根据油藏工程设计和钻井设计的要求进行选择。从下而上包括:①一台套管头连接器(将 BOP 组与井口套管头连接一起);②三台钻杆闸板 BOP;③一台全封闭剪切闸板 BOP(也有在两台双闸板 BOP 组下再多装一台单闸板 BOP 的);④一台环形(或球形)BOP;⑤顶部为供下隔水管组的液压连接器和另一台环形 BOP 连接的上接头。防喷器组示意如右图所示。

通常,水深延 500 m,BOP 组与隔水管系统的各种液压控制系统大都是通过与 BOP 组相连的软管束从船上施行控制的,在这些软管中,包括若干引导软管和一条主要供液软管。控制 BOP 组需要非常有效的液压系统,其目的是保证

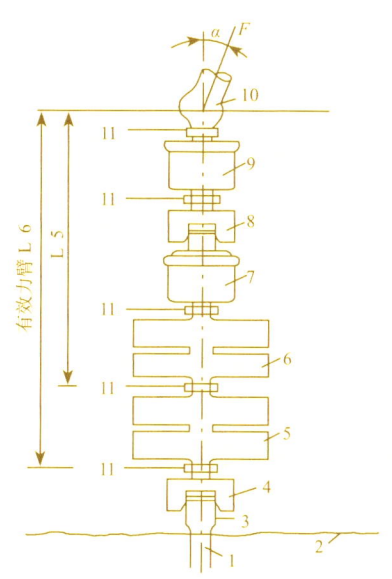

1-套管;2-泥线;3-套管头;4、8-液压连接器;5、6-双闸板防喷器;7、9-环形防喷器;10-环接头或挠性接头;11-卡紧器

防喷器组示意图

在尽可能短的时间内实现 BOP 组上的任一功能,这就需要高流速大排量,以操纵闸板和环形 BOP 实现其主要功能。在 300 m 深的水域,为缩短 BOP 的关闭时间,将部分蓄能器置于海底,其液量足可供一台环形 BOP 开闭一次,

并加50%的备用系数。现用的控制系统有三种基本形式：液—液、电—液和用于应急的声学控制系统。

平台水下安装

推进器水下安装

在钻井平台动力定位系统中，推进器的安装由于受自然条件的限制，对各平台建造企业来说都是一道难题。推进器是一个大尺寸、大重量的运动部件，对于安装精度要求较高，而且要跟平台舱壁要有良好的密封，推进器的安装精度直接影响平台的定位精度和运转。传统的陆上推进器安装方法在钻井平台的安装中已不适用，而目前国内外所采用的安装方法周期长、工作效率低、成本高，并且延误其他的调试工作。

通常，大型推进器的安装必须在深水区域进行，对水深和天气条件有较高的要求，通常要求水深在20 m以上并且能见度好。但往往各个船厂船坞和港口达不到安装条件而选择在离船厂较远的海上安装，前期需进行较长时间的海域、海流探测选址，还要雇用吊装推进器的浮吊、辅助拖轮。同时，海上安装推进器的不确定因素非常多，如水下能见度、潮流、台风等天气因素，无法确保安装完成的时间。再次，海上安装推进器的风险非常大。这样往往都需要花费大量的时间和成本来进行推进器的安装工作，而延误其他

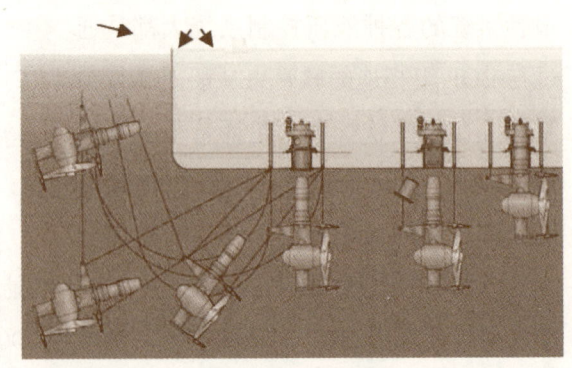

推进器安装示意图

的调试安装工作。传统的推进器安装方法如下图所示。

这种方法是利用外部吊机首先起吊推进器,然后从平台浮体已预置的贯通导管(该导管在平台浮体建造之初已预置,空间位置与推进器的三个吊耳孔位置相对应,这种方法在平台建造中普遍采用)中穿出三根吊索,分别与推进器的三个吊点连接,然后采用接力的方式并在潜水员的配合下逐渐使推进器在安装孔正下方垂直。

另外,还有一种方法是船厂制作浮箱或其他装置,利用驳船和吊机将推进器送到安装部位,依靠潜水员的指挥完成水下安装。

以上介绍的这些方法采用的安装设备较多,效率较低、安装精度不好控制,而且安装周期长、风险大、成本高,需要潜水员长时间水下指挥工作,对安装海域的能见度及天气状况要求较高。

推进器安装新工艺

这里以某个半潜式钻井平台的推进器安装为例,来介绍一种新型的新的推进器水下安装工艺。下图分别为半潜式钻井平台外观及推进器图片。

半潜式钻井平台　　　　　推进器

安装场地为长 520 m、宽 21 m、深 18 m 的深水舾装码头,可提供 8 个平台舾装泊位。这样推进器的安装在靠近码头的深水区就可以完成。安装方案采用将推进器下放到海底并按照安装位置和方向精确定位,将平台移到相应推进器上方并按坐标位置精确定位,最后采用液压同步提升设备精确提升到位。

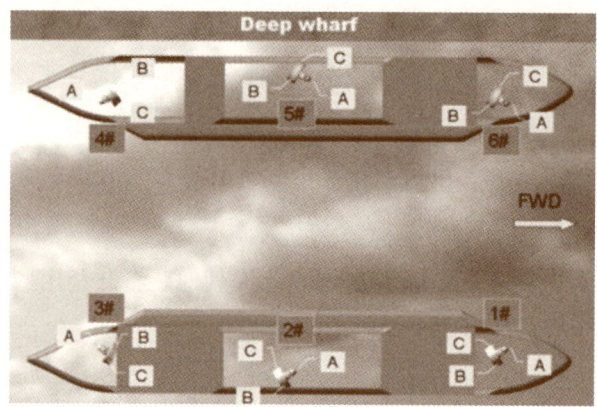

推进器安装位置方向及编号

推进器下水前准备

设计并制作如下图所示的安装支架,该支架用于推进器保持竖立的安装姿态、移位、水下吊放和固定。该支架采用 H 型钢和 Q235 板材焊接而成,强度和稳定性满足推进器在陆上及水下推进器的吊装及稳定性要求。推进器与支架组装,并在三个吊点及支架相对应的位置上分别作红(A)、白(B)和黄(C)三种颜色标记,与吊带、提升吊具、提升孔等相对应,便于潜水员水下辨认。

安装支架

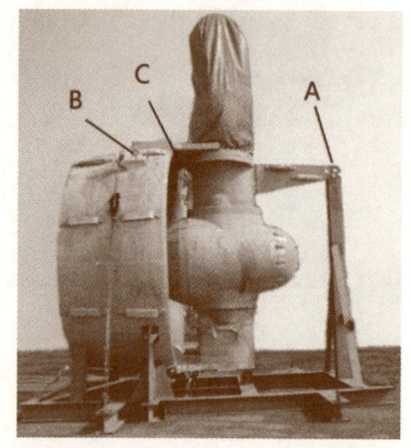
推进器与支架组装图

水下井口基盘

在确定海上油气田投入开发后,为了尽可能缩短油气田开发建设周期,在生产平台组块、导管架及平台生活设施进行设计和建造的同时,通常采用水下基盘预钻开发井的作业方式,待导管架和设备建造完成并经海上安装调试后,再从水下基盘上的海底井口回接各层套管到生产平台上。水下基盘主要作用包括引导钻具、承接水下井口装置及防喷器组、布置井距、辅助导管架对接定位等。水下基盘的结构及规格主要是根据油田设计需钻的开发井井数、作业区的水深和海况等因素来确定,在开发井作业中通常选用整体式水下基盘结构。

防腐监测装置的水下焊接与安装

海底石油及天然气的开采逐渐成为许多国家的重要工程,直接影响着经济的发展及人民生活水平的高低。而在开采工作中,大部分工程都要架设钻井平台或石油天然气平台,平台的质量关系到整个工程的质量。工程设计人员和维护人员在架设平台时,不仅要注意平台的架设质量,而且还要时刻关注平台的腐蚀情况,以防使用时发生意外情况。为此,设计及维护人员通常会在平台的支架桩腿上安装防腐蚀的监测装置,用以监测平台被海水和风浪侵蚀破坏的情况。

海洋大型浮式结构物

概述

就我国的地理国情而言，我国的海域面积超过陆地面积将近三分之一。但实际情况是，这些海域有近一半是与周边国家有争议的海域。开采资源必须在国际上确认这片海域的归属权，而当前解决这一问题的办法就是在这片海域长期进行日常活动。而要进行日常活动就必须在这边海域建立海上超大型浮式基地，建立活动场地，这样一方面可以用于开发海洋资源，另一方面充分显示我国捍卫领土主权、维护权益的目的与决心。

自 2012 年起，在科技部大力支持下，由中船重工牵头，相关船厂、研究院所、高校、船级社等组成"国家队"，致力于大型浮式结构物关键技术研究。该团队在瞄准国际先进水平的基础上，开展了大量基础性、机理性研究，在中型、大型及超大型海上浮式结构物复杂环境描述、基于非均匀波流作用下浮体水弹性力学的设计计算方法、极值载荷预报、多浮体协调系泊分析、结构物安全可靠性评估及腐蚀防护技术等方面，取得了卓有成效的应用技术成果，将为下一步该技术的工程化应用奠定理论和技术基础。

超大型人工浮岛可以通过拖船或者自身配备的推进装置在海上移动，美军是在实战中应用这一技术的先驱。美军内部开始探讨"海上基地"构想。基于这一构想，美军可以 10 天内在距进攻目标附近沿岸 40 ~ 160 km 的海域建起一个大规模作战基地，这样，美军就可以不经外国政府允许在海上自由行动。

分析人士指出，我国黄岩岛、钓鱼岛以及部分南海岛礁都在距大陆 1 500 km 的范围之内，远者如万安滩、南通礁等也在 2 000 km 左右，如果这些岛屿受到侵犯或者中国船只在此被侵扰，中国空军和海军航空兵必须具备强大的远程作战能力，除去发展航空母舰和南海填海造陆建设航空基地之外，发展若干个超大型人工浮岛已经势在必行。

目前，我国比较先进的战机的作战半径都已经达到或超过 1 500 km，而且这些战机都需要空中加油，由于南海作战区域距离较远，我军战斗机进入战区后巡航的时间和作战半径都被不同程度压缩，所以，打造超大型人工浮岛基本已经成为一个新选项。

关于打造海上军事基地的战略，有专家提出建设"浮岛基地"的主张。所谓"海上浮岛（浮岛式）航母"是一个浮动的海军战略航空基地。因为只是一种平台或者基地，所以设计思想上不再要求其他战术技术。比如，不要求高航速，五六节，只要慢慢移动即可；不苛求配备强大的攻防火力和武器，其安全由护航舰艇来保证，不必驶入战区。一旦海上基地技术得到我方应用，或许离再次彻底改变世界海军战略格局的日子不太远了。

特点

超大型人工浮岛很可能是比单艘航母战斗力更强的"超级巨型航母"，是真正的海上超级巨无霸。利用超大型人工浮岛技术，中国完全可以在南海和东海敏感争议海域建设若干个超级海上移动平台。这些平台内部由成百上千的密封金属构件和一些非密封空间组成一个长形移动平台，桁架的标准面积分为 90 m×300 m、120 m×600 m 和 120 m×900 m 三种规格，但可以根据需求拼接组装，无限放大，相当于多个船体并联形成浮岛式的平台。一般来说，排水量在 30 万~50 万 t，建设长度达到 1 000~2 500 m 的跑道，可以起降上百架陆基战斗机、大型运输机和预警机，也可以作为登陆作战舰艇和气垫艇的中转基地和前进要塞。由于超大型人工浮岛技术简单，对吨位没有特别的限制，而且造价相对低廉，组建一个海上浮岛基地，就像在搭积木一样，可以在陆上建立几个构件生产线，在生产的同时组装。目前，这种综合性海洋工程的技术已经比较成熟，无论是与水面接触部分的流体动力学，还是浮岛上的各种硬件设施的建设都不是难点。

超大型浮体通常有两种结构：厢式浮体（Pontoon type）和半潜式浮

体（Semisubmersible type），半潜式浮体又可以分为立柱支撑式（Column-supported type）和立柱下体混合支撑式（Column and lower hull supported type）。厢式浮体一般由若干个厢式模块刚性拼接而成，其构造简单，维护方便，建造成本以及维护费用较低，一般用于海岸附近的平静水域。半潜式浮体一般由若干个半潜式模块通过连接器连接而成，其构造比较复杂，建造成本及维护成本较高，但水动力性能更佳，适合在环境比较恶劣的海域中使用。对于超大型浮体结构型式的选择，应该结合具体实际情况，综合考虑各种因素，如用途、性能要求、经济成本、工业水平以及对生态环境的影响等，然后做出科学合理的分析和评估。

与一般的海洋工程结构物相比，超大型浮式结构物（Very Larye Floating Structure，简称号 VLFS）具有以下几个特点：

（1）长（宽）度与高度的比值非常大，是一个极为扁平的柔性结构物，它在海洋环境中的弹性响应必须考虑。

（2）VLFS 从一端至另一端要跨越数公里，这么长的距离还假定海洋是均匀的，就有可能与实际情况发生很大的差异。因此，需要建立一种新的随位置缓变的海浪谱，用于作为与 VLFS 水弹性响应的激励。

（3）由于 VLFS 的巨大，注定它是一个模块化的结构。

（4）VLFS 除了有时需要移动外，一般来说，必须相对地固定在某一位置，不能让它随风、浪、流任意漂移。因此，系泊装置在浮体结构设计中也极为重要。

（5）与一般的海洋工程结构物不同，VLFS 要求的寿命特别长，一般要在百年以上。

此外，超大型浮式基地还拥有以下独特优点：与填海造陆相比，大浮结构简单，建造所需成本低，施工技术成熟方便，对自然环境的破坏性影响很小（如对潮流影响不大以及对海洋生态影响不大等）；不受水深、海底地质条件制约；能充分利用内部空间；拆离方便，对海域环境破坏小；几乎不受地震影响；结构稳定性好，在波浪中结构也能很好地保持平稳。

由于上述优点，大型浮式结构主要是以下三个方面被应用：在特定海域建立资源开发和科学研究基地，以便于大量开发海洋资源；将陆地设施，如游乐场移至近海海域，以弥补沿海城市缺乏合适的陆域的缺陷，同时降低城市噪声，减少环境污染；为对地区的政治、军事格局产生战略性的影响，在国际水域建立军事基地。

新概念超大型浮式海基规划与设计

新概念超大型浮式海基可供各类船舶驻泊、具备燃料/电力供应、淡水制造与补给、物资储存、旅游服务、医疗救助、环境控制监测、飞机起降及油气开发保障等多种可供选择的功能；可为军民生产/生活、巡航执法、海域管制、岛礁建设、生态旅游、油气开采、远洋捕捞及应急救援等提供全方位基本保障。建造岛屿式新概念超大型浮式海基，可打造出新型岛礁生产生活建设平台；建造海上资源开发综合基地能为海上巡航运执法、旅游观光及油气开发提供基本保障；建造超大型浮式空港平台能为全面管控海上生产、生活、维权活动提供重要基地。超大型浮式海基使用目的、设置海域一经确定，首先起动的是浮体搭载设施规模与布局、浮体平面形状与主尺度等基本规格的制定；然后进行自然环境条件、搭载载荷条件、搭载功能的设计及设计标准与规范的制定；在此基础上进行浮式结构物形态、系泊方式、是否配置防波堤、运输衔接设施等各单元结构形式及组装工艺流程的制定；在整体设计方案完备的基础上，实施各子模块的规划、设计及构建。

基于海基搭载模式和布局、载重条件、结构安全性及施工工艺（图中虚线区域内模块）实施的超大型浮式海基结构基本设计，首要任务是浮体上层设施布局的设计及结构重量与配置的布局。在基于浮体上层高度要求（例如滑行跑道距海面的高度）、内部空间利用、平衡结构重量确保浮力、浸水后水密区域、整体浮体刚度及结构物型深的基础上，设定浮体断面形状。这其中包括计及组装、施工工艺的主尺度及主要构件的配置。

超大型浮式结构物概念方案

军民两用空港：包括长达 1 800 m 的跑道（由 6 个 300 m×140 m 半潜式单元模块拼接而成）、停机区、航空控制区、生活区等；军民两用海港包括 2 个长达 400 m 的码头、航海控制区、生活区等。

可再生能源发电和能源储存系统：包括上部塔式风力发电装置、中间可折叠式太阳能发电装置、水面以下阵列式波浪能发电装置和能源储存装置。风力发电装置和太阳能发电装置具有飓风规避能力，阵列式波浪能发电装置具有防波功能；海水淡化以及淡水和燃油的储存和补给系统，包括海水淡化装置、淡水和燃油储存室以及淡水和燃油补给装置；系泊定位系统；海洋环境和结构安全长期监测系统。

超大型浮式海基基本规格的制定

搭载设施模块与布局的制定：在海上实现某种目的与功能的超大型浮式海基，其基本装备配置模式与布局的制定是第一要务。超大型浮式海基上的机场配置将囊括滑行跑道、着降区、导航通道等基本设施；通道、排水系统、消防系统等设施，以及机场服务、航空安保及装 / 卸货物等。集装箱码头等配置，除应具备相应的集装箱调度管理站、货物装 / 卸载设施外，还需配备冲洗、维护 / 保养、电力、燃气装置及上、下水管道等设施。

超大型浮式海基规模与平面形状的设定：超大型浮式海基搭载 / 配置设施一经设定，便进入浮体规模、平面形状及尺度的制定。浮体平面形状有矩形或非矩形的 L 形、T 形、V 形及分离式等各类平面形状。目前，弹性响应分析可对任意平面形状进行详细的分析，设计自由度空间由此大增。

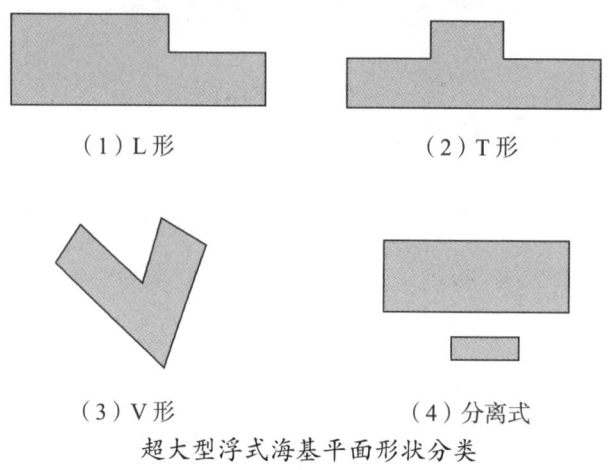

超大型浮式海基平面形状分类

整体系统的构架

基本设计条件制定完毕后，进入总体构架及配置的详细设计、确定结构、用材、系泊方式、防波堤设置及装/卸码头等。

浮体结构的设计：浮体结构分为箱型和半潜型两大类。一般根据设置海域波浪条件选用，理论上，在恶劣海况的海域内，半潜型具有更好的耐波性，但考虑到超大型的效应，箱型模式更能适应各种海域。总之，不管选用何种型式，均需从耐波性开始，直到维护管理、施工难度及经济性等全盘考虑。结构材料也是在基于安全性、耐久性，以及维护保养与性价比的基础上进行选取。

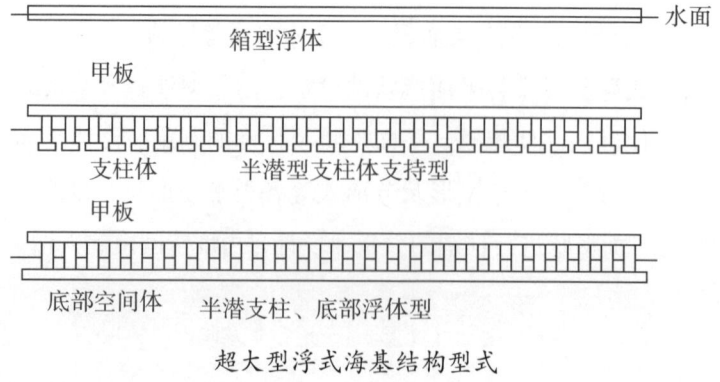

超大型浮式海基结构型式

系泊方式的选用：系泊系统的功能是在台风来袭时确保浮体能够抵抗台风；整个寿命周期内具备始终如一的安全性；与使用目的相匹配，且能控制浮体保持在允许移动量的范围内。允许浮体的少量移动具有缓解波浪力、地震冲击力等外力的功效。系泊方式有：浮筒系泊、缆—锚系泊及张力（拉伸）系泊等方式，实际应用中，应根据所设置海域的自然环境条件选取系泊方式。浮筒式系泊需在海底设置固定物（浮筒），所以，大水深海域选用缆—锚系泊、张力系泊。

防波堤的取舍：依据设置海域的波浪条件，配置抑制浮体波浪中摇摆及变形、满足功能及安全性的防波堤。但因防波堤有阻碍海水流动，以及可能还会对海洋环境造成影响的弊端，所以，防波堤可考虑采取穿透型消/防波堤。

交通方式的确定：与浮体相连的交通方式，基于浮式结构物用途、规模、所设海域等选用徒步行走、汽车、铁路、船舶乃至飞机等方式。汽车与铁路模式需配置相应的桥梁或者海底隧道。公路桥或铁道桥的交通模式，有必要在浮体的连接处配置具备能吸收或抑制浮体移位的缓冲装置。海底隧道由于与浮体直接贯通较困难，所以需另设交通岛。浮体上的交通除可利用与陆地上相同的交通模式外，还可利用浮体内部空间，交通设计在浮体结构规划时同步进行。

浮体结构规划

浮体上层建筑布局：超大面积的浮式结构物，有别于陆地上的都市规划设计，配备其上的各种设施互有干扰/影响。浮体上的设施配置需考虑浮式结构物特有条件，规划设计需注重功能性、防灾（危险区域、禁止设置的区域以及避难路线和避难场所等）、维护管理。

浮式结构物内部布局：在浮体内部配置有隔板等内部结构组件，这些配置也是基于安全及功能性考虑设定的。例如隔壁的设置，从安全的角度考虑，其重点是确保水密区域的可靠性；从功能角度考虑的重点是设施间的连贯性及内部空间的高效利用。

截面形状的设定

基本设计阶段主要是浮体断面、立柱尺寸、吃水及甲板高度及主尺度的设定，这些设定是根据浮体结构安全性和搭载设施功能所要求的甲板距海面高度、设置于浮体内部各装置必要高度、旨在保证载荷与浮力平衡所必需的吃／排水、确保浮体整体刚度的型深等设定的。

确保高浪海域中浮体甲板底部与海面的气隙，箱型浮体可采用改变剖面型深和吃水来达到各结构单元体间重量与浮力的平衡。半潜式浮体可采用改变立柱浮体截面尺度、截面形状及支撑立柱个数等来调节浮力。

刚度研究是最具浮体特色的研究内容，即超大型浮基本质上是个弹性体，具有弹性效应，从基本规划阶段就有必要考虑刚度的研究。但在该阶段一般不进行弹性响应分析，而是根据特征长度等弹性响应参变量设定必要的刚度和截面形状。

组装方法／施工工艺研究

超大型浮式海基的施工是基于船坞空间建造相应规模的单元浮体，然后将建造完工后的系列单元体拖至预定海域进行组装。在确定浮体的总规模与配置、平面形状及主要构件和配置等的工程节点时，需同时制定单元体划分与组装方式。

浮体结构设计流程

总流程：超大型浮体响应受弹性响应支配，结构物刚度决定弹性响应程度。特别是超大型浮基，因其弹性变形与水动力的相互作用（水弹性），弹性响应与刚度相关性更趋复杂，截面刚度增加，剖面力随之而增。所以，从初步设计阶段到详细设计阶段均要进行弹性响应分析，必须对结构变更后刚度及弹性响应变化关系进行相应研究，典型的设计步骤可分为3个阶段。

第1阶段：依据基本规划所制定的主尺度及构件布置，设定旨在满足安全性和功能性的剖面刚度及初期结构构件尺度与配置。一般在第1阶段采用均质梁、估算均质板简易结构弹性响应（扭挠、剖面力等宏观响应）。根据各弹性响应基本参量，可以完成剖面刚度和主结构初期尺度与配置的设定。

第2阶段：进行浮体各部位用途及功能的详细设计。如开展设计及设置海域浮体型深的变更、内部空间利用隔舱板的开孔、滑行跑道与构件配置及尺度差异性的浮体构件强度和疲劳强度的研究与设计。不仅针对整体弹性响应，还需开展局部应力响应下的结构设计。随着设计对象的细分，需开展比第1阶段更为详细的结构有限元建模、弹性响应分析，然后在此基础上设定结构物尺度与配置。该阶段的弹性响应分析及基于弹性响应分析的安全性、功能性评估，凸显超大型浮式结构独有的设计理念及特征。第1、2阶段还将完成设计及结构物使用期内可能出现的最大载荷、载荷概率分布的安全性、功能性评估。

第3阶段：进行偶发的异常载荷以及因冲撞、爆炸等极端偶发事故导致浮体破损的安全性认证。经过这一系列的安全性评估、认证，浮体结构设计基本完成。

阶段1是基于简化弹性响应分析与整体响应评估的初期结构构件尺度与配置的设定，首先进行的是隔板厚度、防挠加强板尺寸等结构部件的初期尺度设定。初期尺度一般根据船级社规范、道路桥梁设计标准与指南适用规则，对应水压载荷的隔板强度、对应飞机轮压载荷的甲板强度等局部构件强度来设定的。

初期尺度一旦确定，便可根据基本规划中所确定的初期主尺度和构件配置，设定剖面刚度及静态和波浪中弹性响应分析。该阶段主要研究规则波中弹性响应，确定整体响应中的刚度和强度。另外，海基上的机场滑行跑道等部位，将根据波浪中的整体响应、飞机载荷疲劳强度等要素，确定构件尺度。这种相对苛刻的要求与搭载设施性能相关联的设计条件是以搭载装置为基础设施的超大型浮体的又一突出特征。

阶段 2 是基于详细弹性响应分析与整体及局部响应评估的结构构件尺度与配置的设定，其内涵是作为浮体结构整体外形及内部结构形状的详细建模，采用基于有限元法构建模。以整体响应分析为目的的结构模型中，有均质板模型、层板网格模型及三维壳体模型等。并且基于整体响应分析结论估算局部应力时，还要开展突变分析；兼顾因海域而异的不同结构型深和吃水及附有防波堤的详细分析；利用这些方法进行整体响应到非规则波中疲劳强度的响应分析；开展波浪响应，以及进行针对地震、海啸等必要的极限弹性响应分析。这其中应包括箱型及半潜式超大型浮体波浪中的弹性响应；浮体建模与安全性/功能性评估；箱型及半潜型浮体极限弹性响应分析。

浮体总体安全裕度与冗余性的确认，是基于第 2 阶段的结构构件配置及尺度设定的浮式结构物，使用期内遭遇超过最大载荷时的异常载荷安全裕度；浮体在遭遇冲撞、爆炸等偶发事件受损状态下的冗余性的确认。不论是何种类型的确认，均需进行计及结构构件屈服、压屈及破裂的非线性结构分析。异常载荷及事故的结构物安全性论证，广泛应用于海洋结构物，同样适用于超大型浮基。另外，由于超大型浮基是集浮体、系泊系统及防波堤为一体的复合型结构系统，所以需开展包括防波堤在内的受灾后系统安全裕度与冗余性论证。

通过对超大型浮基设计流程的梳理，不难发现其主要特征为：

特征 1：刚度是主导设计的变量。船舶式浮体刚体运动占主导地位，所以可根据刚体运动估算外力及内应力（剖面力）。而超大型浮式海基，因其弹性响应占主导地位，故刚度为主导变形乃至于内应力响应的设计变量。

特征 2：在初步设计、详细设计各个阶段存在弹性响应分析。

特征 3：基于分析的设计（design by analysis）不可或缺。超大型浮体弹性响应取决于浮体形状、平面形状、刚度分布及海域条件等。在结构设计中，弹性响应分析（水弹性分析）是不可缺少的重要步骤。另外，因其超大型化，其弹性响应分析数值计算量特别庞大。随着各种水弹性分析法和计算功能的提升，超大型浮基设计可以顺利进行。

特征 4：从浮体配置设施功能层面考虑其设计条件相对严格。超大型浮体虽使用了各种陆地设施，但功能条件要求极为严厉。例如，作为海上机场，常规波浪条件下的滑行跑道的曲率、飞机起/降时的疲劳强度，比最大波浪条件下屈服、压屈强度设计条件还要苛刻。

需要解决的关键问题

VLFS 的水弹性响应

在对超大型浮体进行结构设计时，必须知道超大型浮体在波浪中的运动和荷载。传统的海洋结构物（如船舶与海洋平台）运动和载荷的计算方法都是假定结构为刚体，即忽略结构变形对流场的影响。而 VLFS 的最大特点是柔性非常大，它在海洋环境中的弹性响应必须考虑。这一特点使得过去通常将海洋工程结构物的流体与结构响应分开处理的方法不再适用，而必须将两者耦合起来，用 20 世纪 70 年代末期发展起来的水弹性理论（Hydroelasticity Theory）进行分析。

水弹性的概念最早是在 20 世纪 50 年代末期从空气弹性学中引进的，当时定义为：水弹性是考虑到惯性力、水动力和弹性力之间相互影响的一种现象。直到 1979 年，Bishop and Price 提出"船舶水弹性理论"后才受到广泛关注，并且形成了力学的一个新的分支——水弹性力学。

水弹性力学是研究流体（水）与固体相互作用的一门力学学科，它需要考虑惯性力、水动力和弹性力的耦合作用，把水动力学的方程和结构动力学的方程联合起来求解。水弹性力学的核心是考虑各种不同类型力之间的相互耦合作用。不论导致流固系统运动的来源如何，一般而言，作用于结构湿表面上的流体压力将使结构的动力状态发生改变；反过来，结构的运动和变形又使周围流体的压力场、流动及波形发生变化。水弹性力学不仅概括了结构与流体两个领域中各自的全部动力学问题，还必须处理它们之间的耦合问题。因此，它是一个典型的交叉学科问题，远比水动力学和结构力学单方面的问题要复杂得多。

超大型海洋浮式结构物提供了一个非常典型的水弹性力学应用例子。水弹性理论的基本方程从形式上看非常完美，但它的数学求解相当困难，如何高效地求解如此庞大的结构物的响应，无论是对计算数学理论，还是计算机技术都提出了许多需要解决的问题。反过来，这些问题的解决又可以大大推进整个社会科技水平的发展，对其他行业也带来不可估量的好处。这就是为什么 VLFS 一经提出，世界范围内就有很多科学家对这一领域感兴趣。除了有专门的国际学术会议（VLFS）系列，在其他一些每年召开一次的大型国际学术会议上，它也是最热门的方向，而且绝大部分的研究都是围绕着分析 VLFS 在波浪中的水弹性响应，主要关心的问题有数学建模、求解方法、简化方法的开发、载荷长期预报及计算结果的试验验证等。

VLFS 的非均匀海洋环境的激励

常规的海洋工程结构物因所占海洋面积非常小，因此，一般都是假定它们处于一个均匀的随机海洋环境中，因而所有海浪谱均用波高和周期两个参数来描述。而 VLFS 从一端至另一端要跨越数公里，这么长的距离还假定海洋是均匀的，就有可能与实际情况发生很大的差异。因此，需要建立一种新的随位置缓变的海浪谱，作为 VLFS 水弹性响应的激励。这种新谱如何建立，在理论上本身也是一个挑战，尽管已有许多人意识到这一问题，但有关这方面的研究工作还很少。到目前为止，几乎所有 VLFS 在波浪中的水弹性响应均是假定在均匀的海浪条件下的。一旦采用这样的新谱，过去的水弹性基本方程都要重新修改，此时，响应如何计算又是一个全新的数学问题。这种非均匀波浪场对 VLFS 的水弹性响应甚至结构的安全性带来什么样的影响等，都需要重新研究。VLFS 的风载荷也有类似的问题。由于结构的柔性以及环境的不均匀性，VLFS 的响应是非线性的，而且非线性的程度可能较高，除了目前已经研究的二阶力外，三阶、四阶甚至更高阶的力可能对结构的安全性仍有较大的作用，如何计算这些高阶力是一个非常复杂的非线性力学问题。因此，对于 VLFS 这样一种特殊的海洋工程结构物，为了比较精确地求解它在海浪中的动态特性，有一系列理论问题需要解决，对于这些理论问题，包括数值计算问题的研究，可能给学科的发展带来意想不到的好处。

VLFS 连接构件上的载荷

由于 VLFS 的巨大，注定它是一个模块化的结构。模块与模块之间如何连接是一个实际的工程问题，但给定连接方式后如何计算连接构件上的动态响应则是一个很重要的理论问题。对于 VLFS 来说，连接构件将是危及其自身安全性的一个重要因素。因此，精确地计算不同连接方式下的连接构件的动响应是连接构件设计的理论基础。目前，关于连接构件方面的研究较多，连接构件的形式以及刚度对连接构件上的载荷以及整个 VLFS 系统的动响应都有明显的影响，需要加以仔细研究。

VLFS 系泊装置的动力响应计算

VLFS 除了有时需要将其移动外，一般来说，必须相对地固定在某一位置，不能让它随风、浪、流任意漂移。因此，系泊装置在浮体结构设计中也极为重要。常用的系泊装置有打桩系泊及锚链系泊。与连接构件一样，系泊装置的动力响应计算也是设计的理论依据。但它与连接构件又不同，系泊装置通常是由上百根桩柱或锚链组成，在流场中它们是相互干扰的。因此，它是一个大规模的多体水动力学问题，其动态响应的计算是相当困难的。因此，它也是 VLFS 研究中的一个重点。

带有半潜式消波堤的 VLFS 的动态特性分析

最近，人们为了改进厢式 VLFS 的水动力性能，提出了在厢形主体四周设置半潜式消波堤。如何分析带有半潜式消波堤的 VLFS 的动态特性也是非常复杂的水动力学问题，在一般的海洋工程结构物中没有这样的问题。

VLFS 在海啸/孤立波作用下的动响应分析

海啸是由海底的地震引起的，水深越浅海啸波就越高，从而导致浅水中的长周期波，这个波对 VLFS 的运动和系泊力有很大影响。

VLFS 与孤立波的相互作用也需要研究。当水深较小而波高很大的时候，孤立波易破碎。孤立波的破碎在峰与谷处会产生很大的弯矩，这一点在设计中应当考虑。

高强度地震的地域震宽（Geological Fault Width）较大，在设计 VLFS 的抗海啸能力时，除了考虑最大海啸高度外，还必须考虑设计海啸（Design

Tsunami）的地震位置和宽度所产生的不利影响。因为海浪冲击（sea shock）是一非平稳过程，VLFS结构对海浪冲击的响应必须考虑为一个时域问题，这个问题包括对在浅水中由于海底垂向振动引起VLFS上的压力分布的研究。研究表明，在这种情况下，箱型VLFS结构的垂向振动几乎与输入的海底加速度相等，但响应作用在VLFS上的弯矩则较小。

在海啸过程中，由于孤立波引起的系泊力变化也可能很重要。模型试验表明，对于孤立波的弯曲响应和垂向变形，在性质上与风引起的短周期波下的响应是相似的。消波堤可以消除孤立波，从而减少系泊载荷和VLFS的弹性变形。

VLFS动力特性的快速高效的数值计算方法

由于VLFS的巨大，它可能是有数百个模块采用柔性连接拼成。另外，固定或支撑VLFS的桩腿数量也非常多，有时可达上万个。对于这样大规模的水弹性响应计算问题，常规的水弹性响应计算方法是不行的，必须开发快速高效的数值求解方法。一种思路就是将VLFS划分成几个较小的子结构，先进行求解，然后采用某种"自由度凝聚"技术，缩小整体系统的求解规模。

用于计算由大量基本单元组成的半潜式VLFS波浪力的层次相互作用理论（Hierarchical Interaction Theory），可以在线性势流理论的框架内解决多浮体之间的水动力相互作用。用这种方法也可以有效地研究在某个临界波数时的水动力共振的可能性。

如果将波浪场考虑成非均匀的，采用随位置缓变的波浪谱作为VLFS的激励，则对于这种复杂的水弹性响应的求解将对数值计算方法提出更高的挑战。

VLFS动力特性的模型试验技术

任何一个理论的发展都离不开实验的验证。从上面的分析中可以看到，通过对VLFS动力特性的深入研究，可以发展许多新的理论和方法，这些理论和方法当然也需要进行实验验证。实尺度或大比例模型的海上试验固然是最佳的验证手段，但其代价太大，不可能进行很多。因此，在水池中进行小模型试验仍然是主要依靠的对象。由于VLFS结构物庞大，来波波长相对较小、模型比例的选择和相似条件都可能需要重新研究。模型大，要求大的水池和大的造波、造流能力，甚至很大的测力机构，条件不一定允许，或者很不经济；模型小、波浪短、波高小，造波困难，测量精度降低，或者波浪很容易破碎，流体和结构的模拟条件遭到破坏，尺度效应严重。因此，如何设计合适的模型进行试验以验证 VLFS 的分析理论和计算方法，本身就是一门科学，需要进行系统的研究。如果再考虑非均匀海洋环境条件这一特点，则水池实验更加复杂。在造波技术方面，也是一个挑战。

消波堤

浮式防波堤一般由堤体和锚泊设备组成。浮式防波堤的结构形式不同，其应用的消波机理也是不同的。浮式防波堤结构形式的设计主要是基于一种或几种消波机理，诸如反射、摩擦耗能、破碎波、涡旋、共振等。浮式防波堤利用其迎浪断面，使波浪产生反射，产生与入射波相应的相位差以及浮式防波堤沿波浪传播方向的结构长度，使入射波在浮式防波堤上沿路程破碎摩擦消耗部分波能，使得透射波消减以达到减小堤后波高的效果。

形式

现阶段全世界提出的浮式防波堤构型主要可以分类为浮箱式、浮筒式和浮筏式三种

浮箱式浮式防波堤：此种结构形式的浮式防波堤消波机理是利用迎浪面反射入射波，从而消减透射波。通常由钢筋混凝土制成，长方体结构是常见的几何形状，它的宽度通常在 8～12 m（较宽的可以达到 16 m），入水深度在 1.0～4.0 m 左右。试验表明，箱式浮堤消波效果主要取决于浮箱的挡水面

积以及 B/L（堤宽与波长之比）。这从理论上可以解释为，浮堤的入水深度越深，浮体对波浪的反射作用越大，透射系数越小。浮式防波堤的堤宽越大，干扰其附近水体的区域越大，透射系数越小。

浮筒式浮式防波堤：这种浮式防波堤，无论是从材料上，还是消波机理及特点上，都类似于浮箱式结构的浮式防波堤，只是在消波性能上，其吸收波能的能力略强于箱式结构的浮式防波堤，常见的结构形式多为框架结构。

浮筏式浮式防波堤：20世纪60年代末至20世纪70年代初，英、美等国家提出了诸如混凝土十字箱、贮水尼龙袋、空心预应力混凝土梁构成漂浮平面，旧卡车轮胎连成一片等结构形式的浮式防波堤并进行了试验研究。这种浮式防波堤主要是利用浮体部分与水体之间的摩擦作用，使得水面附近的波浪能量散失在这些平面结构上，属于典型的摩擦型浮式防波堤。

锚泊方式

浮式防波堤的锚泊方式有以下几种方式：垂直导桩锚泊、墩式锚碇以及锚链锚泊。由于锚泊方式的不同，其浮体的运动也不同，消波效果也不相同。垂直导桩锚固和墩式锚碇适用于水深较浅的情形（约 10 m 水深以内），要求有适宜的海底土质，能够保证将导桩打到一定的深度并具有足够的横向强度。墩式锚碇和垂直导桩锚泊的浮式防波堤没有横荡和横摇，在波浪下只有垂荡运动，因此，在浮体相同的条件下，其消波性能好于锚链锚泊的方式。此外，垂直导桩还可以避免与浮体连接处产生断裂等情况，可靠性好于锚链锚泊的方式，但其对海底土壤要求较高，且限制了浮体的运动自由度，所以导桩上的力很大，需要质量很高的导桩来保证。

锚链锚泊方式在垂直来浪下主要有横荡、垂荡、横摇三种运动方式，它是最常用的锚泊方式。锚链用重块来完成海底的锚固，也可以使用水下打桩来锚固。锚链可以使用交叉布置和非交叉布置两种布链方式，交叉布置的优点是方便船舶停靠，但是锚链之间会相互摩擦，造成损坏。另外，由于波浪具有不确定性，通常情况下都会选择对称布置的方式。

国外工程进展

虽然对于浮式防波堤的理论和试验研究各国都取得了丰硕的成果，但比较成熟且可以实际应用的浮式防波堤构型还很少。1881 年，英国在 Plymouth 港建造了一个木质浮式防波堤，这被认为是世界上第一个浮式防波堤。二战期间的 1944 年，盟军在离诺曼底海岸 1.6 km 处安放了著名的 Bombardon 浮式防波堤，每一个单元模块的主尺度为长 60 m、宽 7.5 m、高 7.5 m。

荷兰的 FDNEngineering 公司设计了名为 Mega 的浮式防波堤，该防波堤建造在希腊的 Messolonghi 港，主要用作游艇码头。在苏格兰海上某采油平台施工工程中，为了防护架设输送混凝土管道的浮桥不受波浪破坏，用 28 天时间建造了一座浮式防波堤。经使用，这种防波堤能抵御 2 m 高的波浪，通过防波堤的波高减少了约 75%。

加拿大 TIECO 公司为纽约 Cayuga 湖上的游艇码头工程建造的双钢管浮式防波堤兼码头，其设计波高为 1.2 m。该双钢管浮式防波堤包括两个浮式钢管，顶部可以作为码头面，内侧可靠船。竖向钢板用以消减波能，水平钢管可增加浮式防波堤的稳定性。

加拿大 Pearl Sea Products 公司使用的浮式轮胎防波堤位于该公司水产养殖场水域的东南方向。该浮式防波堤的制造工艺是先对每一个轮胎塞入苯乙烯泡沫材料以增加浮力，然后将轮胎交错排列用绑扎材料贯穿于轮胎捆绑成排，再用塑料板条将排与排拴紧连接成为一个整体。

西班牙的造船企业和建筑工程公司合作建造了目前世界上最大的浮箱式防波堤，该浮式防波堤位于摩洛哥拉巴特港，由钢筋混凝土材料制成，长 352 m、宽 28 m，总重量 1.3 万 t，造价为 3.3 亿欧元。

双钢管浮式防波堤

废弃轮胎浮式防波堤

摩洛哥拉巴特港浮式防波堤

浮式防波堤国外工程实例

国内工程进展

国内的浮式防波堤研究较晚,应用于实际工程的实例较少。1962年,南京水利水电科学研究院研制了应用于丹江口水库的浮式导航防波堤。该浮式防波堤分为两段,总长为134 m,钢筋混凝土浮箱宽10 m,型深3 m,吃水1.5 m,设计波高2.2 m。2002年,我国在连云港的棋台山海域40天修建沿海第一浮式防波堤,防波堤长1 000 m。该浮式防波堤的建成为我国建设同类防波堤、多方式开发海洋资源提供了宝贵的经验。安徽巢湖浮式防波堤由38块薄壁高性能混凝土浮体组成,其中标准块体28块,异性块体10块。

中铁五院航务工程勘察设计院围绕国家重点交通战备科研项目——多用途浮箱,设计出多种适合游艇俱乐部建设的浮码头和浮式防波堤结构,达到国内领先水平。

模块连接方式

由于超大型浮体的巨大，注定它不可能是一个没有间断的完整单体，否则中拱或中垂等结构模态会使结构剖面承受十分巨大的载荷。为了减小结构剖面上较高的载荷，需要将浮体分成由若干个基本模块按功能需求以一定的方式连接而成，且允许模块间的某些相对运动。从理论上来说，允许模块间的某些相对运动的确可以减小结构载荷，但如果模块间的相对运动过大，将会使浮体整个结构歪曲和不连续，这就需要对模块的连接方式进行研究。模块与模块之间采用的连接方式可以分为两种，即刚性连接和柔性连接。日本的 Mega-Float 是由若干厢式模块刚性拼接而成的，美国的 MOB 则是由若干个半潜式的模块通过连接器连接而成，其连接形式主要有弹性铰接、桥式连接和动力定位三种连接方式。但可以肯定的是，随着 VLFS 的应用领域不断拓展，其模块型式不断丰富，模块之间的连接形式也必将会呈现多样化。

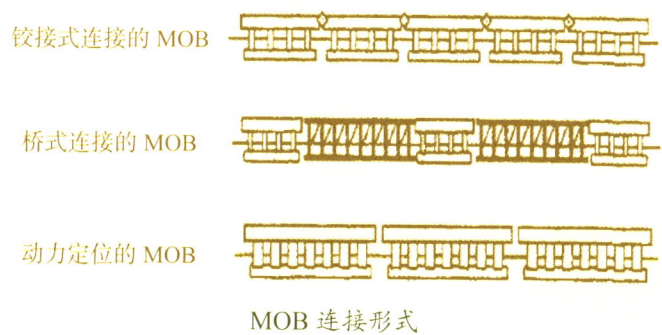

MOB 连接形式

最早的 MOB 概念设计是由 Brown&Root 公司在 1993 年为 DARPA 提出的，整个 MOB 全长 912 m、宽 91 m、深 65 m，由六个半潜式模块组成。首尾分别放置一个推进模块，用以提供动力和保持浮体的稳定性，中间有两个滚装式模块、一个控制模块和一个储货式模块。模块之间有四个连接点，全部采用刚性连接器连接,两个位于水线面下,两个位于水线面上最上层的飞行甲板处。计算结果显示,中间连接器所受的最大横向剪力约为 6.4 万 N,垂向剪力约为 2.7 万 N,横向弯矩约为 9.8 万 MN·m,垂向弯矩约为 5.3 万 MN·m,连接器所承受的载荷十分大。

MOB 刚性连接

在 Brown&RootMOB 概念设计的基础上,McDermott 公司在 1996 年提出了 McMOB 概念设计。McMOB 由五个半潜式模块组成,每个模块长 300 m、宽 152 m、深 67 m;有 8 根立柱,每边各 4 根,直径为 27 m;有两个船型浮箱下体,每边各 1 个,浮箱长 270 m、宽 44 m、深 14 m。每个模块都有推进系统,模块之间通过铰接连接,连接器位于上层厢型结构的首尾,且水线面下没有连接。为了减小连接器所承受的载荷,设计要求允许连接器在 7 级海况下能够脱开。

McMOB 铰接式连接

从上述内容可知，当 MOB 模块采用刚性连接器连接时，连接器所受的载荷将会十分大，在某些海况下，甚至已经超越了目前连接器设计所能承受的范围。在确保浮体甲板连续性的前提下，若模块连接采用柔性连接器连接，则可以通过允许相邻模块之间的某些相对运动从而有效地减小连接器的载荷。载荷的减小可以降低浮体对海况、浪向要求等诸多限制。随着 MOB 的概念设计出现以来，许多种连接器设计的方案也相应出现。由于对 MOB 的功能要求和操作性要求等越来越高，连接器的设计准则必须不断发展，设计方案也必须不断改进。因此，每一种设计方案都比前一种方案要求更高，功能更强大。

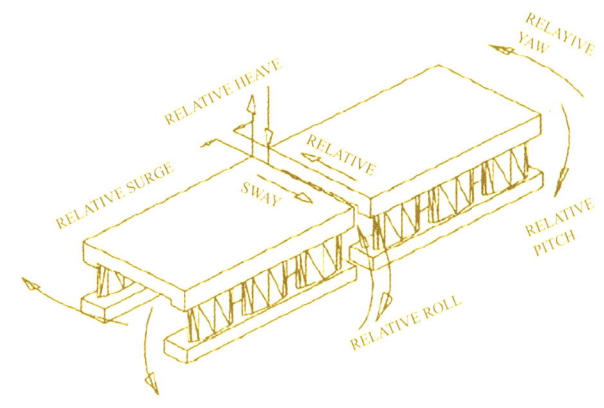

MOB 模块相对运动

简单铰接式连接器（Simple hinge connector）

简单铰接式连接器通常位于模块的左舷和右舷处，采用横向栓式铰接器将模块相连，且允许模块间的相对纵摇。入坞探测器（Docking probe）能够精确地控制相邻模块之间的相对横向距离，从而保证铰接头（Toggle nose）能顺利地插入铰毂（Toggle nose receiver），完成连接过程。这种简单铰接式连接器，设计在 5 级海况下仍然保持连接状态，7 级海况下断开连接。在 7 级海况，浪向角为 75°～85° 的时候，连接器最大纵向载荷高达 8 万～10 万 t，如果浪向角一直保持在 45° 范围内的话，最大纵向载荷则会降至 4 万 t。这种连接器适合于 4 个模块或者少于 4 个模块的浮体，模块数量的减小可以大大地降低连接器的载荷，这样浪向角的限制就能降低很多。

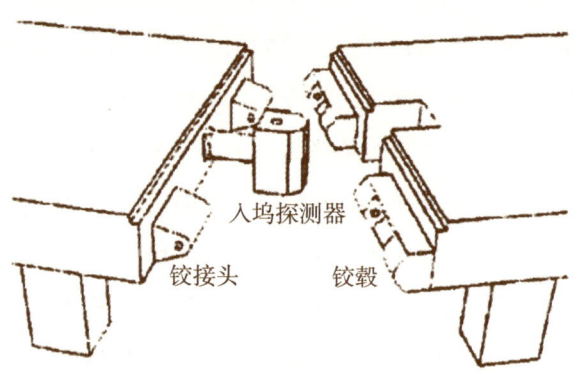

简单铰接式连接器

柔性连接器（The compliant connector）

简单铰接式连接器是采用铰接头和铰毂来实现连接和断开的，柔性连接器把铰接头和铰毂换成两组橡胶锥（Nested rubber cone），一组橡胶锥用以抵抗拉力，另一组橡胶锥用以抵抗压力，把入坞探测器换成中心线球状接头（Centerline ball joint）。柔性连接器能够减小左舷和右舷两侧柔性连接器的载荷，中心线球状接头能够大大减小连接器载荷的动态放大效应，从而有利于减小疲劳损伤，提高疲劳强度，解决了简单铰接式连接器的大部分不足。

实际上，这种入坞探测器的替代器并没有起到很大的作用，设计仍存在一些问题，如在入坞时需要采用更加复杂的控制系统来代替入坞探测器进行定位；需要一种复杂的跑道连接桥系统来承受柔性系统所产生的相对纵摇和横摇。

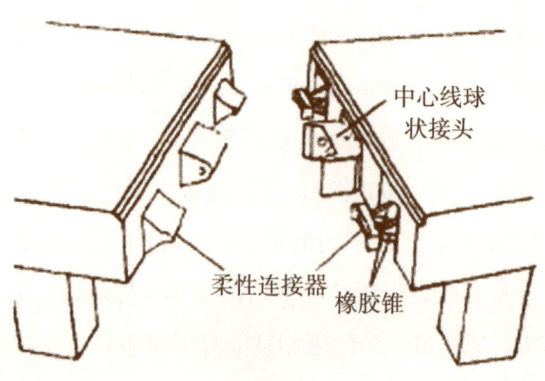

柔性连接器

增强型柔性连接器（The enhanced compliant connector）

上面所描述的柔性连接器和其他连接器，都可以通过以下两个方面来增强：

柔性连接器中一组橡胶锥承受拉力或压力时，另一组橡胶锥则闲置。因此，可以增加一些滑动套（Sliding sleeve），使两组橡胶锥可以同时承受拉力或压力。所以，橡胶锥的防冲击能力可以提高一倍。

在一些情况下，加入机械阻尼装置（Mechanical damping）也可以在一定程度上提高柔性连接器的性能。

改进型柔性连接器系统（Modified compliant connector system）

这种连接器系统把中间的连接器改进为：连接过程时纵向为柔性，连接完成后纵向却为非柔性。把左舷和右舷的连接器改进为只能起到推开模块的作用。改进后的优点有：

（1）能够有效地减小中心线球状接头在连接过程时受到的纵向冲击，使两舷的连接器更加安全可靠。

（2）只有中间连接器有铰接头，不存在多个铰接头之间的配合问题。

（3）在低海况时，左舷和右舷的连接器可以抵抗首摇弯曲；在高海况时，中心线球状接头与左右两舷的连接器能够一起抵抗首摇弯曲。这样，MOB在低海况时能够很坚硬，而在高海况时，柔性更好。

但这种改进后的中间连接器也存在不足之处：

（1）这种连接器更加复杂，因此维修和保养的代价也就很高。

（2）铰毂太大而不能推到舱内维修。

（3）在入坞时，有可能产生垂向和横向冲击，在脱开连接时，垂向、横向和纵向的冲击未能消除。

新型柔性连接器系统（The new compliant connector system）

在吸取了以上几种连接器的优点后，进行改进得到新型柔性连接器系统。新型柔性连接器系统取消了中间的铰接头连接器，改用连接更加紧密的球状连接系统（Ball joint system），左舷和右舷的连接器改用了连接更加紧凑的万向节（Gimbal assembly）。每个浮体的首部中心线处组成一个"摆臂

（Wobble arm）"系统。摆臂系统前端的球状接头被封闭，后端的球状接头与锚轴（Anchor shaft）相连。黑色的三角是扎头（Dog），它能够把两个轴承或者摆环（Wobble ring）夹住。当摆环被拉回时，扎头将会松开，两个轴承脱开连接，连接器就可以方便地推进舱内进行维修。目前，最合理的连接器设计准则可以从"新型柔性连接器"的设计中得到。

从上述连接器的介绍中我们可以知道，合理的连接器系统应该是：浮体连接时或脱开连接状态时都能够消除冲击力；系统在工作海况下能够完成连接并保持连接状态，在任何海况下都能够脱开连接；方便推进舱内维修，工作人员无须在其他船只协助的情况下，就能自行维护和修理连接器。

从简单铰接式连接器改进到新型柔性连接器系统，连接器的设计要求越来越高，结构变得越来越复杂，整个系统的功能也越来越强。这些不同的设计方案都有其自身的特点，但它们都有一个共同的特点：在确保浮体甲板连续性的前提下，通过允许相邻模块之间的某些相对运动，从而有效地减小连接器载荷，这就是柔性连接器的基本设计原则。

海上试验场

海上试验场是公益性科技支撑平台，是我国海洋观测、监测和调查仪器设备研发、海洋科学研究、实现科技兴海，促进高新科技成果转化及海洋可再生能源开发的重要试验平台。海上试验场的建设对我国海洋科技和海洋经济的快速发展将具有明显的促进作用。

海上试验场建成可为海洋科学研究、海上技术装备的研发、测试、评价等提供科学有效的试验环境，并可获取长期连续、要素完备的数据资料。可为海洋调查观测技术装备的现场试验和定标检验、海洋观测监测方法研究、海洋学数学模型检验、水下通信和组网试验、水下传感器网络试验、卫星遥感器在轨现场定标和检验，以及军事海洋学研究等科学活动提供技术服务平台。

国内外试验场技术发展现状

国际方面

国际上，海洋发达国家均建有海洋观测仪器设备海上试验场或观测站，其主要特点是集生物/生态监测保护、科学研究与观测、技术装备试验与测试等多种功能于一身。如美国军民共用的蒙特雷湾海上试验场，曾开展了海洋生物观测站、海底观测网络等技术试验和科学研究工作，为海洋生物保护与相关技术装备产业发展、地球生物化学过程研究和海洋观测技术发展提供了试验场所和大量观测数据支持。加拿大先后建成了小型海底观测网络试验站（Victoria Experimental Network Under the Sea，VENUS）和覆盖 800 km 设备试验场（North East Pacific Time-integrated Undersea Networked Experiments，NEPTUNE），分别于 2006 年和 2009 年开展业务化运行，利用试验网站和试验场的实时在线监测功能，进行了大量关于渔业、海洋哺乳动物的规模和行为的研究，并且有效地克服了深海生物群落研究的诸多限制。此外，欧洲、日本等均建有不同规模用于海洋观测的海上试验场，并开展了大量的科技与装备试验。

国内方面

近年来，我国对海洋观测装备关键技术的研发和相关产业的发展给予了大量支持，但并未达到预期的效果。其中一个重要原因是，海洋仪器装备从概念设计到产品定型及产品化，必须经过大量海上试验与测试，占用大量的科研时间和经费，这影响了国家在关键技术突破和产业培育方面的投入效果。建立功能完备、设施齐全、公益性的海上试验环境是英、美等海洋发达国家用以降低本国海洋技术装备试验成本、推动技术突破和产业发展的有效手段，但此类海上试验环境的建设工作在我国尚属空白，相关测试与评价标准亦未统一且未形成体系。这一情况严重影响了海洋仪器装备和海洋能发电装置从实验室试验走向海上现场实际应用，成为制约我国自主海洋仪器装备产业化发展的重要瓶颈。目前，建设集技术装备试验、方法研究、成果转化、科学观测等多种功能于一身的科学合理、功能齐全、体系完备、资源共享、军民兼用的海上试验场并建立与之配套的标准检验体系，已成为国家海洋科技进步与产业发展的迫切需求，且已在相关各领域内形成了广泛共识。

国家海洋技术中心在国家公益性项目的支持下开展了试验场原型建设及相关技术的研究。另外，浙江大学海洋试验站、中国海军水中兵器靶场试验场、中国科学院海洋研究所近海观测网络系统、中国科学院新安江试验场等单位代表了我国海洋试验技术的发展现状和特点。

国内外现状总结

国外发达国家海洋科学与技术的先进水平，是与重视海洋科学技术观测和试验基地的建设密不可分的。总体来说，目前国外的海洋试验场，都是集科学观测、技术装备试验、方法研究、模式检验等多种功能于一身的综合试验场，包括各种类型的海洋观测站，可进行各种类型的科学观测和装备试验，从而有力地推动了海洋科学技术的发展。其发展趋势是由单一功能向多功能且为大型系统和观测网络提供试验条件发展、向深远海和海底发展。

总的来说，我国标准检验与试验场技术的发展还处于起步阶段，标准检验还未统一且未形成体系，已有的试验场建设规模小、服务领域窄、设备和功能比较单一、场址相对分散、共享程度低，且大部分试验场缺乏业务化运行能力，这些试验场区均为浅海场区，没有深海试验场区，已成为制约我国海洋技术装备研发、海洋科学研究以及海洋科技成果转化的瓶颈问题。建立国家级的海上试验场将会极大程度地解决我国海洋界对海上试验场的急需，填补国内该领域的空白。

目前，我国已经积累了较多的先进海洋观测站和海上试验场建设的资料，在海洋环境综合观测网的建设、管理和运行，海洋水文、气象和大气环境的长期、连续监测、海洋测绘、海洋建模、海洋工程勘察设计、海洋环境影响评价已具备一定的研究基础。国家级海上试验场的建成及运行，可为海洋科学研究、海上技术装备的研发、测试、评价等提供科学有效的试验环境，将对提升我国海洋技术装备和海洋科学研究水平，实现科技兴海战略具有重要意义。

国家战略需求分析

海洋探测技术与装备工程是进行海洋开发、保护海洋、实现可持续发展的基础，建设一个海洋科技先进、海洋经济发达、海洋生态文明、海洋综合国力强大的海洋强国离不开海洋探测与装备工程的大力发展。

保障和促进海洋经济可持续发展

国家海洋大开发需要海洋装备支撑

从环渤海经济圈到长三角、珠三角、北部湾经济区，再到海西经济区，我国沿海地区基本上全部纳入了国家发展战略。海岸带经济需要摆脱重化工的传统发展方式，提高海洋工程科技对海洋经济增长的贡献率。同时，要建立全覆盖、立体化、高精度的海洋综合管控体系，完善海域管理的体制机制，加大海洋执法监察力度，整顿和规范海洋开发利用秩序，这都需要强大的海洋装备作支撑。

拓展深海矿产资源

随着我国进入工业化快速发展阶段，矿产资源的消耗正以惊人的速度增长。我国已经成为世界上最大的矿产进口国，部分有色金属的对外依存度已超过50%。深海大洋蕴藏着丰富的固体矿产资源，包括海底多金属结核、富钴结壳、多金属硫化物、天然气水合物等，部分金属矿产在海底储量是陆地上的几十倍到几千倍，具有很好的商业开发前景。随着陆地资源的日趋减少与科学技术的发展，合理勘探、开发海底矿产资源已成为未来世界经济、政治、军事竞争和实现人类深海采矿梦想的重要内容。

探测深海生物基因资源

在人类极少涉足的深海环境中，蕴含有丰富的生态类群，是无可替代的生物基因资源库，是人类未来最大的天然药物和生物催化剂来源。在陆地生物资源已被比较充分利用的今天，对深海生物及其基因资源的采集和研究将为生物制药、绿色化工、水污染处理、石油采收等生物工程技术的发展提供新的途径与生物材料。当前，欧美发达国家拥有装备精良的深海生物调查设备，获得了大量调查资料，拟提高深海勘探的技术标准来限制其他国家采样。因此，制定代表国家利益、面向国家战略需求的深海生物及其基因资源探测与研究计划，提升我国在海洋权益中的话语权、拓展国家海洋战略发展空间迫在眉睫。

维护海洋权益,保障国家海洋安全

维护海上国家领土主权

我国与周边海上邻国间的海洋划界矛盾突出,岛屿主权争端加剧。我国地理覆盖面积大,海上邻国众多,这些海上邻国大都主张建立200海里专属经济区权利,从而形成部分海域权利主张重叠,海洋划界存在诸多争议。此外,近年来世界沿海各国将目光投向了200海里专属经济区以外的外大陆架,提出外大陆架划界主张,掀起了新一轮"蓝色圈地"运动。目前,澳大利亚新增管辖海域面积250万平方公里,日本、俄罗斯、英国、法国等国已经向联合国大陆架界限委员会提交了200海里以外的外大陆架划界申请案,南海周边国家也正积极准备之中。

保障海洋战略通道安全

海上通道安全是我国海洋安全问题的软肋。目前,通过马六甲海峡的船只接近60%是中国的,并且我国超过70%的石油进口也是从此通过,然而,世界上用于国际航行的主要海峡,都处于传统海洋大国的控制之下。此外,我国向海面临着多条"岛链"的封锁,在第一岛链与第二岛链之间,我国还缺乏海情海况资料,在第二岛链之外,几乎完全空白。为此,发展自主、无人海洋探测平台,获取和利用关键海域和主要海上通道的海洋环境信息,对提高海洋环境保障能力,维护国家安全和促进国家持续稳定发展具有重大战略意义。

提升海上维权执法能力

近年来,国际政治经济形势的发展使我国海洋维权斗争日趋复杂,迫切需要有效的海洋目标探测装备以大力提升海洋维权执法能力。2001年至今,美、日等国不断派出海洋监视船和测量船等多种特种任务船舶,在我国管辖海域布放各种海洋水下环境和声学观测设备,实施大面积综合调查和监视,非法进行海洋环境测量、情报侦察等活动,搜集我国周边海洋环境资料和相关信息。仅2009年,美"鲍迪奇号""萨姆纳号""无瑕号"等监视船到我管辖海域就达800余艘次,我海监船和海监飞机发现并确认的达80余艘次。

国际标准检验与试验场技术发展趋势分析

各海洋国家对海洋开发力度的不断增强,催化了世界范围内海洋仪器装备技术及相关产业的飞速发展,同时使得其对功能完备、设施齐全的海上试验环境的需求也变得越发迫切。当前,国际海洋仪器装备试验场主要体现在以下4个方面:

测试与评价规范标准体系

试验场功能不断完善,并已建立起与之相适应的测试与评价规范标准体系,各海洋发达国家的海洋仪器装备试验场,已由过去为单一设备或少数设备性能提供试验环境,逐步发展为集新技术试验与比测、产品定型测试、观测网业务准入等多种功能于一体的综合试验场。同时,建立起与各功能相适应的测试与评价规范标准体系,从而实现了国家对技术发展方向的把握和对相关产业的培育与规范。

试验平台日趋专业化、体系化

作为试验场功能实现的硬件基础,试验平台的结构和功能也日趋专业化和体系化。除传统的固定桩基式试验平台之外,广泛使用了更为专业的具备水上与水下多设备搭载、设备电力供应、数据存储与传输等多种功能的移动式平台,大型移动式平台大多具备吊装功能,且各平台功能互补,形成体系,从而更好地支撑了试验场各项功能。另一方面,通过不断优化平台结构和提升控制技术水平,使平台的可靠性明显增强,使得对搭载设备的维护更为便捷,从而大大降低仪器的试验成本。

试验场海域"透明场"建设更具针对性

试验场海域"透明场"建设为入场测试的仪器装备比测和性能分析提供了标准的海洋环境背景场。作为试验场功能实现的软环境基础,"透明场"建设在要素种类、要素精度、实现手段等方面的水平随着测试与评价需求增长得到了不断的提升,较之以前的不成系统的单一观测更具针对性,且逐步实现了业务化运行。

数据管理柔性化，数据应用可扩展化

随着基础理论和传感技术的不断突破和发展，新的海洋传感器和海洋观测仪器不断涌现，试验场数据管理系统面对的数据源越来越多，数据类型、数据格式各不相同。此外，运行过程中面临着仪器设备频繁的增减、配置的改变，传统的数据管理系统无法适应试验场的灵活性需求。美国的MARS和加拿大的VENUS海底观测试验系统分别开发了柔性化的SSDS（Shore Side Data System）和DMAS（Data Managementand Archiving System）系统，当观测仪器设备的数量、数据类型或数据格式有变化时，仅需修改配置文件，就能实现数据的自动处理，大幅节省开展试验的人力和时间成本。

国际化海上试验场区建设总体构想

建设原则

根据GB/T 13016-2009《标准体系表编制原则和要求》，试验场标准体系框架的构建主要应考虑以下原则：

（1）完整性：根据对行业实际需求的调研，协调各相关技术领域，对规划、制造、测试、检测、工程等过程进行综合分析，力求形成门类齐全、系统、成套的标准体系框架，突出试验场业务工作特点和需求。

（2）协调性：充分考虑管理制度和标准体系的适用范围，划分管理制度和标准体系的类目，避免重复。重点考虑试验场建设及运行后涉及的各个环节的协调配合关系，协调和统一有关技术问题，确保具有互操作性。

（3）可扩展性：试验场标准体系应该是一个开放的体系，能够充分考虑试验场运行后的业务范围和行业技术发展趋势，能够及时更新、扩展，适应功能需求。

体系结构

波浪能和潮流能试验场标准体系框架的搭建考虑了两个方案。一是按照波浪能、潮流能两种不同类型的能源种类来搭建,这种体系框架有利于指导不同的技术工作。但在试验场中涉及的很多测试、评估工作过程是类似的,就会造成体系框架的大量内容交叉重复。二是按照试验场在建设及开展工作过程中涉及的设计、工程、基础设施、测试、管理、维护等工作内容来设计,这种体系框架的结构相对更为合理。试验场标准体系框架如下图所示。

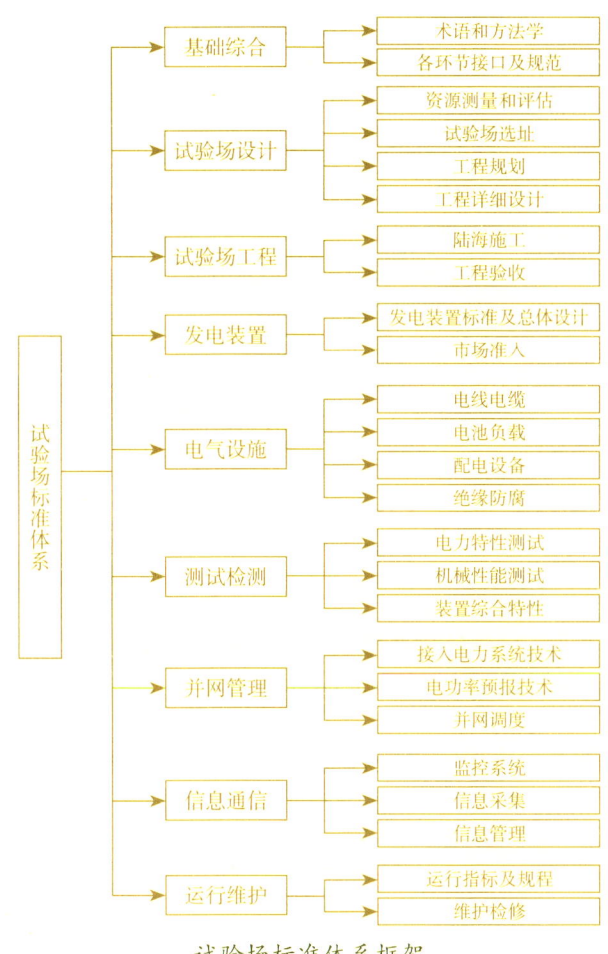

试验场标准体系框架

基础综合标准是试验场建设、运行的基础性和通用性标准，包括术语和方法学、各环节接口规范两个二级类目。试验场设计标准包括资源测量和评估、试验场选址、工程规划、工程投资、工程设计5个二级类目，用于指导试验场建设的前期工作。试验场工程标准是指导试验场建设期间的施工工作的标准，包括陆海工程和工程验收两个二级类目。发电装置标准是指发电装置通用设计和认证方面的相关标准，包括发电装置通用技术和市场准入两个二级类目。电气设施标准是为统一试验场陆上和海上场区电气设备、设施，规范发电装置电气系统设计所需的标准，包括电线电缆、电池负载、配电设备和绝缘防腐4个二级类目。测试检测标准是试验场对波浪能和潮流能发电装置在研发过程中开展实海况测试所需的标准，是试验场业务工作的核心，包括电力特性测试、机械性能评价和装置级综合特性3个二级类目。并网管理标准是为确保试验场接入电网安全而制定的相关标准，包括接入电力系统技术、电功率预报技术和并网调度3个二级类目。信息通信标准是试验场所采用的监控、信息处理设备、通信系统和数据管理等方面的标准，包括监控系统、信息采集和信息管理3个二级类目。运行维护标准是为确保试验场正常、安全、有效运行和获得良好效益而制定的标准，包括运行指标、运行规程、安全规程和维护检修4个二级类目。

海上试验场构成

海上试验场分成浅海和深海2个功能试验场区，其中，浅海试验场区主要针对以水文气象、生态环境要素为主的浅海海洋仪器设备和模型进行设计，其系统构成如下图所示。深海试验场区主要针对以海洋地质、地球物理和大洋调查为主的深海仪器设备和模型进行设计。浅/深海试验场区均由海上试验场区、通信与监控系统、海洋环境数据库、岸基支持系统4部分构成。

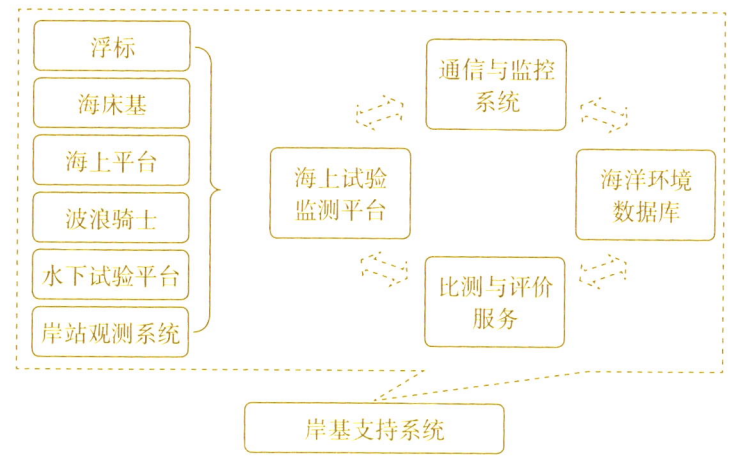

浅海试验场区系统构成图

海上试验场区

依据海上试验场区的功能需求,建立适合开展各种试验的观测监测平台。观测监测平台主要包括:飞机、船舶、岸基站、观测塔、浮标、潜标、码头、浮码头、水下坐底平台、地波雷达等。此外,在海上试验场建设之初及以后的运行过程中,将定期开展以船舶、卫星及航空遥感为手段的调查工作,结合定点连续监测平台获取的数据,不断丰富、动态更新以及精细化海上试验场数据库信息。

根据观测监测的需要,在上述平台上搭载各类传感器及仪器设备,使其具备水文气象、生态环境、海洋测绘、海洋地质、地球物理以及大洋调查等参数的观测监测能力。

水文气象参数包括:气温、气压、湿度、能见度、海气通量、潮汐、潮流、风、波浪、海流、水温、盐度、密度等。

海洋测绘参数包括:海洋大地、海底地形、海底地质、声场、地磁场等。

海洋生态环境参数包括:溶解氧、pH、氧化还原电位、COD、BOD、重金属、持久性有机污染物、石油类、营养盐、叶绿素、浊度、水色、藻类等。

此外,海上试验场还兼顾海平面、海啸、声学、光学等参数的观测。

通信与监控

通信与监控系统将实现不同观测监测平台的数据传输,从而形成从前端观测监测平台到场区监控中心,再到海上试验场总监控中心的一整套通信与监控网络体系,主要包括:卫星通信、手机无线网络通信、有缆通信、水下声通信节点、水下供电节点、中继站、接口、计算机数据处理和显示设备等,具备实时监控功能。

海洋环境数据库

以资源共享、动态更新、服务社会为原则,充分利用历史数据和其他信息来源,利用两个海区的选址调查和实时观测监测数据,形成海洋环境数据库;与海洋观测体系相结合,克服目前连续和同步观测数据的不足。海洋环境数据库包括水文气象、生态环境、海底地形、声学、地磁、遥感等信息,以及试验场区海洋数据,并实现实时的动态管理,根据各监测观测平台的最新监测数据,对此数据库进行实时更新、补充和完善,使试验场区成为一片"透明的海洋"。

岸基支持系统

充分利用国家海洋局、海军及相关部门的设备、人力和后勤保障资源。建立必要的组织机构,实现分级管理,制定海上试验场运行管理办法,建立运行管理与保障系统,为海上试验场的运行提供通信、能源、设施、维护等技术保障。

浅海试验场原型建设设想

基础设施改造

充分利用已有的岸基站、大浮标平台、海上平台、码头等资源条件,根据海上试验场的总体设计方案和浅海试验场技术方案,对其进行必要的改造,使其在保持原有功能的基础上满足海上试验场的需求,避免重复建设。

建立定点连续监测平台

按照海上试验场的总体设计方案和浅海试验场技术方案，依据所掌握的海上试验场的基础数据，优化设计布局岸基站、浮标、海床基等观测监测平台的分布及测量参数，通过网络建设实现各观测监测平台信息的实时获取，建立海洋环境数据库。

建立海洋仪器设备比测试验平台

建立可搭载各种试验仪器的试验平台，提供良好的检验、考核及比测条件，为试验仪器设备提供现场工作、供电、通信等技术保障。同时，可提供基础和比测数据。建立海洋地球物理和工程地质调查测试靶区，通过安放人工目标物等手段，为地球物理调查设备和原位测试设备提供标准试验场，用以对同类海洋调查设备的精度、准确度等参数进行比较评价。

潮流能、波浪能海上试验与测试场

必要性

海洋可再生能源的开发利用是一把"双刃剑"，能量密度越高，发电装置获得的能量越多，但同时对发电装置的破坏也越大。因此，一项海洋可再生能源开发利用技术的成熟应用，需要经过大量的实验室模拟试验和海上现场试验，需要在不断的试验中逐步完善。海上试验作为海洋可再生能源装置从工程样机走向规模化应用的关键环节，对于提高装置转换效率、环境适应性和可靠性、实现技术实用化，具有十分重要的意义。但是，在发电装置进行海上试验的前期，需要对试验海域的海洋能资源状况、水文气象环境以及海底底质等进行较长时间的调查，并开展装置海底基础建设、海底电缆铺设等多项海上工程，这将耗费大量的人力物力，大大增加发电装置海上试验的成本和周期。因此，建设一个公共的海上试验与测试场是解决这一问题的最有效途径。

借鉴国外潮流能、波浪能开发利用技术发展的成功经验，除了政府政策激励、大量资金投入外，一个关键因素就是建立海上试验与测试场，以此推动海洋能技术的发展。当前，我国潮流能、波浪能开发利用技术步入实海况试验阶段，大量的应用技术有待接受海上现场试验的考验。因此，无论从推动技术应用的产业化发展，还是从成果转化与运行的规范化管理来说，均需得到权威的第三方试验、测试与评价，迫切需要建设一个公益性的国家海洋可再生能源开发利用技术试验与测试平台。

建设进展及现状

海洋可再生能源开发利用处于领先的国家已开展了大量的海洋可再生能源装置的测试与评价研究，相继建立了国家、区域性的公益性海上试验与测试场，为世界各国、各相关研发部门提供试验、测试、评估、咨询等各项技术服务，从而指导并促进海洋可再生能源产业的发展。据不完全统计，仅欧洲就建有波浪能、潮流能海上试验场11个，其中波浪能海上试验场8个、潮流能海上试验场3个。

目前，世界上最先进、最成熟的海上试验与测试场当属英国的欧洲海洋能源中心（EMEC）。在欧盟委员会、英国以及苏格兰政府大力发展可再生能源的政策指引下，EMEC以成为国际知名的权威性海洋能转换装置测试及认证中心为核心发展目标，为海洋可再生能源的研发机构提供一系列的测试与认证服务，包括提供与国家电网连接的主要测试设施，远程实时数据监控与分析，检测与性能评价流程的校验以及在设备检验批准过程中所需的全部指导和协助等。

EMEC拥有位于奥克尼群岛西南部Billia Croo的波浪能海上试验场以及位于北部Eday岛Fallof Warness水道的潮流能海上试验场。试验场自1999年立项，到2003初步建成，仅政府投资的经费就达1 800万英镑，在2009年又获得了苏格兰能源与气候变化部（DECC）提供的800万英镑的支持，进一步完善配套设施。自2003年建成后运行至今，先后有PWP公司的Pelamis、AWEnergy公司的Waveroller、Aquamarine公司的Oyster以及OPT公司的

Powerbuoy 等波浪能装置和 OpenHydro 公司的 Openhydro、挪威的 E-Tide 等潮流能装置，先后在该试验场进行了实海况并网试验。

此外，爱尔兰海洋研究院（MI）和爱尔兰国立科克大学水动力和海事研究中心（HMRC）联合在戈尔韦湾建立了大比例样机的测试基地，主要针对波浪能装置进行测试，最大可支持到 1/3 模型比例的实海况试验。丹麦于 1997 年启动了国家波浪能源计划，目前已在日德兰半岛西北部的 Nissum Bredning 建立测试中心，主要为装置模型的制造和改进提供室内和现场测试环境。美国俄勒冈州立大学自 1998 年起着手进行波浪能的开发计划，并结合波浪能装置的设计，在俄勒冈以外的海域建立用于波浪能测试的试验站。

我国在 2010 年海洋可再生能源专项资金的资助下，由国家海洋技术中心牵头，联合中国海洋大学等国内高校、勘察院、工程公司共 5 家单位共同开展了潮流能、波浪能海上试验与测试场的选址论证和初步工程设计工作。

主要技术问题

为促进我国潮流能、波浪能海上试验与测试场建设的有效开展，根据我们对国际先进的海上试验场研究分析，我国潮流能、波浪能海上试验与测试场建设需重点考虑海洋环境、测试设备及方法研究 3 个技术问题。

（1）潮流能、波浪能装置海上试验与测试条件：潮流能、波浪能发电装置进行海上试验的前提条件是所使用的海域在符合国家相关政策规定的前提下，物理环境满足装置运行的最低能量密度需求，这也决定着试验场在不同空间、不同能种上的合理布局。

海上试验与测试场的物理条件决定着试验场地的选择，首先应进行备选试验海域的资源调查与评估，确保潮流、波浪基本要素满足发电装置正常启动与运行的环境要求，同时发电装置能经受住场地地形、潮流、波浪等环境条件的不利影响，例如，海流具有随季节迁移的特性，因此，场地选择时应该考虑海域划定范围内海流在重新定位时潜在能力足以满足长期发电试验与测试要求，同时也应考虑潮流分层现象。

陆上与海上施工条件是试验场建设应考虑的另一重要条件。陆上与海上工程涉及交通、道路、设施、通信、并网、海上平台、海底电缆等多方内容，因此，施工的难易程度、成本代价以及对周围生态和人文社会环境的影响均应予以考虑。

（2）潮流能、波浪能海上测试设备：潮流能、波浪能海上测试设备是为潮流能、波浪能发电装置效率进行评价的基础手段，其测量准确度和长期有效运行决定着试验场的有效生命周期。

测试设备主要包括环境测量设备、功率测量装置和状态监测设备。环境测量设备主要用于测量发电装置试验泊位的海流（或波浪）、温度、盐度等环境参数，为能量转换效率的测试评价提供准确的环境测量数据。功率测量装置主要用于测量发电装置产生的电压或电流以测定实时功率值，该装置应尽可能靠近与电力网络连接点，以保证测定的有效净输出功率提供到电力网络。状态监测设备主要用于连续不断或经常性地测量发电装置运行参数，用以判断发电装置的利用率。

（3）试验与测试评价方法、评定标准：海上试验与测试评价方法、评定标准的制定是试验场建设的核心目标，这将为我国海洋可再生能源产业准入制度的建立提供有利的技术支撑与服务。

测试与评价内容包括实海况转换效率、环境适应性、可靠性及并网发电等。对潮流能、波浪能两类能种装置的实海况转换效率的测试与评价，首先需要确定两种能量的实际海况理论计算方法。然而，每一类装置中的发电原理、结构设计和发电特性均具有多样性，因此，理论能量输入功率的计算方法也各不相同。环境适应性与可靠性是评定发电装置设计成功与否的重要标准，是促进技术发展与产业化进程的有力保障，评价方法应依种类的不同而具有针对性。并网发电是发电装置实现商业化的重要标志。测试的基础是发电装置单机与电站整体的电气数学模型，同时，还要针对发电装置供电间歇性强、电压与频率波动性明显等诸多问题提出合理的测试方法与评定标准。

试验场架构设计

需求分析

波浪能和潮流能发电装置的高效运行不仅取决于装置的能量转换效率，而且敏感地依赖于海上选址。海上选址作为开发波浪和潮流能发电装置的必经阶段和重要环节，越来越受到人们的重视。试验场选址的影响因素较多，且各影响因素相互间的关系较为复杂。总的来说，主要影响选址的因素有5个：海况条件、陆路交通、施工条件、水上浮运和环境影响。

波浪能与潮流能装置朝着模块化、高效化、离岸化发展趋势。特别是离岸化的发展趋势，使海上发电控制、变电和输电等电气系统的要求越来越高。因此，针对离岸化的趋势，建设一个海上平台，作为试验场的物理载体，大大方便了发电装置的测试，满足离岸装置的试验需求。

试验场不能完全等同发电站（厂）。发电站（厂）需要稳定持续运行，偏向商业化；而试验场针对发电装置进行试验，偏向科学研究，只在装置试验时才处于运行状态。因此，试验场的设计需要考虑启动和停止状态切换的灵活性。

试验场整体结构

与海上风电场的电气系统结构相似，波浪能和潮流能试验场的电气系统主要由发电、变电、输电和用电组成。海上风电场单机容量一般都在 5 MW 以上，由几十至上百台共同组成，已经实现规模化、商用化。为节省成本、提高输送效率，需要在海上设置一个集电系统，汇流每台机组的电能，再一起输向陆上。而试验场以试验和测试为主，在现今技术阶段，主要对发电装置单机性能进行测试。因此，结合现今发电装置的实际情况，为满足试验和测试需求，试验场需要进行单机电能的输送，单机输出的电能直接传输到海上平台的变电装置，不需要集电系统。

下图所示为试验场的各模块及其主要作用。试验装置测试区为起点，经过海洋平台，通过输电系统送向岸上变电站。试验装置工作区为试验装置发电运行的海区，该海区通过海底电缆与海上平台的变电站相连接。海洋平台接收并处理发电装置从试验区输送的电能。

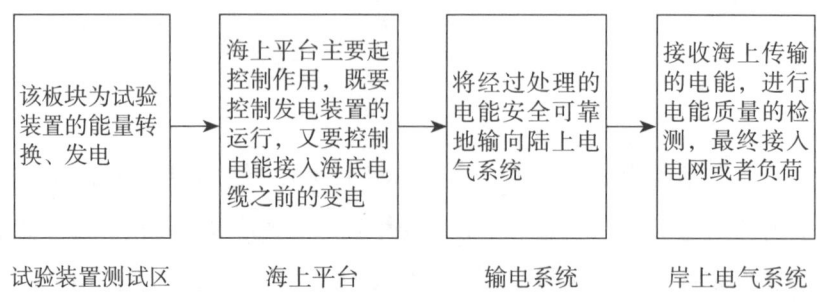

试验场模块解析

试验点个数的设计应根据具体的试验要求，兼顾海区的海况进行选择。为了排除试验装置在试验过程中的相互干扰，以及在恶劣天气下防止装置出现意外脱落，撞击到其他试验点的测试装置的情况，根据 EMEC 试验场的建设经验，试验点之间的直线距离设置为大于 500 M。

海上平台

海上平台属于发电系统的海洋结构部分，既是支撑发电控制设备、变电设备、辅助设备的载体，也是试验和测试时的工作场地。

（1）平台功能：是人员和设备进行必要操作时的辅助搭载平台。设计时首先应该满足其主要功能和辅助功能。

（2）安装维护：载体的选型和设计应该充分考虑发电系统维护和安装操作的方便性，减少电站系统海上安装以及后期管理和维护所发生的成本费用。

（3）海洋环境适应性：应能适应恶劣海况安全生存，而且应该尽量减小对流场的干扰，从而减小对自身水轮发电机组和其他水轮发电机组的影响。海上平台是整个试验场的核心部分。试验场的主要功能是试验和测试，大多数测试都将在海上平台上进行。平台造价和水深一般成平方级增长，水太深会大大增加费用。同时，离岸过远，施工费用及难度也成倍增加。所以，需要通过研究取一个优化值，初步建议水深 30 m，离岸不超过 2 km。

数值水池

概述

数值水池是运用计算流体力学(CFD)、高性能计算机等软/硬件工具,对船舶与海洋工程的流体动力性能进行数值模拟(含预报与优化)的技术。其数值模拟的效果就如同在物理水池中进行的模型试验,故称数值水池。数值水池技术由船舶与海洋工程平台外形几何学、CFD、软件工程学、图形图像学、数据库、信息网络、高性能计算机等技术融合而成,是当代高技术的集成。

数值水池的建设已成为当前世界造船大国和造船强国水动力学技术发展的重大目标和方向之一。数值水池的重要基础是 CFD 技术,即应用 CFD 方法进行船舶流动数值模拟,实现船舶水动力学性能的数值计算与预报。

数值水池船舶阻力与螺旋桨敞水性能计算发展较早,数值计算结果已达到较高的精度。数值水池自航试验研究需实现螺旋桨与船体的整体求解,目前,船/桨整体求解对螺旋桨的处理大多采用力场模拟方法、触动盘模型和周向平均的混合面方法。

数值水池的组成部分

数学模型及软件系统

数学模型是数值水池的核心部分,针对水槽和水池的不同要求,它可能是垂直二维、水平二维或是三维的。数学模型包括基本方程和适定的初、边值条件。基本的方程可以是 NS 方程、RANS 方程、Boussinesq 方程或 Laplace 方程等,数学模型要用有效的方法离散基本方程。常用的数值方法有有限差分法、有限元法、边界元法、有限体积法等,计算域离散的网格有结构网格和非结构网格。建立一个数值波浪水槽或是水池，最基本的要求是选择正确描述物理问题的数学模型及与之相适的数值方法，数学模型要满足数学上的要求，数值方法还要求精度高、数值耗散及数值色散小，计算速度快。

数值造波系统

数值造波系统能否在预定位置造出预定波浪要素或波谱是数值水池成败的关键问题之一。目前，造波方法大致可以分为：① 给定入射边界上波面或流速；② 推板式或摇板式造波；③ 源项造波法。

无反射开边界系统

无论是物理模型实验水池，还是数值实验水池，其试验或计算范围都是一定的，开边界部分都要求是无反射的。类似在物理水池周边放置消波材料，数值波浪中的开边界要实现无反射条件。线性波可用其辐射来实现无反射，而非线性波的辐射条件尚不成熟。无反射边界条件需要进一步的研究，目前大多用数值的方法进行处理。

前后处理系统

前处理是指在计算域中生成边界、结构物形状等，并输入初始条件和有关参数。良好的数值水池应具有完善的前处理系统和友好的人机交互界面。后处理主要是按照用户的要求提取需要的数值模拟结果，并将大量数值用各种图形表示或是动画演示出来。

图形显示系统

数值模拟的结果是表格形式输出的，是在空间网格节点上输出数据的时间序列，用户很难直观理解。所以，要直观的输出结果，图形显示可以是某一个参数的等值线，或是三维的动态图像。目前利用计算机图像显示技术，针对波浪与结构物相互作用变化大的特点，选用适合的工具建立图形显示软件是数值波浪水槽的重要组成部分。绘图数值采集步长往往不同于网格节点上的步长和时间步长。

数值水池的优势

与常规的物理水池模型试验相比，数值水池技术具有如下突出优势：① 反应快。如获得一条船体阻力曲线，数值模拟耗时仅需几小时，而物理水池的模型试验周期（含模型设计制作、试验前准备工作和模型试验等）则需两个月。② 成本低。在上述"①"的条件下，数值模拟费用最多仅需几百元，而物理水池的模型试验费用则高达几万元。③ 获取信息多。一次数值模拟就可同时获得物面作用力合力、物面作用力分布、流场速度分布等，而物理水池的模型试验则做不到。④ 精细化程度高。数值模拟中作用力和速度的计算可以精细化到"点"，而物理水池的模型试验一般只能测出宏观量，测量不能精细化到"点"。应用数值水池技术可以大量减少模型试验的次数，显著增强快速反应能力，最大限度地降低研究设计成本，大幅提高设计质量，这必将引领船舶与海洋工程研究设计的跨越式发展。因此，数值水池技术是一种又好又快的先进技术，在船舶与海洋工程设计、新型船舶与海洋工程开发以及绿色船舶与海洋工程创新中有着广泛的应用前景。

数值水池的内涵

在长期的 CFD 技术及应用研究的基础上，针对新形势下船舶水动力性能评估、设计的需求，依托国家和省级科研项目，中国船舶科学研究中心的研究团队创造性地阐述了数值水池的内涵与特征，概括地讲就是"一点定位、两个本质、三大特征"。

定位：数值水池是应用型技术，追求的是做一类确定性（经属性细分、知识封装）的事情，强调可靠性。而 CFD 技术属于研究型技术，通过对一件不确定（对象、模型、设置）事情的研究/探究，追求/寻找新发展、新方法。

数值水池具有两大本质：

一是虚拟试验：通过对对象与环境的建模，提供精细水动力学信息虚拟"测试"；为保证"测试"可靠性和重复性，开展 CFD 应用技术的专门研究，在此基础上，经过属性细分、知识封装，形成虚拟试验的"测试"能力；

二是服务新模式：借助 E 技术和云技术等新兴技术，高效能地响应客户需求，并提供经验证的精细水动力学信息和沉浸式体验，利于将评估和设计流程融合，促进船型创新。

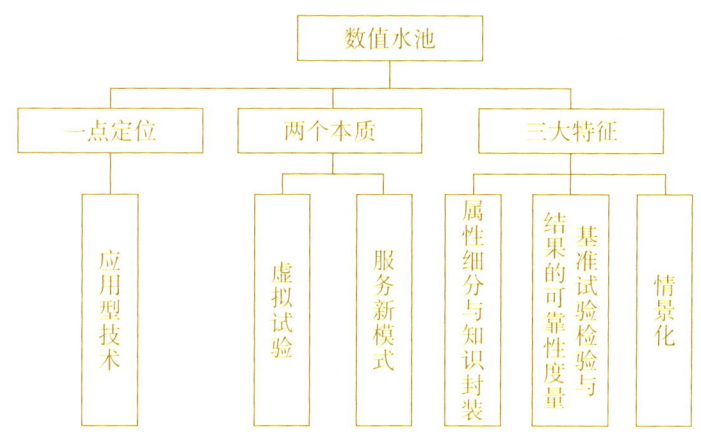

数值水池的内涵与技术特征

数值水池三大技术特征之一：属性细分与知识封装。数值水池的核心内容是 CFD 技术，在对 CFD 技术的应用研究基础上，对船型、试验条件以及试验类别等属性进行细分，从而形成对一些经过验证的、成熟可靠的 CFD 应用技术专家知识进行封装，面对用户，最大限度地固化 CFD 应用条件。属性细分与知识封装的目的，一方面是固化 CFD 专家的应用知识，避免人为的因素而影响最终的船舶性能预报，另一方面是快速的性能预报及船型优化，封装之后，可大大缩短建模时间和 CFD 应用条件的选择判断时间，实现快速响应。

数值水池三大技术特征之二：基准试验检验与结果的可靠性度量。数值水池技术的研发是一项离不开物理水池试验实践支撑的基础共性技术，需同物理水池试验一样,提供稳定可靠的虚拟试验结果,因此,必须建立可靠性度量评估方法,让客户在虚拟试验之前就能知道数值水池试验项目的量化精度指标,满足用户的核心需求,增添用户对数值水池的使用信心。

数值水池三大技术特征之三:情景化。数值水池原理上可以给出水动力学的"全"物理信息,并且可以做到时空高精细度,在时空场域内,捕捉自己感兴趣的信息。因此,情景化的目的就是让客户获得沉浸式体验,促进物理发现和构型创新,同时能够提供远程服务,满足客户随时随地实施虚拟试验的愿望。

综上所述,数值水池是依托 CFD 应用技术、比拟物理水池而提出的全新概念图像。它是以"知识封装、可靠性、情景化"为主要技术特征,借助高通网络通信为客户提供虚拟试验服务的应用型技术。

建设意义

数值水池技术对我国船舶工业科技具有十分重要的意义:① 将给我国船舶与海洋工程设计的模式、水平和效率带来革命性的变化,如同当年信息高速公路的出现那样,"设计高速公路"将会应运而生;② 将推进我国新型船舶与海洋工程的开发,成为名副其实的创新发动机;③ 将给我国船舶与海洋工程的"绿色化"注入催化剂,引领我国船舶与海洋工程绿色化的发展方向;④ 将大幅提升我国船舶性能数值试验水池。

国外先进造船国家都在大力发展数值水池技术,典型的如美国研究推出的虚拟试验技术,欧盟研发的虚拟数值水池技术(VIRTUE)。国内关于数值水池尚未进行过系统的研究,只有零散的实践,主要还是在商业软件的平台上进行船舶与海洋工程的 CFD 计算,而自编专用软件几乎没有。这与先进造船国家相比,存在相当大的差距。为了进一步提高我国船舶与海洋工程的研究设计水平,增强新型船舶与海洋工程的研究开发能力,推进绿色船舶与海洋工程技术的发展,研发具有自主知识产权、达到国际先进水平的数值水池技术十分必要。

数值水池与 CFD 的差异分析

通过前面对数值水池概念内涵与技术特征的阐述可知,数值水池不等于 CFD!那么,数值水池与 CFD 的差异到底表现在哪些方面呢?总体上看,二者的差异主要表现在以下几个方面:

内涵本质不同

CFD 是利用计算机和数值方法对流体力学物理现象进行数值模拟与分析的一门学科,它综合了计算数学、计算机科学、流体力学、科学可视化等多种学科。而数值水池的本质是为用户提供虚拟试验服务的应用型技术。从内涵本质看,CFD 是一门学科,而数值水池是一项应用型技术,二者显然是不同的。

目标定位不同

根据内涵本质,CFD 的定位是研究,一般针对特定问题,通常包括研究对象的抽象/简化、数学模型的建立、求解器参数的设置调试等。因此,CFD 注重的是解决特定问题(的能力),更多追求新发展,类似于"单件试制式"。

数值水池的定位是应用,即通过"属性细分",基于"知识封装",针对一类问题开展虚拟试验。在此过程中,所有的参数设置等皆应固化,至少不应有较多的变动;流程也应固化并自动化,尽可能避免人工干预。因此,数值水池要求对"属性细分"后的一类问题是稳定的、鲁棒的,类似于"批量生产线式"。

面向的对象不同

既然 CFD 的定位是研究,那么其面向的对象通常是学者、研究人员等船舶水动力学 CFD "专家"类的人员。这类人员通常理论基础扎实并具有较为丰富的实践经验,对于某类特定的流动问题有着深刻的理解,在具体算法等方面也有较为深入的研究,并且对使用的计算软件或程序代码的了解程度较高(有的甚至就是软件或程序的开发者)。

数值水池定位于应用，其面向的对象应该是船舶设计开发等相关工程技术人员。我们不能奢望这类人员都是水动力学 CFD "专家"，但他们在设计开发过程中，对船舶数值水池虚拟试验及相关水动力学信息有着强烈的工程实际需求。因此，数值水池应该将船舶水动力学 CFD 专家的"知识"进行封装后，供相关工程技术人员使用。

可靠性要求不同

这里的可靠性有两层含义：一是软件、系统或集成平台本身的稳定性和鲁棒性，二是 CFD 计算或虚拟试验结果的可靠性和可信度。

定位于研究的 CFD，既然追求新方法、新发现和新发展，不可避免地要在可靠性方面做一些牺牲。当然，这些可靠性方面的牺牲，对于船舶水动力学 CFD 专家来说，通常是能够处理的，也是能够接受的。

面向工程应用的数值水池，要求能稳定、可靠地做一类事，更加强调可靠性。对于使用数值水池开展虚拟试验的工程技术人员来说，数值水池本身的鲁棒性和虚拟试验结果的可信度都非常重要，二者缺一不可。

时效性要求不同

作为 CFD 研究，对其时效性的要求通常不是很急迫。在高度竞争的船舶工业领域，对于面向实际工程应用的数值水池，激烈的市场竞争对时效性提出了很高的要求，需要能够在较短的时间内高效能地响应用户或客户的需求。

数值水池研发中的关键技术

作为向用户提供虚拟试验服务的应用型技术，数值水池的关键技术包括：专家知识的提炼/封装、虚拟试验功能模块建模、复杂软硬件系统/平台设计与构建、试验环境/过程/结果的虚拟现实、网络与云计算应用、可信度评估/大子样应用验证等。

专家知识的提炼/封装

数值水池定位于"批量生产线"式的应用，其面向的对象是船舶设计开发相关工程技术人员，强调工程实用的可靠性。因此，数值水池虚拟试验的流程应是尽量固化的，且简单、易操作，这就需要进行专家知识的提炼与封装。

所谓专家知识，指的是那些理论基础扎实、实践经验丰富的科技人员（专家），对于某类特定的流动问题的理解较为深刻，对所使用的数值计算软件或程序的了解程度较高，在具体的算法、差分格式等方面也有较为深入的研究，同时在长期的研究实践中也积累了丰富的经验，因而在几何建模、网格生成、计算模型与差分格式选取、计算参数设置乃至计算结果处理等各方面，都有着独到的、相对固定的方法或体系。虚拟试验技术系统的"知识封装"，封装的就是这些方法或体系。

由于在船舶水动力数值的计算中，影响结果的因素较多，且有些因素的影响还是交叉耦合的。这就意味着"专家知识"显得比较"杂乱"，需要在大量实践经验的基础上，进行梳理、凝练，研究最优计算条件组合。同时，梳理、凝练得到的专家知识，相当一部分是感性或定性的，需要进行量化处理，表达成计算机程序代码执行。

虚拟试验功能模块建模

物理水池能够开展诸如船舶快速性、耐波性、操纵性等多种试验，不同种类的物理水池模型试验，其试验目的、试验设施、试验流程、测试仪器仪表、测试方法、测试数据和数据处理等各方面、各环节都可能存在差异，而且有时候差异还很大；即使是同一种模型试验，可能还包括不同分类的试验，如船舶快速性模型试验就包括船模阻力、螺旋桨敞水和船模自航试验，船模操纵性模型试验还能分为拘束模试验和自航模试验。

同样，数值水池虚拟试验要实现物理水池的功能，也必然存在类似的问题。对于不同种类的虚拟试验，其核心求解器、建模与网格划分方法、输入参数、求解设置、虚拟试验流程、结果的处理等各方面和各环节也会存在很大的差异，所封装的专家知识也会存在很大差异，这就给数值水池各功能模块的建模带来了很大挑战。

因此，要实现数值水池各种功能的虚拟试验，其功能模块的建模是必须解决的关键技术。

复杂软硬件系统/平台设计与构建

数值水池是复杂的系统工程，存在计算量大、使用的软硬件资源分散繁多、过程操作烦琐等问题。所以需要一套集成系统，为知识的提炼和封装、虚拟试验的云计算服务、试验结果的自动高效展现提供一个统一的操作运行环境。为此，需要对复杂的软硬件系统/平台进行设计与构建。

试验对象/环境/过程/结果的虚拟展现

数值水池要比拟物理水池开展模型试验，必须借助虚拟现实及可视化技术，将试验对象、试验环境、试验过程和试验结果生动、准确、逼真地展现出来，使得用户能体验身临其境的感觉。

试验对象的虚拟展现主要是指试验对象的虚拟重建，包括船体、附体、螺旋桨等试验对象的高精度虚拟重建。试验环境的虚拟展现主要是指物理水池的虚拟重建，如拖曳水池、波浪水池等试验环境的高逼真度虚拟重建。试验过程的虚拟展现主要是将采集到的流场数据进行处理、渲染，同时加入实时环境光照效果，并与虚拟重建的试验对象和试验环境进行合成，生动、逼真地展现流场的生成和演化过程，且展现内容因试验类型不同而有所差异。试验结果的虚拟展现主要是解析、读取试验结果数据，提取压力、速度等物理量的数据信息，计算阻力、运动响应等水动力参数，通过定制可视化模板，在可视化引擎中精确地展现出来，展现内容同样因试验类型不同而有所差异。

网络与云计算应用

数值水池作为应用型技术，面向的使用对象是广大工程技术人员，所以具备应用服务平台是对数值水池最基本的要求。网络技术和云计算技术的快速发展为数值水池服务平台提供了新的应用模式。这种模型解决了数值水池所面临的资源管理、知识共享和平台运维方面的问题。

通过服务平台，对资源进行按需动态分配和调整，使得其具备良好的伸缩性，能够动态适应和满足用户对软硬件计算资源的需求；提供应用、知识共享和交流的基础环境，用户能够在任何时间、地点，最大限度地使用平台处理进行虚拟试验，使平台中的方法和体系在应用中不断进行积累和改进；

实现服务平台资源的虚拟化，平台软硬件资源的调度、管理、维护等工作由专门的人员负责，用户不必关心内部的实现而享用按需计算服务。

可信度评估 / 大子样应用验证

虚拟试验结果的可信度，是数值水池实用性的关键。为了确保虚拟试验结果的可信度，数值水池必须经过应用验证。

对于 CFD 计算 / 模拟而言，通过不确定度分析结合基准检验模型试验验证，一般即可认为 CFD 计算 / 模拟方法是成功的。对于数值水池虚拟试验而言，这是远远不够的。因为数值水池强调对于一类问题开展虚拟试验的工程实用可靠性，而基准检验模型试验的样本很少（一般只能是少数甚至个别样本），显然难以确保虚拟试验方法在一类问题上的工程实用可靠性，因此，还要结合大量常规的模型试验验证，来确保数值水池虚拟试验方法的可靠性和结果的可信度。

因此，通过多层次（基准检验模型试验数据和常规模型试验数据）、大子样（常规模型试验数据）的应用验证，才能保证数值水池虚拟试验方法的工程实用可靠性和虚拟试验结果的可信度，方能使数值水池具有推广应用的价值。

CFD 研发中的关键技术

作为一门利用计算机和数值方法对流体力学物理现象进行数值模拟与分析的学科，CFD 的主要关键技术包括：基础理论与方法，湍流模拟及模型，界面模拟及模型，网格或空间离散技术，算法和差分格式，不确定度分析或验证与确认（Verification&Validation）等。

基础理论与方法

CFD 是利用计算机和数值方法对流体力学物理现象进行数值模拟，本质是通过数值方法求解控制方程，而控制方程由基础理论与方法决定。可见，基础理论与方法是 CFD 计算 / 模拟的根本。

关于基础理论和方法，可以从很多角度和方面进行分类。根据描述运动的观点和方法，可分为拉格朗日方法和欧拉方法；根据是否考虑流体黏性影响，可分为势流方法和粘流方法；根据是否考虑可压缩性，能够分为可压缩流动和不可压缩流动。诸如此类，不一而足。因此，根据实际处理的流动特点和要求而确定采用何种基础理论与方法，是 CFD 计算首先必须解决的基本问题。

湍流模拟及模型

湍流是自然界和工程技术中普遍存在的一类流动。船舶水动力学研究往往需要了解湍流运动的规律和结构特征，很多学者和研究机构进行了大量的研究，在实验、理论及工程应用等方面取得了一定进展。但由于湍流运动极其复杂，至今未能攻克流体力学学科领域中这个"古老的堡垒"。

在 CFD 计算中，对于如何模拟湍流，存在多种处理方法。常用的湍流模拟手段主要包括：直接数值模拟（Direct Numerical Simulation，DNS）、大涡模拟（Large Eddy Simulation，LES）和雷诺平均统计模式（Reynolds Averaged Navier-Stokes Equation，RANSE）。

雷诺平均统计模式是目前工程实际中应用最广泛的湍流模拟方法。雷诺平均方程中会出现脉动值的相关项——雷诺应力项，它包含了湍流的所有信息，且使方程组不封闭。依据湍流的理论知识、实验数据或直接数值模拟结果，对雷诺应力做出各种假设，从而使湍流的平均雷诺方程封闭。不同的雷诺应力建模方法得到了不同的湍流模型，构成了湍流模式理论。需要注意的是，目前并没有一种适用于所有流动特征/状态的普适性湍流模型。因此，合适的湍流模拟方法是 CFD 计算中必须解决的关键问题之一。

界面模拟及模型

包含相际界面的流动也是船舶水动力学研究中经常遇到的问题，如自由面流动、空泡流动等等。关于界面的处理方法有多种，总体上看可以分为两类：界面追踪法和界面捕捉法。早期的界面数值模拟方法有 PIC（Particle In Cell）方法、FLIC（Fluid In Cell）方法和 MAC（Marker And Cell）方法等。20 世纪 80 年代之后，界面的数值模拟方法又有了新的进展，开发出了 VOF（Volume of Fluids）方法、波前追踪方法（Front Tracking Method）、Level-

Set 方法以及 Phase-Field 方法等。目前，在船舶水动力学研究中，VOF 方法和 Level-Set 方法应用较多。

网格或空间离散技术

在数值求解控制方程时，应用计算机只能处理离散数据，所以，不得不把物理量离散地定义在适当的网格点上，而把通常的微分方程用这些离散点上的函数值来表示，即数值离散，微分或积分方程经离散后得到的是一般的线性方程组。因此，适当的网格点对于 CFD 模拟/计算至关重要。

CFD 模拟/计算中，如何获取适当的网格点，实质是对计算域空间科学、合理的离散化，也就是将求解区域划分成有限数量的、相互毗邻的控制体—计算网格单元，使其能够准确地表达或捕捉所关心的流动状态和特征。计算网格是决定 CFD 模拟/计算结果的关键之一，其类型主要包括结构化网格、非结构化网格和混合型网格。

由于在特定问题处理方面的优势，近年来，船舶水动力学界在无网格法（或粒子法）方面也开展了不少研究，以 SPH（Smooth Particle Hydrodynamics）、MPS（Moving Particle Semi-implicit）等为代表的方法也在不断发展，但目前离广泛的工程实用尚有差距。

算法和离散格式

以计算网格为基础，就可以进行控制方程的离散。控制方程的离散方法有很多种，其中应用较广泛、也是最为重要的三种是：有限差分法（Finite Difference Method，FDM）、有限体积法（Finite Volume Method，FVM）和有限元法（Finite Element Method，FEM）。其中有限体积法是最容易理解和编程实现的，所有需要近似的项都有明确的物理意义，因而在工程技术界很受欢迎并广泛应用。

控制方程的离散过程中，离散格式也有很多种，包括各种显式格式、隐式格式、一阶精度、二阶精度乃至更高阶精度的离散格式等。离散得到的方程通常是非线性的耦合方程（一般是速度和压力场耦合），需要线性化处理和耦合求解。目前常用的速度和压力场耦合求解方法主要包括 SIMPLE（SemiImplicit Method for Pressure-Linked Equations）、SIMPLEC（SIMPLE-

Consistent）、PISO（Pressure-Implicit with Splitting of Operators）、人工可压缩方法和完全耦合计算等。

同样，各种算法和离散格式通常都是对于一类问题有特定的优势，因而对算法和差分格式的研发也是CFD计算研究的重要组成部分。

不确定度分析

尽管CFD模拟技术在诸多领域，如科研、工业、工程领域取得了很大成功，但关于CFD模拟结果是否可信的争论一直存在。因此，尽管CFD模拟技术具有诸多优点，但CFD模拟结果的可靠性（或不确定度分析），已经成为阻碍其技术进步和推广应用的"绊脚石"，因此受到了广泛重视。

由于CFD模拟与流体力学的复杂现象、数理模型的准确度、数值模型的准确度、网格的影响等诸多因素都有关系，因此，进行CFD不确定度分析并非易事。

数值水池顶层技术设计

数值水池的实现是一项宏伟的目标，是逐步完善/验证/应用的滚动工程，不可能一蹴而就，应该按统筹规划、分步实施的思路，从全局化、集成化角度出发，以系统论方法设计该项工程，从而形成具有先进性、全面性和前瞻性的体系构成，为后续工程的顺利实施和滚动推进奠定扎实的基础。

有鉴于此，需从CFD技术发展现状、应用水平以及集成程度进行系统的调研和分析，详细解析/理解数值水池的概念内涵与技术特征，进而构建数值水池清晰的目标图像以及可操作的实施途径，从而为客户呈现数值水池广阔的应用情景。

实施方案与技术途径

在数值水池顶层技术设计的总体研究方案中,首先应对国内外 CFD 的发展与现状进行全面、系统的调研与分析,研究论证目前和未来一段时期数值水池的技术内涵,确定数值水池的阶段发展目标。在此基础上,提出数值水池的概念图像,构建完整的体系构架,确定数值水池的功能模块和指标体系,并梳理出需要突破的主要关键技术。同时,从软件工程的角度出发,围绕系统集成中的"数据"(含知识)、工具"软件"两大要素,实现统一管理和集成,并借助云服务,提供数值水池的服务模式。最后,对船舶水动力基本性能的虚拟试验技术和虚拟试验验证技术进行研究,以确保数值水池结果的可靠性。下面就对数值水池顶层技术设计中五个方面的实施途径进行简要的介绍。

第一方面,数值水池虚拟试验技术内涵与发展目标论证。首先研究船舶领域中的 CFD 应用水平(包括势流、粘流等)的发展、现状与趋势,了解 CFD 的前沿技术与应用验证技术以及发展瓶颈和不足,全面掌握船舶领域的 CFD 应用信息以及目前在用的 CFD 软件(包含自研/商用)情况,并了解广大用户/客户对数值水池虚拟试验相关技术的工程需求,结合现有计算机硬件、网络等相关技术现状与发展,从而构建数值水池的发展目标与图像。

这方面的关键技术之一就是要做好数值水池阶段目标分解及相关匹配技术。通过建立数值水池不同阶段的合理目标以及与之相匹配的技术指标,从而为今后数值水池的发展指明前进的道路。

第二方面,数值水池的顶层技术设计研究。针对数值水池的技术内涵和总体发展目标图像,完成数值水池的完整体系构建,进行功能模块与指标体系的论证,做到结构统一,功能协调,同时对相关功能模块的技术成熟度进行评估,结合预期研发进度,提出实现数值水池概念图像的路线图,并梳理/凝练需要突破的主要关键技术,使得顶层设计的成果具备实际可操作性。其研究思路如下图所示。

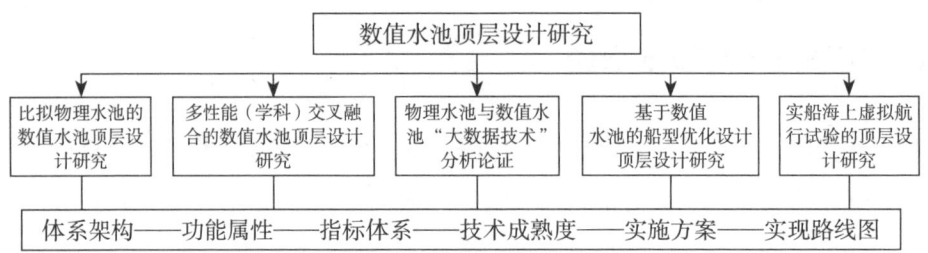

数值水池顶层设计研究方案

第三方面,数值水池系统集成技术与服务模式研究。按照先进的软件工程思路,围绕数值水池所涉及的计算机软硬件资源,采用层次化、模块化、可扩展的先进软件平台架构,根据该架构进行软件模块化划分,整个系统的层次可以划分成基础层、资源层、支撑层以及应用服务层。平台的各个软件模块,将严格按照标准的软件开发流程进行开发,并对软件开发的全过程进行管理与控制,确保整个系统的质量与性能,最终开发完成可靠易用、有专业针对性的船舶虚拟试验网络服务平台。

第四方面,首批船舶水动力基本性能的虚拟试验技术攻关。利用已成熟的船舶CFD应用技术,采取属性细分策略,对每一类别的虚拟试验进行技术攻关以提高其试验精度及试验效率,增强其易用性,在此基础上进行虚拟试验模块的构建,如自动化建模模块、网格自动化生成模块、计算模块等。同时为了保证数值水池系统的先进性和创新性,对新技术也需进行探讨,整个实施过程如下图所示。

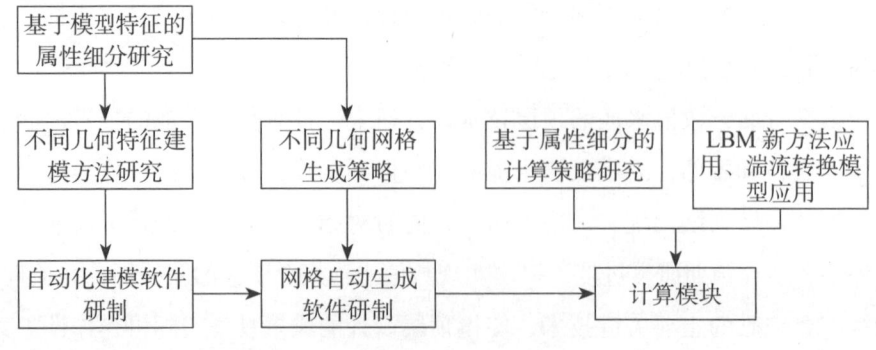

虚拟试验技术设施方案

第五方面，数值水池验证技术顶层策划和首批基本性能虚拟试验项目的应用验证。结合当前船舶水动力性能预报的发展现状，在系统分析的基础上，进行基准检验试验的策划，同时根据现有条件进行实船试验策划，为数值水池基准检验试验的开展制定方案。在此基础上，对首批船舶水动力基本性能虚拟试验项目，利用现有的大子样模型试验结果和基准检验试验结果对其进行分类应用验证。整个研究思路如下图所示。

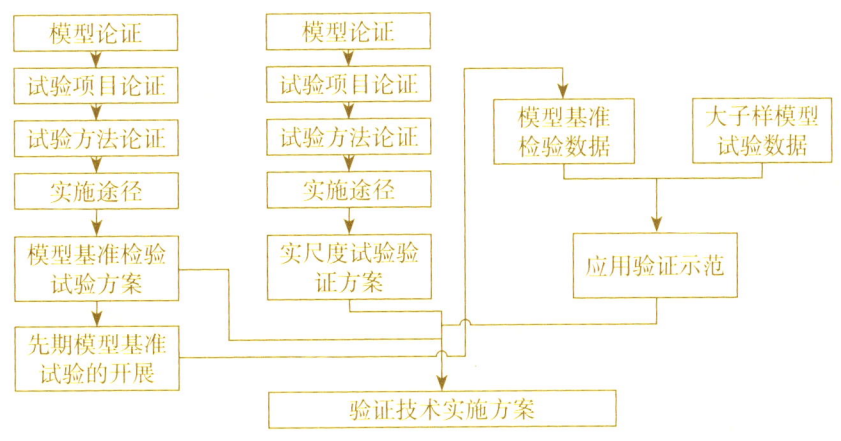

验证技术顶层策划和应用验证实施途径

船模数值水池

航行性能是船舶的基本性能，也是船舶总体技术的核心基础，涉及诸多学科领域。长期以来，航行性能的研究主要依靠模型试验实现。为此，一个多世纪以来，世界上建成了大量的、耗资巨大的船模试验水池和水筒，为航行性能的研究提供了模拟试验环境。其中大型试验设施主要有船舶快速性研究所需的拖曳水池、空泡与噪声性能研究所需的空泡水筒或循环水槽、船舶操纵性研究所需的旋臂回转水池、船舶耐波性研究所需的风浪流水池等等。这些功能各异、耗资巨大的物理模型试验设施构成了船舶航行性能研究所必需的试验环境和手段。历史上，这是一个造船大国和造船强国不可缺少的基本研究条件。

近 20 年来，由于计算机技术的飞速发展，许多以往根本无法实现的数值计算逐步成为可能，船舶计算流体力学（SCFD）得到了蓬勃发展。目前，国际船舶航行性能预报和评估领域正在掀起一场技术革命，该技术革命的本质就是试图建立一个以船模数值水池为基础的船舶航行性能分析评估、预报及优化设计的虚拟综合集成体系，挑战传统的以船舶物理模型试验为基础的研究模式。

船模数值水池的顶层设计

船模数值水池作为一种特殊的数值水池，有其通用性和特殊性，船舶数值水池的研究重点是突破船舶快速性、操纵性、耐波性以及方案优化、多方案优选的工程实用要求。

快速性数值水池

以船舶 CFD 技术为基础的虚拟试验性能测试，在船舶水动力性能综合研究中发挥越来越重要的作用，欧盟启动了虚拟试验水池计划 VIRTUE（The Virtual Tank Utility in Europe），首先提出了系统的船舶水动力性能虚拟试验构架。国内研究机构和多所高校依托自身研究特色和技术积累，提出了不同侧重点的船舶数值水池计划，其目标之一是将先进的数值工具应用到船舶及海工总体性能预报或仿真中去，解决前期设计或方案设计中遇到的实际工程问题。

基于船舶数值水池的船舶快速性预报，对评估前期设计船舶航行性能具有重要意义，其内容是依据计算的船模阻力、伴流、螺旋桨敞水和船模自航数据，预报实船一定载荷工况下，某一主机功率时航行的快慢。目前，拘束船模阻力、伴流、敞水性数值模拟开展的工作较多，计算精度基本符合工程实际要求，但船桨干扰研究总体精度不高，也一直是船舶 CFD 工作者关注的热点。

目前，在针对船桨之间相互干扰问题的研究中，主要可以分为两种：船/桨全域 RANS 方法和黏流/势流耦合模拟方法。前者由于考虑了船尾和螺旋桨复杂几何条件，可以预报尾部精细流动结构，有利于对船尾桨和船体的相互作用进行机理研究，预报较为全面的信息，对桨盘面处流场模拟更能反映桨船干扰非定常现象。

操纵性数值水池

船舶操纵性研究，即在船舶初始设计阶段，根据包括螺旋桨和舵在内的船型要素，计算出船舶的操纵性能参数，使设计者对船舶操纵性能够有量化结论，从而判断船舶操纵性性能的优劣。船舶操纵性预报方法主要有四种：分别为数据库或回归公式估算法、自由自航船舶操纵性试验方法、船舶操纵运动方程即数学模型加计算机模拟的方法、基于 CFD 技术的数值模拟方法。船舶 CFD 的操纵性研究是在船舶 CFD 的阻力研究后发展起来的，与船舶 CFD 的耐波性有着千丝万缕的关系。同时涉及离散格式，自适应网格，湍流模型等多个研究领域，更离不开舵、螺旋桨水动力性能研究。

目前，采用船舶 CFD 的操纵性预报主要有两种方法可以实现：一是采用 CFD 数值计算方法取得水动力导数，然后将水动力导数代入船舶操纵运动方程，通过计算机仿真实现船舶操纵性预报；二是直接基于 CFD 技术的数值模拟方法。

耐波性数值水池

基于黏性流理论的数值波浪水池技术，较传统势流理论的数值水池在处理黏性和非线性问题中具有显著优势，有多国学者和工程研究人员在这方面的工作取得了较多成果。

尽管基于黏性流方法的数值水池及在船舶性能预报中的应用具有广阔的应用前景，但目前仍存在动网格技术、湍流模型、自由面处理方面对计算效率、精度、收敛性的影响，尺度效应的影响较难评估，特别是高频、波长较短的波浪中船体六自由度运动数值模拟数值精确度不足。因此，从实用性的角度，紧密结合传统势力方法和 CFD 黏流方法的各自优势，兼顾效率、精度及理论依据合理性，将是较理想的解决问题的模式。

横摇是船在海上受波浪力扰动产生的主要运动形式之一。船的横摇遭遇频率等于自摇频率时产生的横摇幅值比纵摇情况大得多，且横摇复原力矩小，因此周期较纵摇要大。一般讲，横摇阻尼和横摇角速度之间具有平方或更复杂关系，阻尼系数是横摇角的函数，当幅值增大到使船的复原力矩显著地不与幅值呈线性关系。因此，横摇运动方程呈非线性。

船横摇运动的阻尼最初研究是以无航速的情况为基础，再考虑航速修正。人们将横摇阻尼分为兴波阻尼、漩涡阻尼、摩擦阻尼、升力阻尼和舭龙骨阻尼五个部分，并且假定不同成分之间没有干扰。

基于数值水池的横摇仿真，较试验高效、经济，且能考虑问题非线性影响，因此，该方法对求解横摇水动力问题受到船舶研究者和设计者的关注。Korpus（1997）等应用 RANS 方法，在不考虑自由面影响的情况下模拟了船舶横摇时的黏性流场，研究了在频率、幅值、雷诺数和舭龙骨等参数对横摇运动的影响，并将各个算例得到的总横摇力矩分解为不同成分，更加详细的研究黏性效应、涡效应和兴波效应。Yi-Hsiang（2008）等人对四个不同的船体剖面进行了自由横摇衰减和强迫横摇运动模拟，给出了不同剖面时不同横摇幅值下的横摇力矩时历和横摇阻尼系数，其中最大幅值达到了 20°。

国内对黏流中横摇问题的研究工作虽然做的比较少，但也取得了一定的成果，张怀新（2001）等数值模拟了不考虑自由面时 S60 船的三个二维横剖面在横摇时的黏性流场，捕捉到的涡的位置与试验吻合良好。朱仁传（2008）等对船体二维横剖面绕流进行了数值模拟，计算分析了不同振荡模态下浮体的附加质量与阻尼，并与相关势流理论结果进行了比较，其中横摇运动预报结果与势流计算结果差别较大，特别是船艏剖面处非线性影响较明显。船舶横摇问题，具有典型的三维流动特征，特别是有航速下三维船型对水动力影响复杂，目前基于 CFD 方法对三维船舶横摇问题开展研究工作较少。

为实现上述目标和技术指标，采用模拟船舶水动力性能设计螺旋过程与物理模型水池试验相比拟的思路，可将研究内容分解为由一个概念探索模块、五个工作模块（可扩充）和一个综合集成模块构成。

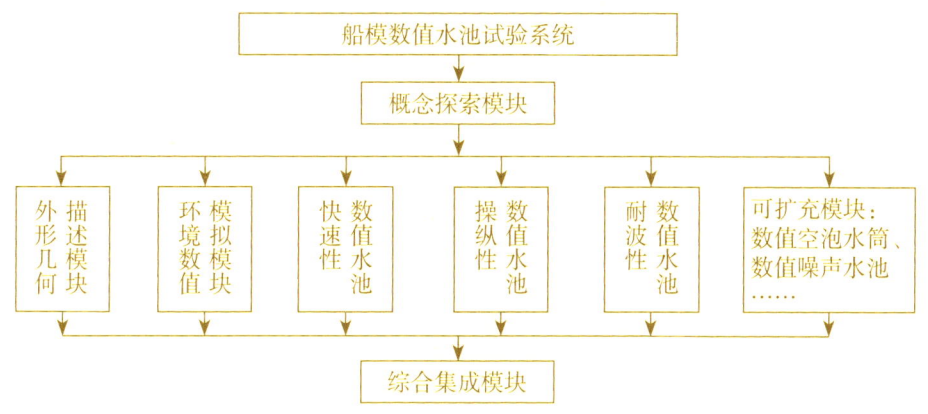

船模数值水池任务结构图

其中，概念探索模块将吸纳前瞻性、基础性和创新性较强的 CFD 软件组成，主要用于新概念、新方法探索；功能模块主要对应国内业已形成体系的各类不同用途的物理模型水池试验设施，每一功能模块由若干成熟的 CFD 工具（软件）构成，分别对应物理试验中用途各异但又相互关联的测试设备或仪器；综合集成模块主要解决不同模块与软件之间的通信与数据交换问题，并使数值水池形成一体化的集成平台，为综合评估和优化设计及新船型、新技术的创新服务，其主要研究内容包括七大方面，如下图所示。

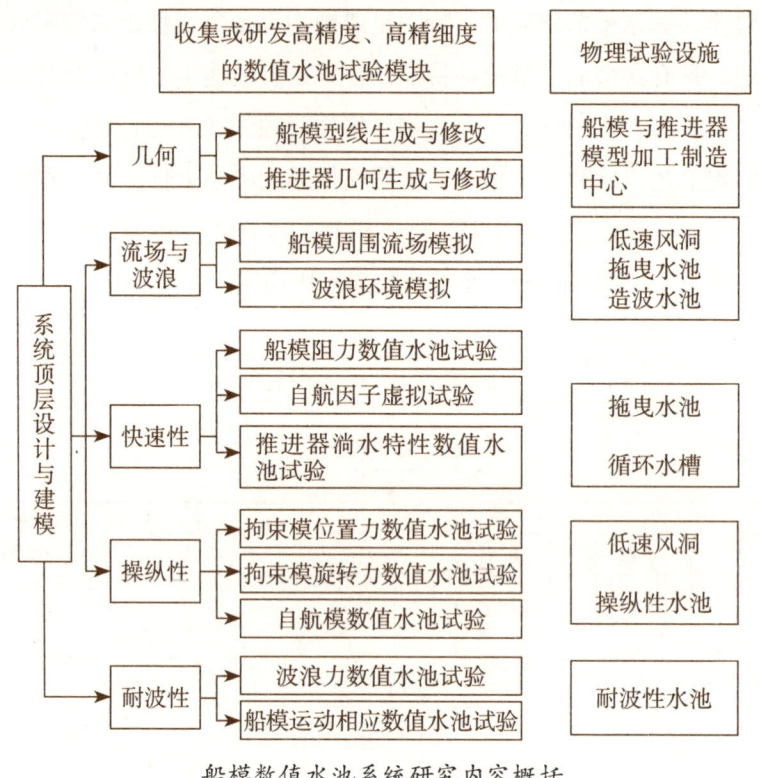

船模数值水池系统研究内容概括

造波

波浪在水利工程建设中，无论是在内河还是在海洋中，这个力学因素是一般水利工程不可避免的水力因素。故波浪的模拟实验显得较为重要，无论是水利工程物理实验研究中还是在数值实验研究中，它都是不可回避的模拟内容。数值模拟实验较之物理模拟实验因其花费小、重复性强而备受欢迎。

造波是船舶与海洋工程领域内的一项重要的试验技术。随着计算机与计算流体力学的不断发展，以数值造波技术为核心构建的数值波浪水池，为船舶及海洋工程结构物在波浪中的运动响应的研究提供了强有力的技术支持，因此，数值造波技术与数值波浪水池的研究一直是近年来船舶与海洋工程水动力学界的前沿课题。

目前，数值造波技术一般可以分为三种：第一种是在理想流体的假设下，基于势流理论来求解拉普拉斯方程的边界元造波方法；第二种是基于求解黏性不可压缩流体的 NS 方程的黏性数值造波方法；第三种是既可以用于黏性流体也可以用于理想流体的源函数造波法。

造波理论发展历程

造波机理论的本质是势流理论中的基于 Fourier 方法求解边值问题。早在 1929 年，Havelock 对造波机的水动力学原理作了理论分析，这一成果为后来的所有研究者所使用。法国 Sogreah 试验所于 1950 年研制出分段式造波机，把多段造波机并列成行，用于制造斜向规则波。造波时，各段造波板成蛇行运动，故又叫作"蛇形造波机"。1954 年，法国 Dauphinois 水力学实验室 Blesel 和 Suquet 发表多篇文章，根据微幅波理论建立造波板运动行程与波高之间的关系（波高摇幅比），被认为是关于造波机原理最详细最完整的论述。1957 年，日本鹤田千里阐述了造波机的设计理论。1959 年，Ursell F and DeanRG 对于小振幅波问题，提出了推板或摇板造波理论并在美国麻省理工学院制造了推板式造波机，与上述理论进行了实验对比；1971 年，Gibert 给出了表示波浪周期函数的波高摇幅比，1976 年，美国航水杂志发表两篇文章，对摇板式和冲箱式造波机应用上述理论做了数值计算。1977 年，英国爱丁堡大学把分段式造波机发展用于制造多向不规则波，造波机由 89 块宽 0.3 m 的摇板式造波板组成，水池尺寸为 30 m×20 m，水深 0.8 m，目前各国建造的多向不规则造波机多属这种形式。在我国，1979 年，杨森华整理了鹤田千里和 Blesel 的造波理论，1987 年，刘子琪做了类似的事情，他们两人的工作，成为后来国内造波机设计的主要参考依据。

波浪水池的消波技术

在自然条件下，船舶所处的海域环境是一个面产生反射，反射波随后传向无边无际的外部海域；在这个过程中，反射波不断衰减直到消失，反射波的能量也随之全部耗散。而在实验室的环境中，实际上无法建造出符合海洋环境实际状况的无限长水槽和水池。由于各种条件的限制，实验所采用的水槽和水池都限制在一定的长度范围内。因而，波浪水槽和波浪水池都是封闭的系统，造波机产生的波浪在到达波浪池壁和实验模型时会产生反射波，反射波在回到造波板的时候将再次产生反射。在这样的实验条件下，反射波浪的能量在这样的封闭区域内无法全部耗散。反射波在池壁、模型和造波机之间来回传播，从而就会在波浪槽中形成多次反射，这种反射波改变了作用于模型上入射波的力学特性以及统计特性，从而影响了实验的可靠性。避免这个问题的一种方法是尽可能地在发生二次反射以前就完成波浪实验。但是，由于从开始造波到二次反射的发生之间的时间非常短，正常数据的采集工作不可能在如此短的时间内完成，因此，实际的实验过程几乎都受到了多次反射的干扰。

为了避免上述的不利影响，进行波浪实验时必须采取一定的吸收反射波的措施。实验室中所采用的吸收反射的方法有两种：被动吸收和主动吸收。

被动吸收法是指在波浪池、波浪槽边壁上安置具有吸收波浪作用的多孔或柔性材料，以达到消除反射波浪的目的。因为只有在靠近池壁、池端或槽端的边缘区域，才能够使用这些材料，所以被动吸收的方法在应用范围上有很大的局限性。另外，多次反射主要在造波板和试验模型之间产生，而这两个部位不可能安装上吸收性材料。因此，采用被动吸收的方法并不能有效地解决实验过程中吸收多次反射波能量的问题。

主动吸收就是采用造波机来吸收反射波的方法。其中的一种方法是在水槽的另外一端安置造波机，这台造波机根据传播到它前面的反射波来产生相应的波列来达到吸收反射波的目的。显然，这种方法需要较多的设备投入，其较高成本使得它实际的应用中不很经济；此外，它也同样不能解决实验模型和造波板之间的二次反射问题。另外一种新的吸收式造波方法是实时修正造波控制信号，使造波机同时完成产生目标波浪和吸收反射的任务。具体做法是在工作状态时造波机根据实测的波浪参数即时调整造波信号，使造波机在产生实验所需的入射波浪的同时吸收反射波浪。这样就能够尽可能地产生与目标波一致的波浪，满足实验要求。

数值造波

随着计算机技术的飞跃发展，计算机数值模拟技术在各研究领域得到了广泛的应用，用数学模型来模拟波浪、波浪和结构物相互作用在理论、方法和应用上都取得了很大进展。特别是数值造波技术的出现，使得物理造波与数值仿真结合起来，不断促进着造波技术向前发展。

数值造波技术是一种基于计算机的流体力学仿真模拟程序，基于这种技术开发的数值造波机能够在有界区域内实时模拟重力作用下的自由表面运动，逼真地模拟物理造波机所造出的各种波场，为物理造波机系统的设计以及真实造波试验提供必要的技术依据，从而完善波浪水池中物理造波机的造波性能。

数值造波机不但能够高精度的模拟波浪，还具有造价低廉、使用方便、易于改造、便于普及、测量精确等巨大优势，因此世界各国的水动力研究人员都非常重视基于数值造波技术的数值波浪水池的开发和应用。

目前，数值造波技术按照原理大致可分为两种类型：

一种是仿物理造波技术，即仿照实验水池的造波机原理，模拟固体振动边界作为扰动源，将其数值化并作为相应的边界条件嵌入数值水池中。仿物理造波的原理简单，易于嵌入主体程序中，造波功能完善，最大的优点的是由于存在现实模型，非常容易得到检验，缺点是由于动边界与动网格技术的应用，使得计算区域内的网格数量增多，增长了波场的求解时间，对计算机的性能要求较高。

另一种是所谓的纯数值造波技术，其种类包括源函数造波法和设置造波边界条件。Brorsen and Larsen 在 1987 年应用"水下爆炸"的原理，首先提出了基于势流理论的适合于边界积分方程方法（BIEM）的质量源函数造波方法，成功地造出了二维规则波及不规则波，随后该方法受到了人们的关注。

水下生产系统及关键设备

水下生产系统是由水下井口等整套水下生产设备及海底管道组成的海上油气生产系统，是水下设备的重要组成部分，与水下处理系统、SURF（水下脐带缆、立管以及出油管线）共同构成水下油气开发的主要设施。具有投资少、水下设备可重复利用、油井布置灵活、受自然灾害影响小等优势，广泛应用于深水油田以及边际油田的开发。

传统水下生产系统是指采用湿式采油树，将多口油井的产出物经管线汇集后不经任何处理就直接输送到水面的系统；而当前的水下生产系统是指对开采油气进行初期处理以实现对生产设施提供稳定供给的系统，其功能复杂，主要部件包括水下采油树、水下井口、水下管汇、跨接管以及相关水下控制系统。

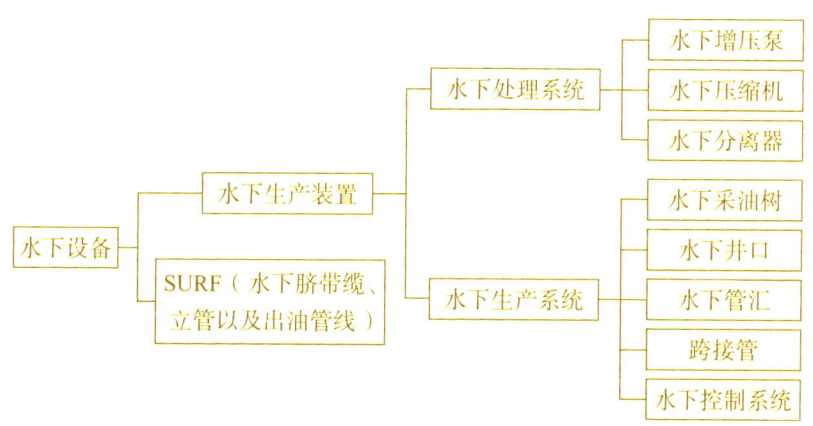

水下设备分类

水下采油树

采油树是水下生产系统的基本构件，最初被开发应用于传统的钻油工程，但当石油开采转向深海领域，建立传统钻井平台已毫无经济性可言时，采油树技术开始被应用于大洋深处。采油树又被称为十字树、X型树和圣诞树，主要有套管头、油管头、采油（气）树本体三部分组成，是用于承托油管柱重量，密封油套管的环形空间，控制和调节油井生产，保证作业、测试及清蜡等日常生产管理的一种井口控制装置。

水下采油树是阀的集成，它和井口连接，对生产出的流体进行多层隔离和控制，以保证作业安全。水下采油树能监控油气生产以及运输的情况，在发生故障的情况下关闭井口、停止生产，提供井口下控制的平台界面。其构成也颇复杂，包括生产主阀、生产翼阀、环空主阀、化学药剂注射阀等10余个阀门和其他部件，设计使用寿命要达到20年，专用工具达40余种。

水下采油树的使用始于1967年。FMC公司作为世界上最大的水下完井设备供应商，迄今已为250个项目提供了超过1200台水下采油树。Vtero Gray公司在过去的近10年共安装了150台水下采油树。Cameron公司和Kvarner公司也是世界生产水下采油树的主要厂家。

目前，国内还没有厂家生产水下采油树，流花11-1油田和惠州21-1ss&32-5油田均采用FMC公司生产的卧式水下采油树，水深分别为370 m、120 m和333 m。

水下采油树的构造比地面采油树要复杂许多，这里仅介绍最普遍的立式和卧式采油树。

立式采油树又称垂直式或传统式，因其PMV（生产主阀）、PWV（生产翼阀）和SCSSV（地面控制井下安全阀）垂直排列而得名。其油管挂直接安装在井口

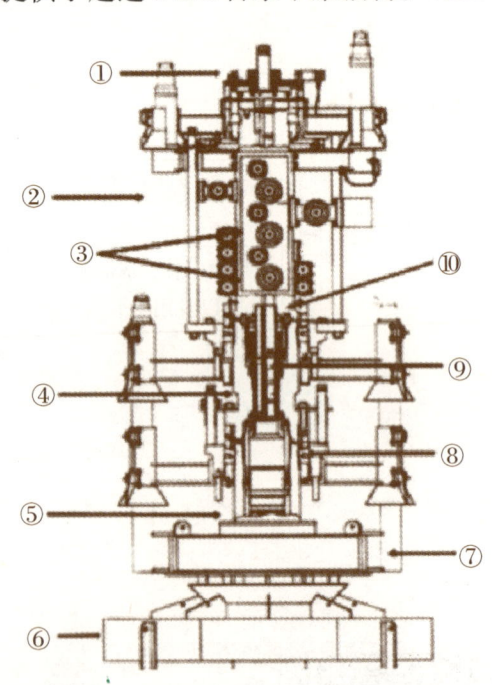

①采油树帽；②采油树框架；③采油树主阀模块；④油管四通；⑤井口；⑥井口盘；⑦生产导向基座；⑧井口连接器；⑨油管挂；⑩采油树连接器

立式采油树结构

里或油管里，采油树安装好后不能进入井口内，没有钻孔通过采油树，移开采油树时不需要移开生产油管，安装时也无须进行水下检测，适用于油管尺寸较小、高压油气藏、井控复杂、开发周期内修井作业较少的水下油气田工程。

卧式采油树与立式采油树的最大区别是：卧式采油树的PMV、PWV在树体外水平排列，因而卧式采油树又称为水平采油树，其采油树安装在井口上，不移开采油树，将阀门转向一边（呈水平位置），就可直接进入井筒装置。卧式采油树还允许使用直径更大的产品管及联合装置，更易于后期维修，甚至可进行后期钻井作业，比立式采油树修井方便，节约时间，20世纪90年代出现后一直得到广泛使用。

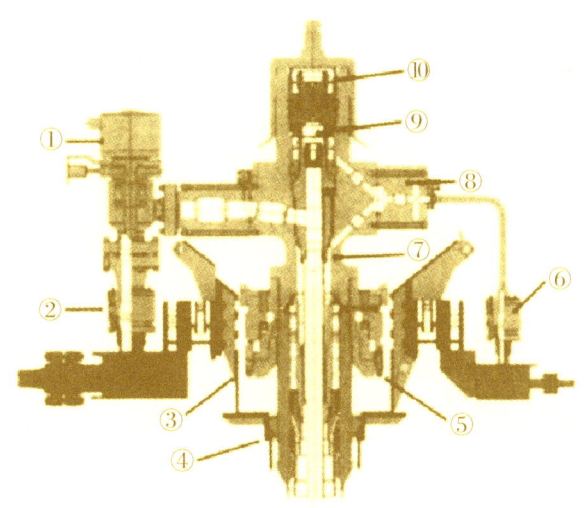

①生产油嘴；②出油管线接头；③采油树接头；④井口；⑤钻井导向基盘槽；
⑥环状出油管接头；⑦采油树四通本体；⑧环形阀；⑨内部采油树帽；⑩岩屑帽

卧式采油树结构

进行采油树的设计时，不仅要考虑采油树的材料、所承载的工作压力和外载荷及泄露问题，还要满足规范。

管汇及连接设备

水下管汇主要用来连接固定结构以输出所产油气。管汇是管道和阀门设计的一个布置方案,安装在一排油井的海床上,分为多种类型,从简单的管道末端管汇到大型结构(如水下加工系统),其规模取决于油井的数量、产量以及油井如何安装到系统中。

水下管汇是阀门、管线接头等配件由多根管道交汇而成的组合体,安装于海底群井之间,将各个油井的油气集中起来,通过输油管线混合油流,输送至上部采油平台。水下管汇和油井在结构上是完全独立的,油井和出油管线通过跨接管与管汇相连。典型的水下管汇由管汇、管汇支撑结构、基础结构三部分组成。其主要功能为:集输产出液、测量流量、监测压力/温度、保护出油管线并维持管线和阀门的正常工作。

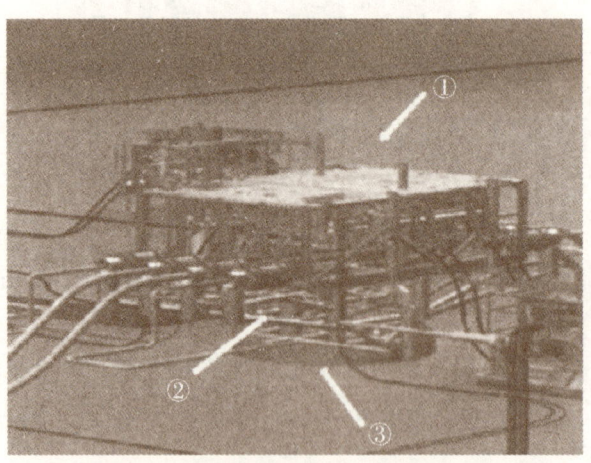

①管汇;②管汇支撑结构;③基础结构。
典型管汇结构

目前，应用于生产的主要是丛式井管汇和集成基盘式管汇两种类型。丛式井管汇可利用钻机或施工船进行安装，并可以协同操作以缩短项目的周期，其化零为整的思想简化了安装工艺，节约了成本，适用于生产井口位置相对分散的油气田，国内外大多数水下生产系统管汇采用了此类型；集成基盘式管汇可容纳更多的井口数，有更大的汇集能力，适用于油气藏集中、井口数目较多且分布密集的油气田。

管汇的设计要根据水下油气田的油气储量、海底地形、出油方式、环境载荷、海底基槽、钻井进度、安装方法及试运行结果等方面来挑选适合该项目的管汇方案；要综合考虑管汇的结构、基盘、管线、阀门控制系统，管线连接系统以及材料的选择等问题。设计水下管汇，还要满足工艺要求，以保证海上施工。管汇的安装方法有：钻杆安装法、直接下放法、滑轮下放法、悬垂下放法、铅笔式浮标法和月池湿拖法。

连接设备主要分为法兰式连接器、卡箍式连接器及套筒式连接器。目前在深水领域得到广泛应用的是套筒式连接器，具有连接方便、连接工具可以重复使用等优点。套筒式连接器按照结构形式可分为垂直式和水平式，按照驱动形式可分为机械式和液压式。垂直式连接器的对中和连接比较方便，安装费用低，但会受到高度的限制，也不利于流动保障，连接器拆除时需要跨接管；水平式连接器的安装过程比较复杂，但不占用垂直空间，可以单独回收水下设施。我国近年来在套筒式连接器的研发方面已经取得了一定的突破，以海洋石油工程股份有限公司为代表的国内企业，联合哈尔滨工程大学等高校开展了垂直式水下连接器及安装工具的样机制造

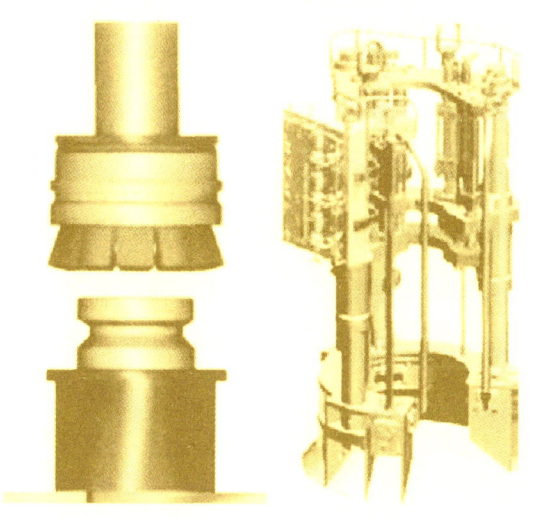

水下套筒连接器（左）及水下安装工具（右）

及测试工作。

水下控制及脐带缆系统

水下控制及脐带缆系统的功能是提供电力和液压，对水下采油树、管汇上的阀门进行控制，同时采集生产过程中的流体压力、温度等信号以及注入生产过程中必需的化学药剂等，其液压、电力与化学药剂的供应以及整个生产过程的主控站都来自水面生产设施或者陆地终端。由于水下生产系统设备较多且布置分散，一般要在水下设置分配单元或者脐带缆终端设备，按照水下生产系统设备的布置将脐带缆供应的液压、电力及化学药剂通过飞线水下进行二次或者多次分配。水下控制系统按照控制方式分为直接液压控制、先导液压控制及复合电液控制，其中深水领域长距离应用较广的是复合电液控制，其特点是要配置水下控制模块。

脐带缆按照承载流体材料的不同可分为热塑管、钢管、高抗软管等，脐带缆典型断面和带终端的脐带缆系统如下图所示。热塑管应用历史较长，且费用低廉，能够耐腐蚀，并易于安装，但其强度较低，耐压和耐高温性能不强；而钢管具有优良的耐压、耐高温性能，且在深水中不易发生弯曲，但可能会面临焊接、安装等问题。脐带缆要满足油气田的使用功能要求，首先要进行横截面管路和电控布置；然后进行脐带缆的结构设计。深水脐带缆按照使用环境可分为动态缆和静态缆，其中动态缆悬挂在水面设施和海底之间，受到波浪、海流循环荷载的影响，其疲劳特性更加需要深入关注。另外，脐带缆一般需要由安装船进行铺设安装，在安装过程中也受到较大的弯曲和拉伸载荷，因此，设计时要考虑最大安装曲率半径以及在位后的曲率半径的要求。

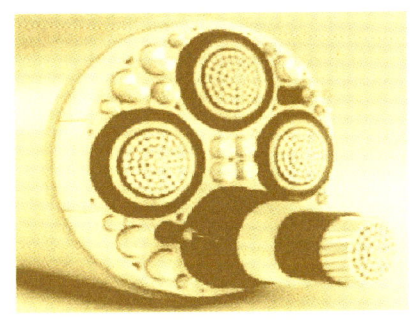 

水下脐带缆断面（左）及带终端的脐带缆系统（右）

水下分配单元或脐带缆终端设备作为水下中继站，主要由壳体、分配面板、内部管路和线路组成。水下分配单元可以依托已有的水下结构物，也可以单独为分配单元设计支撑和保护结构。需要注意的是，当水下分配单元在脐带缆安装终止端时，所有的脐带缆张力都会传递到分配单元的结构上，需要进行特殊的设计和考虑。水下分配单元和水下生产系统设备由飞线连通。飞线按照功能一般分为液飞线和电飞线，液飞线导通的是液压流体和化学药剂管路，电飞线导通的是电气和控制线路。飞线的关键设备是两端的快速接头，能够实现在水下的湿式连接和解脱。通过研发，海洋石油工程股份有限公司已经在南海荔湾项目对JDR提供的脐带缆终端设备进行集成，成功完成了200 m水深的终止端脐带缆终端基盘的设计、制造和安装。水下控制模块一般属于电液装置，主要通过脐带缆响应主控站的控制指令，对水下阀门提供液压控制功能，同时也能把水下传感器的信息收集并传输至上部控制设施。水下控制模块包括壳体、电子装置、液压控制系统及水下变送器和传感器等。

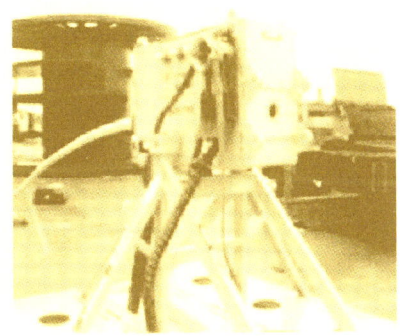 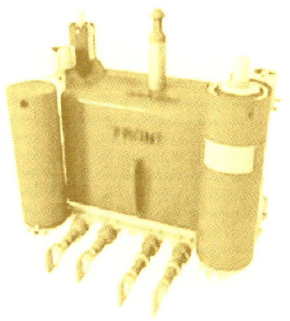

水下分配单元（左）及水下控制模块（右）

其他设备

跨接管

跨接管是一个较短的管状连接单元,用于连接出油管线末端和水下设备上的连接点。跨接管分为刚性、柔性。刚性跨接管主要有"M"、"U"2种形式,适合采用垂直连接的方式,常用于采油树与管汇、管汇与管汇之间的连接;柔性跨接管除可以连接水下终端外,还可以作为分离船体的刚性隔离管和 FPSO 的隔离管。跨接管的安装需要 ROV 或潜水员协助操作。

ROV

水下遥控工作机器人简称 ROV,是一种具有智能功能的水下潜器,目前,国内已引进不同型号近 30 台。ROV 配有摄像头、多功能机械手、多种用途和功能的声学探测仪器及专业工具,可以进行各种复杂的水下作业,如水下安装连接、生产期检测、维修等,广泛用于海洋石油行业,为水下生产提供了技术支持。

海工装备专用设备

动力定位系统

船舶动力定位（Dynamic Positioning，DP）系统是一种闭环控制系统，它通过控制系统驱动船舶推进器来抵消风、浪、流等作用于船上的环境外力，从而使船舶保持在海平面某要求的位置上。DP通过测量系统不断检测船舶的实际位置与目标位置的偏差，再根据环境外力的影响计算出使船舶恢复到目标位置所需推力的大小，进而对全船的各推进器进行推力分配，使各推进器产生相应的推力以克服风、浪、流等环境外力的干扰，使船舶保持在某确定位置或沿一定预定航迹航行。DP广泛用于海上作业船舶和海上平台的定点系泊，具有定位精度高、灵活性好、机动性强、适用于多种海况作业等诸多优点，受到广泛关注。

动力定位系统的定义和分类

国际海事组织（International Maritime Organization，IMO）和国际海洋工程承包商协会（International Marine Contractors Association，IMCA）将DP定义为动力定位船舶需要装备的全部设备，包括动力系统、推进器系统和动力定位控制系统。

由于海上作业船舶对动力定位系统的可靠性要求越来越高，IMO和各国船级社都对DP提出了严格要求，制定了三个等级标准。设备等级一（DP1）：在单故障的情况下可能发生定位失常。设备等级二（DP2）：有源组件或发电机、推进器、配电盘遥控阀门等系统单故障时，不会发生定位失常，但当电缆、管道、手控阀等静态元件发生故障时可能会发生定位失常。设备等级三（DP3）：任何单故障都不会导致定位失常。DP的分级主要是考虑设备的可靠性和冗余度，目的是对动力定位系统的设计标准、必须安装的设备、操作要求和试验程序等作出规定，保证DP安全可靠运行，并避免在DP作业时对人员、船舶、其他设备造成损害。

动力定位系统的发展

船舶动力定位系统最初的应用开始于 20 世纪 60 年代。1961 年，美国壳牌石油公司的钻井船 Eureka 号完成下水，很快自动控制推进器的设备就进行了装船，它是由 Howard Shatto 设计完成的。这艘船配备了一套最基本类型的模拟式控制系统，并和外部的一个张紧索参考系统相连。除了主推进器外，还在船头和船尾加装了易于操纵的推进器，船长为 40 m，排水量为 4.5×10^5 kg。船上装有动力定位系统后最显著的标志是它具有多台推进器。在第一批动力定位船舶中，最成功最著名的是"格洛马挑战者号"船舶，该船几乎遍游地球的每一个海洋，收集到水深达 6 100 m 处的岩芯，为地质学上的发现尤其是为板壳结构理论提供了大量有利证据。

第二代动力定位系统于 20 世纪 70 年代初开始形成。第二代动力定位船舶中最具有代表性的是"SEDC0445 号"，该船于 1971 年投入营运，系统具有连续作业 50 天的能力。"SEDC0445 号"也装有多台推力装置，包括 11 只辅助推进器和 2 只主螺旋桨。与第一代动力定位系统相比，第二代动力定位系统的主要特点是采用了卡尔曼滤波等现代控制技术，各动力定位船舶都采用几乎相同的传感元件和数字计算机控制系统，而位置传感器则由单一型发展成综合型，在一个动力定位系统中可同时采用声学、张紧索和竖管角三种位置基准传感器，系统的各个原件都有冗余，可长期不间断地运行。

第三代动力定位系统于 20 世纪 80 年代初开始形成，主要采用现代计算机技术和现场总线技术。经过多年的发展，动力定位系统的鲁棒性、灵活性、功能性和操作的简易性均提高到新的水平，其中典型的有 Konsberg 公司的 SDP11 系列、Navis 公司的 NavDP 4000 系列和 L3 公司的 NMS6000 系列。这些动力定位系统均具有开放性的结构，能够实现船舶位置和航向的高精度保持，广泛用于风力发电安装船、溢油回收船、平台供应船、铺管船、辅缆船、挖泥船、打桩船、半潜运输船、钻井平台、打捞船、起重船、无限区化学品船、LNG 船等船舶和海洋工程领域。目前，最先进的 DP 可以在 2 级流、6 级风的海况下实现 0.35 m 的位置定位精度、0.1° 的艏向保持精度和 1 m 的航迹保持精度。

动力定位系统基本构成

动力定位系统主要是由动力与推进器系统、测量系统和自动化控制系统构成。下面依次介绍其物理组成及工作原理。

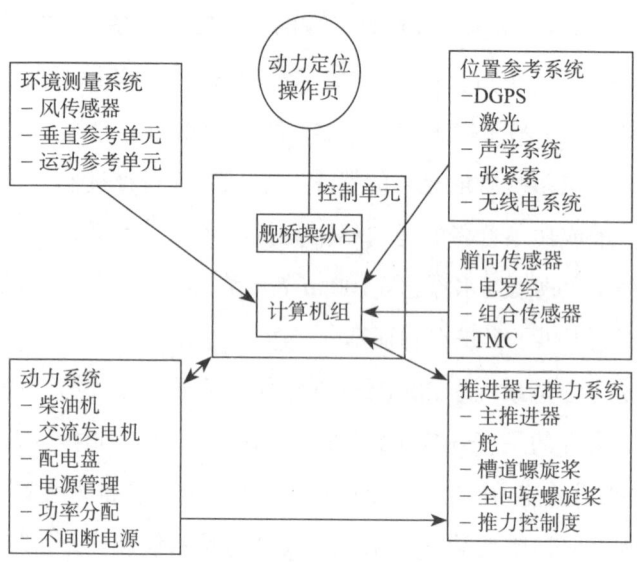

动力定位系统的组成

动力与推进器系统负责为船舶提供足够的电力和有效的机动性。动力系统由主发电机和先进的电站管理设备组成。推进器提供抵御外力作用和提高机动性的动力。常用的推进器形式有开放式推力器、槽道推力器、全方位推力器和吊舱推力器。动力定位船舶的操纵性能十分优越，可原地掉头。一般海况下，即使一台电力推进系统和一台侧推器同时出现故障，也能保持动力定位功能和船舶操纵性（即要求一定的冗余度）。

测量系统是指获得船舶相应运行参数的传感器系统，主要有：① 船艏向传感器（Heading Sensors）。动态定位系统的核心任务是保持船艏向和船位，船艏向的航向基准一般由电罗经提供。② 位置参照传感器（Position Reference Sensors）。根据 DP 作业的环境及所需的定位精度要求，可以选择多种位置参照系统。一般 DP2 级作业时，要求最少同时使用三个以上的位置参照传感器。一艘动力定位船舶的实际构成：一套 DGPS，这是专为 DP 系统配置的高精度差分全球定位仪，通过卫星获得该船的准确位置；一套激光雷达（Laser Fanbeam），包括电源显示器扫描仪（Scanner）等；一套声音位置参考系统（Acoustic Position Reference Systems），根据海底信标（水听器 hydrophones）产生的信号计算出船的位置和海底参考点。位置参考传感器的精度直接影响 DP 系统的定位精度。③ 风向风速仪（Wind Sensors）。DP 系统中一般接入两个以上的风向风速仪，以获得风的方向和速度。④ 垂向基准传感器 VRU（Vertical Reference Units）或 MRU（Motion Reference Unit）。VRU 可用来实时测量船舶垂直方向的变化值；MRU 不仅可实时测量纵摇和横摇值，还能监测船舶在涌浪中的垂荡运动，是对船舶三维运动的实时监测。

自动化控制系统一般包括信号处理及控制单元。它的主要功能是根据预先设定的算法接收处理并发出各种对推进器的控制信号，对抗船舶及海洋平台所受到的风、流、浪、惯性等外力影响，使其保持所希望固定或所需要变化到的位置及舷向。

动力定位系统的工作原理

动力定位系统的基本功能是通过精确的推进命令自动控制船的位置与航向。在实施动力定位操作时，中央处理器接收各种传感器的数据进行处理，估算出船舶的位置及航向，估算值在控制台上显示并且不断地更新。当执行自动动力定位模式时，系统确定想得到的设定点，此设定点可以是船舶当前位置或是一新的位置或航向一个移动的目标如 ROV（遥控水下机器人）或者钻井作业时曲折的连接角。中央处理器将船舶的估算位置和航向与命令设定点进行比较，产生推进命令以缩小两者之间的差异。到达设定点后，系统自动进行风流和其他环境因素的补偿，以保持船舶能稳定在设定点上。DP 系统制造商在设计阶段创建了船舶的一个精确的数学模式，该模式结合了空气动力学与水力的因素。因此，尽管有风水流及波浪的影响，系统在计算推力命令时，仍然能使船舶较好地保持在设定点。系统基本原理如下图所示。

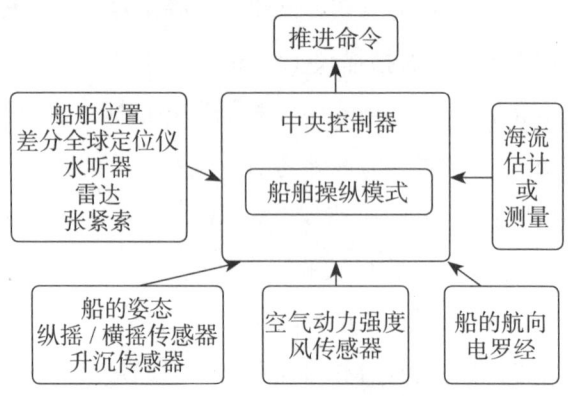

动力定位系统基本原理框架

动力定位系统的控制策略

船舶在海上的动力学特性很难用精确的数学模型加以描述,而风、浪、流等外部随机干扰的统计特性也随着不同的海况而发生很大的变化且难以预知。如何对动力定位系统进行控制是动力定位系统需要解决的关键问题之一。应用于海上作业船舶和海洋平台动力定位系统的主要性能指标包括:动力定位系统能快速响应外界环境因素的影响,使船舶保持在预期的位置、艏向范围内或沿预期的航迹行驶,并且在确保动力定位系统安全可靠工作前提下使推进系统能耗最小。在此要求下,制定动力定位系统的控制策略时主要考虑以下约束条件:

(1)功率消耗:船舶能产生的功率数量是有限的,推力器只能使用其中的一部分。随着海况、作业类型、服役发动机的数目和故障情况的不同,所分配的功率的数量也有所不同,因此,执行机构得到的控制指令必须受到限制。为了达到最高的性能而不发生执行器饱和,在控制器和推力分配系统中都应考虑功率的约束限制。

(2)推力器负载:推力器推力的大小与推力器的机械属性有关,是制定控制策略时要考虑的硬约束,如由电力推进产生的高峰值推力能损坏齿轮箱。因此,出于安全考虑,螺旋桨的转速必须受到约束。另外,光滑的推力变化对节约能源也有好处,因此,速度约束也应与作业有关的功率约束综合起来考虑。

（3）操作区约束：根据作业不同（如钻井、跟踪ROV、装载等），可能存在和工作区域相关的不同操作约束。为了达到操作条件下船舶的最大性能，常要求从性能或安全角度引入操作区约束，该约束一旦违反，作业可能发生灾难性的后果。

（4）冗余度：理想的推进器能够产生任何方向的推力，一般情况仅由2个推进器就能组成推力系统。但由于目前单个推进器的推力容量有限，2个推进器无法满足推力容量的要求，同时推进器系统必须满足平台工作的可操纵性和可靠性，因此推进器系统中的推进器一般多于5个。这种情况下需要考虑推进器与船体以及推进器间的互相影响等因素，以及由多个推进器组成的冗余系统的控制问题。

综上所述，在制定船舶动力定位系统的控制策略时，不仅要考虑动力定位系统的控制精度，还需要考虑定位系统的响应速度与能耗。动力定位系统的控制是精度、功耗、负载、冗余度和响应速度等多约束情况下的优化控制问题。

动力定位系统的控制技术

控制系统是整个动力定位系统的核心部分。动力定位系统的精度和速度直接取决于控制系统的性能，因此，如何提高控制系统的性能成了动力定位系统发展中的关键问题，也标志着动力定位系统的发展水平。

动力定位系统经历了从PID控制、线性最优控制到智能控制的发展过程，目前常用的是线性随机最优控制，即LQG控制方法。近年来，模糊控制、神经网络等智能控制方法也开始应用于动力定位控制。

（1）PID控制：比例－积分－微分（Proportional-Integral-Differential, PID）控制是早期动力定位系统控制技术的代表类型，以经典的PID控制为基础，分别对船舶的三个自由度（横荡、纵荡、艏摇）进行控制。根据位置和艏向偏差计算推力大小，然后确定推力分配逻辑产生推力，实现船舶定位。

由于PID控制具有技术成熟、操作简单、价格便宜、应用广泛等优点，所以早期动力定位系统都采用此技术。但是，随着动力定位船舶对控制精度和响应速度的要求不断提高，PID控制已经不能满足动力定位的需求，目前已很少使用。

（2）LQG控制：Kalman滤波和最优控制相结合形成了线性二次高斯型（Linear Quadratic Guass，LQG）控制，LQG控制在第二代动力定位系统得到普遍应用。LQG控制解决了定位控制中由于滤波而导致的相位滞后问题，并在节能、安全、鲁棒性能上都较PID控制有很大的进步，控制精度和响应速度也能满足系统需求，是目前动力定位系统中应用最为广泛的一种控制技术。

（3）智能控制：智能控制在一定程度上模仿了人的智能，是一种处理不确定性、非线性和其他不适定问题的控制方法。智能控制的特性决定其非常适合处理动力定位系统的复杂非线性以及环境的不定性，能够提高动力定位系统的抗干扰能力、响应速度和鲁棒性。智能控制包括模糊控制和神经网络控制等。模糊控制不依赖于对象的精确数学模型，在一定程度上模仿人的智能控制，具有抗干扰能力强、响应速度快、鲁棒性好等特点；而神经网络控制具有自适应学习功能和容错能力强等特点。

推力分配

推进系统是动力定位系统的执行机构，其作用是按照控制系统发出的一系列推力指令，形成一个时变的推力系统，以抵消外在的时变环境载荷。

DP的控制系统综合考虑测量系统测量到的船舶位置和艏向及其与期望值的偏差、外界环境扰动力的影响等因素，通过系统控制算法计算出使船舶恢复到目标位置和艏向所需推力的大小，并通过分配算法将控制力分配到每个执行器上。动力定位系统的控制系统可分为高、低两级控制器。高级控制器的主要功能是通过控制算法计算控制力，低级控制器的功能则是对推力系统中推力器进行控制。推力分配负责将高层控制器所产生的2个推力指令和1个力矩指令分配给各个推进器。推力分配系统作为高、低两级控制器的纽带，一方面需满足控制力要求，另一方面需符合推力系统的动力性能和操作要求，因此，动力分配对整个系统的控制效果有至关重要的作用。为了满足系统的操作性和安全性，动力定位功能船舶一般装有比常规船舶更多数量和种类的推力器，而动力定位系统一般只在纵荡、横荡和艏摇3个自由度上施加控制力，将3个自由度上的控制力分配到多个推力器时，使得控制输入的维数要多于系统所要求控制的自由度，因此，整个动力分配系统形成了一个冗余系统。

对于动力定位控制系统，推力分配所要解决的问题是如何在要求的响应时间内迅速找到一个最优的控制输入组合，以满足期望的控制力和力矩，抵抗外界干扰的影响，保证系统的控制精度。对于动力定位系统来说，通常将推进器系统燃油的最小消耗作为优化问题的目标，同时综合考虑系统响应速度、控制精度、主机功率等约束，因此，推力分配成为解决多约束条件下的最优化问题。

动力定位系统相关规范

（1）船级符号：船级符号是船级社授予船舶的一个等级标志，是保险公司对船舶及货物、工程作业等进行保险的主要依据。各个船级社均根据动力定位系统的功能和设备冗余度的情况授予不同的附加标志，见下表。

船级社动力定位附加标志对比

IMO	DNV	LR	BV	ABS	GL
1级设备	DYNPOS AUT	DP（AM）	AM/AT	DPS-1	DP1
2级设备	DYNPOS AUTR	DP（AA）	AM/ATR	DPS-2	DP2
3级设备	DYNPOS AUTRO	DP（AAA）	AM/ATRS	DPS-3	DP3

（2）设备配置：根据不同的附加标志，动力定位系统的设备配置也会有所不同，主要区别在冗余度上。在下表中，按照DNV规范给出了动力定位系统设备配置详细说明。

动力定位系统的设备配置

子系统及部件		各级别的最低要求			
		AUTS	AUT	AUTR	AUTRO
电源系统	发电机及原动机	无备用	无备用	需备用	需备用，A-60隔离
	主配电盘	1	1	1	A-60隔离
	汇流排断路器	0	0	1	2
	配电系统	无备用	无备用	需备用	需备用，A-60隔离
	电站管理系统	无	无	有	有

（续表）

子系统及部件		各级别的最低要求			
		AUTS	AUT	AUTR	AUTRO
推进系统	推进系统的布置	无备用	无备用	需备用	需备用，A-60隔离
	在主控制中心给每个推进系统布置独立的控制杆	有	有	有	有
控制系统	自动控制：计算机系统数量	1	1	2	2+1（在A-60隔离的备用控制间）
	手动控制：带自动航向的操作杆	无	有	有	有
传感器	方位参照系统	1	1	2	2+1（在A-60隔离的备用控制间）
	外部传感器 风速风向仪	1	1	2	1+1（在A-60隔离的备用控制间）
	外部传感器 罗经	1	1	3	2+1（在A-60隔离的备用控制间）
	外部传感器 垂向参照系统	1	1	2	2+1（在A-60隔离的备用控制间）
UPS		0	1	2	2+1（在A-60隔离的备用控制间）
打印机		有	有	有	有
备用控制站		无	无	无	有

（3）动力定位等级的具体要求：

① DP0 船舶装备一套集控手动操作系统和航向自动保持的动力定位系统（DPS），能在最大环境条件下，使船舶的位置和航向保持在限定范围内。

② DP1 船舶装备具有自动定位和航向自动保持的动力定位系统（DPS），另外还有一套独立的集控手动操作系统和航向自动保持的动力定位系统，能在最大环境条件下，使船舶的位置和航向保持在限定范围。

③ DP2 船舶装备具有自动定位和航向自动保持的动力定位系统（DPS），另外还有两套独立的集控手动操作系统和航向自动保持的动力定位系统，能在最大环境条件下，即使船舶发生单个故障，也能使船舶的位置和航向保持在限定范围内。

④ DP3 船舶装备具有自动定位和航向自动保持的动力定位系统（DPS），另外，还有两套独立的集控手动操作和航向自动保持系统及一套备用动力定位自动控制系统。能在最大环境条件下，使船舶的位置和航向保持在限定范围，即使船舶发生任何单个故障，包括由于失火或进水而完全失去一舱。DP3 三级动力定位与 DP2 二级动力定位系统的主要区别在于系统设计的冗余与系统布置上的物理分割。

⑤ DP2 与 DP3 的区别：三级定位与二级定位在定位精度上是一样的，而冗余是在进行系统设计时尤其是在动力定位系统、推进系统和电力系统设计时要充分考虑的，用规范的话讲就是在一个运行的系统失效时，不能导致另一个运行系统同时失效。

单点系泊系统

单点系泊是指海洋工程船舶通过单点形式系泊在另一个固定式或浮式结构物上，船舶围绕该结构物可以随风浪流作 360°回转，由于风标效应，被系泊船舶将会停泊在环境力最小的方位上。对海洋油气开采来说，它同时必须具有流体输转功能。

就单点系泊系统的组成而言，它主要包括流体输转系统（FTS，核心为旋转接头装置）、转台或转塔系统（TTS）、主轴承（系泊轴承）、柔性立管、系泊浮筒以及其他附属装置。

单点系泊系统的类型

单点系泊装置主要有两种基本类型，即悬链式浮筒系泊装置和单锚腿系泊装置。根据海上油田开发的需要和海况条件的要求，在这两种基本类型的基础上，单点系泊技术不断改进，逐步发展为多种类型的系泊装置，主要有：悬链式浮筒系泊装置、单锚腿系泊装置、单浮筒刚臂系泊装置、单锚腿刚臂系泊装置、导管架塔式刚臂系泊装置、固定塔式单点系泊装置、露体单浮筒系泊装置、桅式单浮筒储油系泊装置和可解脱式浮筒转塔系泊装置等。

（1）悬链式浮筒系泊装置：悬链式浮筒系泊装置是单点系泊装置中最早出现的一种型式，也是数量最多的一种。它使用一个大直径（约10～17 m）的圆柱形浮筒作为主体，以4条以上的长垂曲线锚链固定在海底基座上。浮筒具有弹性（即能吸收外力冲击能量），能在一定范围内漂移。悬链式浮筒系泊装置的主要优点是结构简单、便于制造和安装。它的组成部件除旋转头和软管之外，都是常规产品，设计、制造、安装简便，造价低廉。它的缺点是要求海底地貌平坦，浮筒的漂移、升沉随环境条件的恶劣而增长，这将使水下软管过度挠曲而易于损坏。在持续摇荡期间，工作艇难于靠近，给维修保养工作带来不便。

（2）单锚腿系泊装置：单锚腿系泊装置既适用于浅水区，又适用于深水区，如果用于深水区，则锚链下端需连接一段内有输油管的立管，立管上头与锚链铰接，下头铰接在海底基座上。立管可在任意方向摆动。流体旋转头安装在立管顶部。流体旋转头以上的所有部件都可以转动。该装置有一个细长的圆柱形浮筒，通常直径约为6～7 m，高度约为15 m。浮筒下面用锚链拉住，锚链的下端固定在海底基座上。由于浮筒具有正的剩余浮力，所以锚链始终保持一定的张力。海底基座是以承受浮筒的正浮力和最大系泊载荷为条件的。锚链与浮筒之间、锚链与海底基座之间，都用万向接头相连接；这种结构能使整个浮筒和油轮围绕系泊中心转动，而无须在浮筒上面安装轴承和转台。输油管路不通过浮筒，水下软管与漂浮软管合为一条，直通油轮。

（3）单浮筒刚臂系泊装置：单浮筒刚臂系泊装置是在悬链式浮筒系泊装置的基础上发展起来的，其主要差别是用刚性轭臂系泊取代缆绳系泊。刚性轭臂与储油轮之间的铰链连接，允许产生纵摇；它的另一端支持在浮筒上，可以围绕浮筒旋转，并通过万向接头连接在一起，这样就可使浮筒、刚性轭臂油轮的摇摆角各自独立。大多数刚性轭臂都设计成A字架形式，采用封闭的箱型结构。

（4）单锚腿刚臂系泊装置：单锚腿刚臂系泊装置是在单锚腿系泊装置的基础上发展起来的。刚性轭臂与油轮是铰链连接，并通过一个允许有相对纵摇和横摇运动的铰链接头与系泊立管相连。铰链接头通过滚柱轴承连接到立管顶部，使轭臂和油轮能随风摆动。与立管组合在一起的浮力舱趋于使立管保持垂直位置，从而为油轮保持在停泊点位置提供了恢复力。立管底部是通过万向接头与海底的锚定底座相连的。

（5）导管架塔式刚臂系泊装置：在导管架塔式刚臂系泊装置中，浮式生产储油轮是借助于系泊刚臂连接到导管架上的。系泊头安装在导管架顶部中央的将军头上。系泊头上安装有转输油、气、水的流体旋转头和一个转动轴承，它可以使生产储油轮和系泊刚臂一起绕着导管架转动。系泊臂是一个刚性"A"字形钢管构架，其前端依靠横摇—纵摇铰接头与系泊头相连接，后端依靠系泊腿与生产储油轮的系泊构架连接。在系泊刚臂后的压载舱中，装有防冻的压载液。当系泊系统处于平衡状态时，悬吊系泊刚臂的系泊腿是垂直的。当生产储油轮由于环境力而移动时，系泊刚臂被抬起，从而产生恢复力，迫使生产储油轮回到平衡位置。系泊腿的上、下端均用万向节分别与系泊构架和系泊刚臂相连接。系泊刚臂的前端和系泊头的连接是横摇-纵摇铰接头，再加上系泊头上的转动轴承，就使生产储油轮在风浪中能自由地进行所谓的六向运动（即纵摇、横摇、前后移动、升沉、漂移、摆艏）。

（6）固定塔式单点系泊装置：南海北部湾某油田采用的固定塔式单点系泊装置是一个固定在水深37.5 m海床上的柱状结构物，它通过一条缆绳系泊一艘浮式生产储油轮。这种类型的系泊装置主要由上、下两部分结构组成。上部结构高度约34 m，总重量约432 t，由固定部分和旋转部分组成。固定部分是个直径为2.3 m的圆柱体，是下部结构的延长部分，焊装有转台轴承座和三层固定平台，分别支承着流体旋转头、电仪设备、管线系统、阀门、清管器收发装置和通道设施等，其中流体旋转头是连通固定部分和旋转部分之间各种流体管道的关键设备。旋转部分包括系泊转台、防碰圈和转动框架。下部结构是由一个直径为5.7 m的圆柱体焊接在一个基座上，该基座由三个各成120°的径向箱形梁构成，用6根桩固定在海底，每根桩长60 m，直径122 cm，6根桩总重约400 t。圆柱体内安装有三根用于输送油、水、气的刚性立管，采用法兰跟海底管线连接。下部结构总重量约650 t，高度约44 m。

（7）露体、桅式单浮筒系泊装置：露体、桅式单浮筒系泊装置两种形式的单点系泊装置具有一个共同特点，即由一个大而长的垂直浮筒构成，类似半潜式浮筒体。前者具有固定压载和压载水舱，后者具有储油舱和生产处理设备。它们均通过数根定位锚链固定，在波浪中比较稳定，无论是在海上纵荡、升沉，还是横摇状况，都比悬链式浮筒系泊装置稳定多了，适用于恶劣海况条件。这两种系泊装置的一个重要特点，就是能延长最易磨损的漂浮软管、水下软管和系泊缆绳的寿命。当不使用时，漂浮软管和系泊缆绳由绞车卷起而不再漂浮在海面上，减少破损问题；水下软管长度较短，又处于波浪影响区域之外，故漂动很小。另一个重要特点是，在恶劣海况条件下，浮筒在任何方向都只有一个低振幅漂动，原因是没入水下的浮筒体积大、重心低，而且与海面相交的浮筒段直径较小，使波浪阻力减至最低限度。这两种系泊系统配备的设备较多，除了必要的流体旋转头、管线、阀门、吊机之外，还装有绞车、发电机组、居住设施、救生与防火设备、直升机平台等，是一个具有多功能的海上石油装置。它们的最大缺点是费用昂贵，设备、制造、安装工作较大，故尽管优越性明显，至今安装实例却很少。

（8）可解脱式浮筒转塔系泊装置：近年来在南海东部多个油田上使用的单点系泊系统，都属于可解脱式浮筒转塔系泊系统。这类单点系泊系统具有承载能力高、关键设备防护条件好、检修作业方便等许多优点。这些单点系泊系统在南海使用，能确保冬季连续生产，并能安全抵抗移动速度特别快的热带低气压风暴产生的环境荷载。

目前在我国海上油田采用的单点系泊装置有4种：固定塔式单点系泊装置、导管架塔式刚性臂系泊装置、可解脱式转塔浮筒系泊装置和永久式转塔系泊装置。

单点系泊系统关键装置——流体旋转接头

不管是什么类型的单点系泊系统，都涉及一个关键装置——流体旋转头。流体旋转头的技术已有40多年的历史，40多年来，为了满足油品传输及油田开发的需要，旋转接头技术得到了充分的发展，到目前为止，同时输送的通道数已达到8个以上，可实现原油、成品油、注水、注气、遥控液压信号、电信号/光信号、高压电力输送等多通道同时传输,成为海上油田现代化生产的传输中心。

单点双通道输油旋转接头样机

单点三通道输油旋转接头模型

紧凑型STP多通道旋转接头

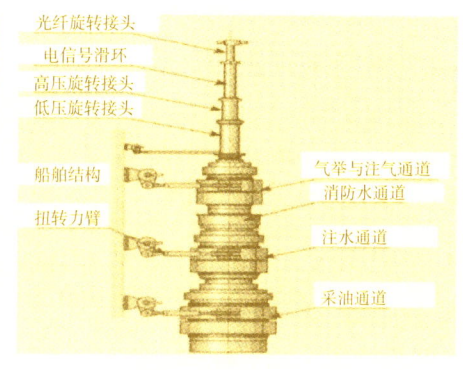

多通道旋转接头示意图

旋转接头装置往往处于风、浪、流、潮水等交替作用之下,一旦发生事故,救援困难,所以旋转接头装置必须具有更高的安全性;由于海上设施离岸维修条件差、检修周期长,因此要求旋转接头装置性能可靠、经久耐用;旋转接头装置常处于潮湿盐雾环境中,海水和大气腐蚀问题严重,旋转接头装置应具有更高的耐腐蚀性;旋转接头装置通过的是高压、高温且有腐蚀性的介质,除了满足介质传输功能外,还要保证不能因旋转接头的动密封失效而导致泄漏,发生污染环境的事故,因此,在整个采油系统中,旋转接头装置是一个要求极高的关键设备。

旋转接头装置的关键技术问题主要有:整个装置的结构形式、本体材料的选择、材料表面处理、密封件材料和样机试验等。

高技术船舶

LPG 船和 LNG 船

LPG、LNG 的主要特点

LPG，液化石油气（Liquefied Petroleum Gas，简称 LPG），是由炼厂气体或天然气（包括油田伴生气）加压、降温、液化得到的一种无色、挥发性气体，其主要成分为丙烷和丁烷的混合物，通常伴有少量的丙烯和丁烯。LPG 可在适当的压力下以液态形式储存在储罐容器中，是一种使用广泛的工业能源、燃料和化工原料。

LNG，液化天然气（Liquefied Natural Gas），是一种清洁、高效的能源。天然气是在气田中自然开采出来的可燃气体，主要成分由甲烷组成。LNG 是通过在常压下气态的天然气冷却至 -162℃，使之凝结成液体。天然气液化后可以大大节约储运空间和成本，而且具有热值大、性能高等特点。

另外，LNG 还有一种存在形式，即 CNG（Compressed Natural Gas），也称为压缩天然气，是将天然气加压（超过 256 MPa）并以气态储存在容器中得到的压缩气体，与 LNG 成分相同。

LPG、LNG 的应用

以气代油在建材、冶金、医药、轻工等行业中，各个行业广泛使用液化石油气、轻柴油和重油作工业燃料，油价的波动、油源和运输条件的制约，影响着产品质量和升级换代，也影响着空气质量的改善。使用燃油的工业企业，若实施以气代油工程，其改造工程量少、投资省、见效快，技术上完全可行，而油改气项目用气量大，用气稳定，也是天然气利用市场开拓初期主要的支撑项目。

城市燃气主要包括居民生活用气、商业、公用事业等行业用气，中小型工业用气以及机动车替代燃油用气等。城市燃气是城市重要的基础设施，也是衡量城市现代化的重要标志之一。

为了优化城市燃气结构，提高供气质量，改善环境，天然气作为清洁能源必将成为我国现代化城市的首选燃料。

天然气发电用气量大，是世界上燃气需求增长最快的领域，也是我国开拓天然气市场的主攻方向，同时，电力工业清洁化和大型化已成为发展的必然。

LPG早年被用在一些出租车的改装上，但是因为动力不足，已被逐渐淘汰，现在家用较多、就是我们日常所使用的液化气。

LPG、LNG运输船发展现状

LPG船

LPG船按货物运输方式分为全压式、半冷半压式（冷压式）和全冷式三种船型。

全压式：又称常温压力式，是把货物置于常温条件下加压超过蒸发气压的压力，使货物变成液化状态。少数气体，如乙烷、乙烯、甲烷在高于临界温度下再加压也不液化。全压运输船的船舱不需设置隔热与低温冷却设备，通常最高设计温度为45℃，最高设计压力为1.75～2.0 MPa。

半冷半压式：又称低温加压式。这类船早期冷却工作温度为-5℃左右，压力0.8 MPa左右，运载液化气接近于全压式LPG船，现已很少建造。通常，该类船最大舱容量不超过2.50万m^3，新研制的3万m^3 LPG船可谓是该型船之最。

全冷式：又称为低温常压型，液化气贮存于不耐压的液舱内，处于常压下的沸腾状态。液舱设计压力一般为0.025 MPa，单个液舱容积很少受限制，适宜建造大型船舶，容量大都为5万～10万m^3。

按液舱结构，LPG运输船又可分为三种：非独立型整体液舱式、内部绝热贮舱式和独立式液舱。其中，独立式液舱又可分为A、B、C三型，它们均非船体的构成部分，呈自持式。

A型独立舱：该型液舱多由平面结构组成，液舱最大允许设计压力不大于0.07 MPa，在大型全冷船上采用该型式较多，工作温度不低于-55℃。

B 型独立舱：要进行精确的结构应力分析和模型试验。液舱型式有棱柱形和回转球形，压力小于 0.07 MPa。LNG 船用此型式较多。

C 型独立舱：C 型舱有单罐、双耳和三叶型三种，按压力容器准则设计。设计压力常取 1.8 MPa，不超过 2 MPa。我国建造的全压式和半冷半压式 LPG 船皆属于此范畴。该船不需要设置屏蔽，技术状态成熟。

LNG 船

LNG 船是在零下 163 摄氏度低温下运输液化气的专用船舶，是高技术、高难度、高附加值的"三高"产品，是一种"海上超级冷冻车"。LNG 船的储罐是独立于船体的特殊构造。在该船舶的设计中，考虑的主要因素是能适应低温介质的材料，对易挥发或易燃物的处理。船舶尺寸通常受到港口码头和接收站条件的限制。LNG 船的使用寿命一般为 40～45 年。世界大型 LNG 船的储罐系统有自撑式和薄膜式两种。自撑式有 A 型、B 型两种，A 型为菱形或称为 IHISPB，B 型为球形。薄膜型是大型船的首选，C 型则是中小型船舶的首选。LNG 运输船被喻为世界造船业"皇冠上的明珠"，现只有美国、中国、日本、韩国和欧洲的少数几个国家的 13 家船厂能够建造。

从总体上看，薄膜型 LNG 船在船型性能方面要优于 MOSS 型，但 MOSS 型具有货物装载限制较少等使用操作上的优点，而且，在早期的 LNG 海运中，MOSS 型船占有较大优势。

我国 LNG 船行业发展现状良好，迅速扩大的市场需求量为 LNG 船行业提供了基础，快速崛起的整体实力逐渐弥补起步较晚的劣势。因此，越来越多的国内造船企业开始进军 LNG 船领域。

我国制造的第一艘液化天然气（LNG）船"大鹏昊"，是世界上最大的薄膜型 LNG 船，船长 292 m、宽 43.35 m、型深 26.25 m，装载量为 14.7 万 m^3、时速 19.5 kn。于 2008 年 4 月顺利交船，成为广东深圳大鹏湾秤头角的国内第一个进口 LNG 大型基地配套项目。

我国制造的第二艘 LNG 船"大鹏月"是中船集团公司所属沪东中华造船有限公司，为广东大型 LNG 运输项目建造的第 2 艘 LNG 船。该船同"大鹏昊"属同一级别，货舱类型为 GTT NO.96E-2 薄膜型，是当时世界上最大的薄膜型LNG船。其船坞周期仅为160天，比首制船缩短近1个月，码头周期比首制船缩短66天，总建造周期比首制船缩短126天。

我国制造的第三艘LNG船"闽榕"是中船集团公司所属沪东中华造船（集团）有限公司，为福建大型LNG运输项目建造的第1艘LNG船。该船长292 m，船宽43.35 m，型深26.25 m，航速19.5节，装载量14.7万 m^3，货舱类型为GTNPO.96E-2薄膜型，属于世界上大型的薄膜型LNG船。该船建造历时将近3年，总建造周期比首制船缩短了125天。

我国制造的第四艘LNG船"闽鹭"是中船集团公司所属沪东中华造船（集团）有限公司，为福建大型LNG运输项目建造的第2艘LNG船。总建造周期比首制船缩短了123天。

2016年4月15日，由我国自主设计建造的国内最大LNG运输船——"泛亚"号顺利在沪东中华船厂出坞下水。目前，中国海油已建成各类LNG运输及LNG动力船舶11艘，在建4艘，涵盖远洋大型LNG船、中小型LNG船、LNG燃料港作拖轮等，未来，"清洁、绿色、低碳"的天然气清洁资源将通过这些LNG运输船舶源源不断地送抵千家万户。

LNG船的关键核心设备在于存储货舱，其技术难点有二：首先，须将天然气液化、压缩到原体积的1/600，便于存储和长途海运；其次，须保持舱内温度在零下162摄氏度以下，维持天然气液体状态。除耐超低温的性能外，还要最大化降低LNG在舱内自然蒸发气化的量，增强舱壁的耐冲撞性能等。

对于中国的造船企业，发展自己的LNG船舶技术，是非常有必要和有意义的。

豪华邮轮

概述

邮轮的原意是指海洋上的定线、定期航行的大型客运轮船。"邮"字本身具有交通的含义,而且过去跨洋邮件总是由这种大型快速客轮运载,故此得名。由于在邮递服务的初期,洲际的邮递服务,都是依靠邮务轮船将信件和包裹由此岸送到彼岸,这些英国轮船往往须要悬挂英国皇家邮政的信号旗。在1850年以后,英国皇家邮政允许私营船务公司以合约形式,帮助他们运载信件和包裹。这个转变,令一些原本只是载客船务公司旗下的载客远洋轮船,摇身一变成为悬挂信号旗的载客远洋邮务轮船。"远洋邮轮"一词,便因此诞生。

但由于后来喷气式民航客机的出现,远洋邮轮渐渐丧失它的载客、载货功能和竞争力;远洋邮轮的角色,亦由邮轮演变为只供游乐的游轮。所以,严格来说,现在一些旅程或长或短的玩乐式邮轮,由于丧失了运载信件和包裹的功能,只能称之为游轮,而不是邮轮。现在所说的邮轮,实际上是指在海洋中航行的旅游客轮。

跟远洋邮轮不同的是,游轮通常不会横渡海洋,而是以最普遍的绕圈方式行驶,起点和终点港口通常是同一港口,旅程通常亦较短,少至1~2天,多至1~2周。游轮旅游已成为国际旅游业的一个重要组成部分,2006年全球的总载客量达到数以百万计。

邮轮假期在20世纪80年代渐趋蓬勃,不少邮轮公司加入,并投资建造设施更豪华、节目更丰富、排水量更多的邮轮,使邮轮变成一个豪华的海上度假村。邮轮被称为"无目的地的目的地""海上流动度假村",是当今世界旅游休闲产业不可或缺的一部分。这个行业目前在欧美规模庞大,有

300～400艘邮轮，每天带着大量游客航行于加勒比海，巴哈马，百慕大，阿拉斯加，夏威夷，墨西哥湾，地中海，北欧等世界100多个国家和地区。

按照邮轮船型大小，可以将邮轮划分为大型邮轮、中型邮轮和小型邮轮。大型邮轮载客量一般在2 000人以上，中型邮轮载客量一般在1 000～2 000人，小型邮轮载客量一般在1 000人以下。按照邮轮航行的水域，可以将邮轮划分为远洋邮轮、近洋邮轮和内河邮轮。远洋邮轮一般航程较长，航期在10～15天，甚至更长；近洋邮轮和内河邮轮航程较短，航期一般在7天左右或者以内。

我国邮轮的发展

经过十多年快速发展，我国邮轮产业发展基础从无到有、市场规模从沿海城市发展到沿海全线，并从沿海向内陆迅速扩张、邮轮接待服务与管理经验从不成熟到逐渐成熟且日益成体系等。从外部看，十多年发展之路，使得中国在国际邮轮产业界快速崛起并受到高度重视，已成为世界邮轮产业发展新的增长点和突破口。相信不久的将来，亚洲将成为新的世界邮轮产业发展的中心。

近年来，邮轮产业呈现强劲的增长势头。亚洲拥有世界约60%左右的人口，以中国为代表的邮轮市场需求快速增长，市场规模不断扩大。在我国居民收入不断提高以及消费升级的助推下，邮轮游人数呈现40%以上的爆发式增长。邮轮作为我国的一个新兴产业，正不断受到出境游旅客的追捧，未来发展前景广阔。

我国邮轮产业问题及未来发展

我国邮轮产业的快速发展也暴露出一些问题。目前，我国邮轮产业的工作仍主要集中在产业链下游的邮轮靠泊和游客接待方面，邮轮母港经济拉动效应不明显；本土邮轮虽然开始成长，但是本土特色不突出，专业的本土化运营人才缺乏，难以打造具有竞争力的自主品牌；邮轮旅游发展模式尚未形成，邮轮旅游市场存在恶性竞争，扰乱邮轮市场秩序；邮轮经济发展规律研究不够，尚且难以提供有效的理论支撑和引导。

短期看，一是邮轮产品低价化会使得价格敏感型游客提前进入邮轮市场，对免费产品进行掠夺性消费，产生浪费的"公地悲剧"，恶化邮轮消费环境；二是价格敏感型游客对付费产品更加敏感，船方无法通过船上消费来提升邮轮利润，弥补低船票带来的微薄利润；三是有可能导致价格寻租者的出现，期望通过邮轮促销低价和正常价格的差价来获取利润；四是游客对低价形成依赖，造成市场观望心理，没有最低价只有更低价，邮轮产品只能在低价徘徊。

长期看，持续低价会造成邮轮消费市场的劣币驱除良币现象，对价格不敏感的优质游客会因为环境恶化而离开，转而寻求更符合其要求的新产品，价格敏感型顾客成为市场消费主力，邮轮行业整体收入下降，邮轮公司无力进行产品和服务更新，邮轮品质下降，邮轮产业加速衰退。

邮轮在欧美国家已有100多年的发展历史。中西比较，中国要打造自己的民族品牌，还存在不小的瓶颈与差距。

最突出的瓶颈是邮轮船队的建立。"中国企业不缺少资本，但缺少邮轮。"上海海事大学经济管理学院副教授、上海国际航运研究中心邮轮经济研究所副所长程爵浩介绍，邮轮被称为造船业的一颗明珠，国内能造各种各样的船，但就是这个明珠摘不下来，主要原因是一些关键技术不易突破。目前世界上只有四个国家能造邮轮，都集中在欧洲，包括德国、芬兰、意大利和法国。中国要真正生产自己的邮轮，技术上还不够成熟，时间上也可能还需要几年，所以，企业要组建邮轮船队，眼下最现实的做法是买船。但买船现在又不见得是最好的时机，世界邮轮产量本就极为有限，而且自2008年以来，世界邮轮市场一直处于复苏之中，西方世界本来就没有太多现成的、较为理想的二手邮轮待售。而且邮轮要形成符合中国特点的设计，在改造时也要花费更多的时间与资金。

另一个突出的瓶颈是严重缺乏邮轮方面的专业人才。中国港中旅集团公司副总经理傅卓洋认为，邮轮船长至少是"大型客轮船长＋大型旅游度假企业总经理"的综合体。中国交通运输协会邮轮游艇分会（CCYIA）常务副会长兼秘书长郑炜航表示，邮轮是高资本、高技术、高人才、高管理的行业，不是有资本就买艘邮轮那么简单，中国企业虽然不缺少资本，但缺少高级人才。邮轮是一个移动的海上度假村和星级酒店。中国企业可能有管理酒店的人才，也可能有运营船舶的人才，但邮轮需要同时具备这两种管理才能的人才。学习西方需要较长的时间，权宜之计也往往是从西方市场挖掘现成的团队。

其三是中国现有的一些政策环境对发展邮轮业的民族品牌存在一定制约。邮轮在中国大踏步发展就是最近几年的事，相关法律法规的制定明显滞后，表现出来就是对中资本土邮轮还有诸多的限制。例如标准严苛、税收较高，通关条件不如西方等等。而比较目的地的建设、配套的服务、海况与航线等方面，也还存在明显不足。

尽管我国在邮轮产业上游的这种高附加值船舶的设计、制造方面还是空白，但我们正在朝这方面努力，并取得了良好效果，2016年，中船、中投与嘉年华邮轮集团签署开发中国本土豪华邮轮品牌的协议，大力开发中国市场。为突破技术瓶颈，中船和芬坎蒂尼公司在制造技术方面开展合作。上海外高桥船公司借助自身在造船方面的良好优势，准备制造中国第一艘豪华邮轮，开创我国制造邮轮的历史先河。

下图所示为邮轮产业链示意图。

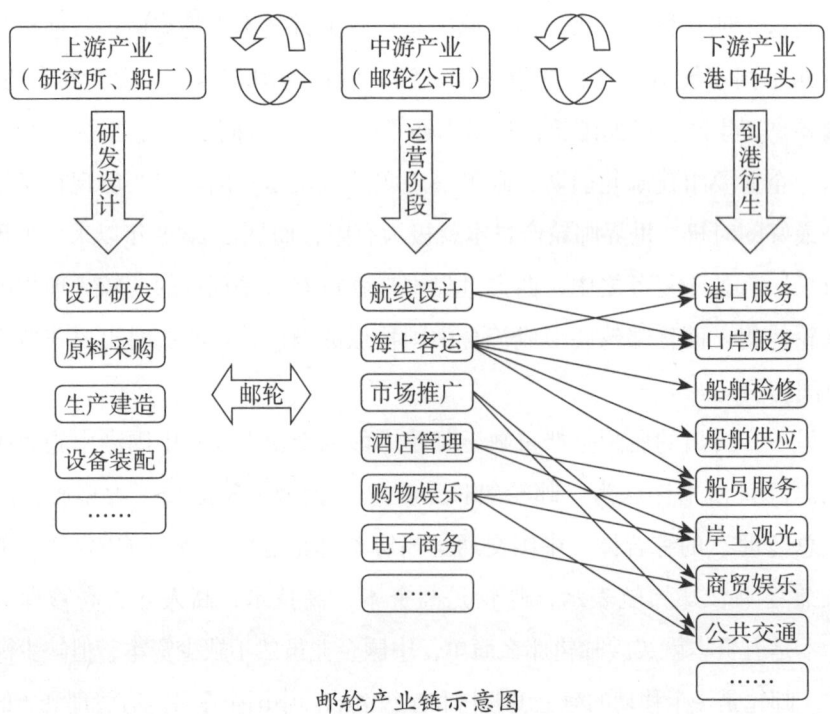

邮轮产业链示意图

极地船舶

过去数百年，北极航道一直布满浮冰，几乎无法通行，英、俄等国探险家曾试图开发这一航道，但由于风险太大都没有成功。近年来，伴随全球气温升高，这一海域的大部分冰层逐渐融化。根据美国国家冰雪数据中心（NSIDC）和挪威极地机构（NPI）的研究，2013年极区浮冰厚度变薄将创空前纪录，相较于20世纪90年代，北极海冰厚度减少45%，北极航道的开通从遥远走进现实。

冰区船的发展机遇

近年来，随着极地科考活动的不断升温，以及北极航道的季节性通航，冰区船舶大受追捧，新设计、新船型不断问世，已成为造船领域一道靓丽的风景。

冰区船的发展需求主要基于以下两点：

（1）北极地区资源丰富：被誉为"地球最后宝库"的北极，除了有富饶的渔业和丰富的水力、风力、森林等可再生的自然资源，还有极为丰富的不可再生矿产资源，包括铁矿、煤炭和石油；

（2）北冰洋航线航程短，贸易需求大：北极航道包括西北航道和东北航道。西北航道东起美国和加拿大东海岸，向西穿过加拿大北极群岛，经波弗特海、白令海峡抵达美加太平洋港口；东北航道西起西欧和北欧港口，穿过西伯利亚沿岸海域，绕过白令海峡到达中国或日本港口。世界发达国家大多处于北纬30°以北地区，这个地带生产了当今世界80%的工业产品，占据70%的国际贸易。如果北冰洋航线畅通，这些地区的国际贸易航线将会缩短大约6 000～8 000 km的航程，节省40%的航运成本。

预计到2020年，由于北极冰量的减少，北极域的利用率将大大增加。随着冰载荷检测技术的成熟、船体设计的改进以及冰区新航线的开辟，国际航运的重心将转向北极航线，大量的货物将会通过该航线运输，这将会对船舶的需求产生重大改变，原来航行于热带和温带的船舶因为无法在低温多冰的北极地区航行，冰区船将迎来前所未有的发展机遇。

冰区船的主要特点

冰区船主要具有以下特点和要求：

（1）采用特殊结构并采取强化措施，具有较强的船体强度，能够承受冰压力和冰的冲击载荷。

冰区船的主要特点是吨位大、主机功率大。冰区运输船舶和冰区海洋工程船主要是对船体结构、主机、轴系、齿轮箱、螺旋桨、起动装置与冷却水系统等采取了强化措施，以适应在冰区航行的需要；

（2）有良好的破冰能力和冰区操控能力；

（3）采取破冰辅助措施；

冰区船多需要配备融冰装置。有些冰区船采用空泡系统以支持破冰，或在破冰时加热喷水口。

（4）对船舶设计和建造公司的要求较高，技术含量高，风险性、挑战性大。

破冰船

2008年，俄罗斯 Baltiysky Zavod 船厂为俄罗斯 Rosmorport FSUE 公司建造了 LK16"Moskva"号破冰船，它是俄罗斯船厂30多年来建造的首艘柴电推进破冰船，主要为冬季在芬兰湾航行的大型油船（船宽40～50 m）开辟航道，在冰区或无冰区域为船舶和浮式结构物提供拖曳、救援任务，清洁开阔海域的漏油和化学品，以及为北极航行船舶提供消防服务。该船总长114 m，型宽27.5 m，吃水8.5 m，载重量6 425 t，配备2台6 000 kW的瓦锡兰12V32型柴油机和2台4 500 kW的瓦锡兰9L32型柴油机、2台8 200kW的电动机，破冰能力为1 m，可以在强度为50万帕、厚度为0.1～0.2 m的冰区以约3 kn的航速前行。同时，"Moskva"号破冰船能够以2 kn的航速在6级海况下进行救援操作。

在核动力破冰船方面,目前世界上最大的核动力破冰船是"50 years of Victory"号,该船推进系统采用2个核反应堆,推进功率达到55 125 kW。"50 years of Victory"号船长159 m,宽30 m,吃水11.08 m,在无冰水域的最高航速为21.4 kn,排水量为2.5万t。该船的冰带宽度为5 m,采用不锈钢材料建造。据了解,"50 years of Victory"号船的破冰能力可以达到2.5 m。

冰区货船

冰区加强型货船应具备在冰区航行的能力,与普通船相比其船体结构经过加强,且主机功率较大,常见于渡船、散货船、滚装船等,其特点是一般采用双壳船体,船形平滑,艏和艉安装有高效的推进器,肥型船艏有利于前行和破冰,采用厚钢板设计(特别是在船艏和水线处),同时采用特殊船体涂层以提高船体强度和降低与冰块的摩擦,冰带加强区一般为水线上下1 m处,另外还配备特殊的主机冷却装置。

冰区海洋工程装置

由于冰区温度较低和气候条件恶劣,冰区近海钻井具有较大的挑战。目前在冰区作业的主要海洋工程装置包括钻井平台、FSO、钻井船和供应船等,此外一些冰区还安装了油船装载设备(TLU)、驳船、FPSO冰区系泊装置、海底生产装置等一些特殊设备。

我国冰区船舶研发建议

面对北极地区战略地位的日益提升,各主要国家纷纷加强冰区船舶研制的现状,我国船厂也积极应对,并承接了部分冰区船舶订单。同时有关技术研发单位还做了大型冰级船舶技术的预研开发,为我国进一步发展自主冰区船舶奠定了一定的基础。

但是,我国冰区船舶的建造技术相当薄弱,高等级冰区船舶制造从未涉及,自破冰型运输船舶还处于技术空白。为此,我国有必要针对以下关键技术展开研究,为北极开发提供坚强的装备保障。

一是材料制造加工技术的研究。为了在低温条件下保证船舶的安全,冰区船舶必须采用比普通船舶更高等级的钢材和非金属材料,如何制造这些冰区级材料,并且将其加工焊接成性能良好的船体构件是首先需要掌握的技术。

二是基础试验技术研究。与普通船舶一样，在实船建造前，需要进行模型试验。所不同的是普通船舶是在水池中进行试验，而冰区船舶需要在"冰槽"中进行试验。冰槽是一个冷冻水池，能够模拟现实中包括冰载荷在内的各种载荷。虽然我国建造了多个大型试验水池，但缺乏用于冰区船舶试验的冰槽。

三是船型设计技术研究。在冰层厚度达 1 m 的冰区，最高等级冰区船舶的最大航速可达 20 kn，在普通船舶上进行简单的加强并不能满足安全性和经济性要求。其型线需要特殊设计，特别是艏部型线，以便更好地适应冰区航行。

四是相关船用设备制造技术研究。在冰区航行时，船上各系统将会经受严酷的环境考验。动力及推进系统包括主机、轴系、减速齿轮装置、螺旋桨、起动装置及冷却水系统等设备均需满足冰区航行的要求。特别是其轮机装置应能在环境空气温度低于 0℃ 的情况下安全和正常运行，并应特别考虑低温下液压系统的功能、水管和水箱的防冻措施以及应急柴油机低温起动性能等。而在北极地区航行的船舶，普通的导航系统将面临失效的问题，陀螺罗经的指向力矩随纬度的升高而变小，纬度超过 70° 时准确率将会显著下降，当达到北纬 85° 的时候将失去作用。而磁罗经在磁极附近对航海的作用非常小。同样，冰区船舶的其他设备也须要进行特殊的设计制造才能安全快速地在低温条件下航行。

五是着手开展冰区船船员培训的准备工作。未来需要越来越多冰区航行船舶的操纵者和管理者，向目前国内具有极地冰区航行经验的船员极少，院校或科研机构可以就这方面进行研究，编写教材，为冰区船船员培训早做准备。

工欲善其事，必先利其器。我国应该着力突破这些关键技术，开发适应北极地区航行的船舶，打造相应的冰区船队，为我国开发利用北极资源，保障国际贸易安全，促进国民经济发展提供可靠的装备。

新能源船舶

新能源又称非常规能源,是指传统能源之外的各种能源形式,一般是刚开始开发利用或正在积极研究、有待推广的能源。新能源的各种形式都是直接或间接地来自于太阳或地球内部深处所产生的热能,包括太阳能、风能、生物质能、地热能、核聚变能、水能和海洋能以及由可再生能源衍生出来的生物燃料和氢所产生的能量。新能源具有污染少、储量大的特点,对于解决当今世界严重的环境污染问题和资源枯竭问题具有重要意义。

随着现代航运技术的发展,远洋船舶和内河船舶发展势头迅猛,特别是在世界及地区贸易快速发展背景下,船舶运输仍是大宗货物运输的重要渠道。仅就我国来讲,渤海、东海、南海沿海航运及京杭大运河、长江等水路运输动脉,正在支撑全国及世界范围内的货物、人员等的流通,是繁荣经济不可或缺的运输模式。

但现代航运的繁荣,也带来前所未有的污染,这在倡导清洁、绿色的今天显得非常突出。船舶污染问题也已引来监管部门政策持续关注。此前交通部印发《船舶与港口污染防治专项行动实施方案(2015–2020年)》,制定未来五年船舶与港口污染防治的时间表和路线图。根据规划,到2020年,珠三角、长三角、环渤海(京津冀)水域船舶硫氧化物、氮氧化物、颗粒物与2015年相比大幅下降。同时,按照新修订的船舶污染物排放相关标准,2020年底前完成现有船舶改造,经改造仍不能达到要求的,限期予以淘汰。

电动化探索

研究显示,一吨柴油燃烧后产生的二氧化碳、一氧化碳、碳氢化合物的量都非常大。在强调大气污染治理、水污染治理的大环境下,内河航运船舶急需改造。

与传统动力船舶相比，电动船舶在控制排放污染、噪声污染等方面拥有得天独厚的优势。有国外机构预测，电动船舶市场，包括水上及水下，将从2013年的26亿美元（约合人民币161.4亿元）快速增长到2024年的73亿美元（约合人民币453.1亿元）。另外，随着大功率纯电动版本越来越可行，电动船舶使用范围将进一步扩大。

从技术和实用性上来讲，船舶的电动化还是受制于电池续航能力、充电速度和充电设施分布情况等，特别是对于一些长距离航行的、大批量运送货物的沿海及远洋航运来讲，船舶电动化仍难以满足现实需求。在动力能源清洁化背景下，多形式推动船舶清洁能源使用成为多方选择。

太阳能

太阳能的利用主要有两个方面的技术，即光热技术和光伏技术。光热技术是利用太阳光的热辐射，其应用最为成功的领域是太阳能热水器。该项技术的进一步延伸是太阳能热发电，即利用集热器把太阳辐射热能集中起来给水加热产生蒸汽，再通过汽轮机、发电机来发电。考虑到船舶运行过程中对于热水的需求量不高，进行热电转换在有限的船舶空间内难以实施，故而光热利用的可行性不是很高。但是应用光热技术代替常用的蒸汽盘管和电加热盘管对船舶所使用的重油进行预加热，是一个值得关注的方向。光伏技术是对太阳光中的短波辐射能照射于硅质半导体上所产生的电能进行调制后加以利用，亦称为光生伏打效应。随着太阳能光伏技术的不断深入发展，其效率、可靠性和稳定性均有了很大的提升，因而从最初的单纯技术研究逐渐转向实际应用领域。太阳能光伏发电应用于船舶是目前绿色船舶发展的一个重要方向。太阳能具有取之不尽、用之不竭特点，且分布遍及世界各地，不产生任何污染物或废弃物，但其强度受到季节、地区、气候等各种因素的影响。目前，将太阳能光伏发电应用于船舶是绿色船舶发展的一个重要方向。

太阳能电池

目前存在的太阳能电池类型有单晶硅太阳能电池、多晶硅太阳能电池、薄膜太阳能电池和多元化合物太阳能电池。

单晶硅太阳能电池在实验室里最高的转换效率为24.7%，规模生产时的效率为15%，这是所有各类太阳能电池中光电转换效率最高的，使用寿命一般可达15年，最高可达25年，制作成本比其他类型要大。

多晶硅太阳能电池的制作成本比单晶硅太阳能电池便宜一些，材料制造简便，节约电耗，总的生产成本较低，其光电转换效率约12%左右。多晶硅太阳能电池的使用寿命要比单晶硅太阳能电池短。

薄膜太阳能电池与单晶硅和多晶硅太阳电池的制作方法完全不同，工艺过程大大简化，硅材料消耗很少，电耗更低，而且在弱光条件也能发电。但非晶硅太阳能电池存在的主要问题是光电转换效率偏低，国际先进水平为10%左右，还不够稳定。随着时间的延长，其转换效率逐渐衰减。

多元化合物太阳能电池是指不是用单一元素半导体材料制成的太阳能电池，包括硫化镉太阳能电池、砷化镓太阳能电池、铜铟硒太阳能电池等。其研究品种繁多，大多数尚未工业化生产，也都存在着光电转化效率不高的问题。

总体来说，目前的太阳能电池效率偏低，实际使用效率低于20%，即使是实验室效率，也不足30%，导致太阳能得不到充分利用，太阳能发电量有待提高。由于使用寿命的限制，使得船上太阳能电池必须定期更换，这就带来了成本增加，维护困难等问题。

电力系统

应用太阳能的混合动力船，需要一套混合动力系统。混合动力系统是在传统动力系统基础上发展起来的。工程机械中，主要使用的是油电混合，采用燃油和电能混合提供动力。太阳能船舶应用的混合电力系统，则是采用燃油和太阳能产生的电能混合提供电力。系统主要部分为柴油发动机、发电机、储能装置、驱动电机、电传动系统和能量管理控制系统等。混合动力系统具有功率密度大、易实现正反转、可靠性高等优点，但在应用上存在着以下缺点：

一是制造成本较高。因此，目前投入商品化的油电系统都是处于政府补贴状态。

二是用于混合动力系统的电机必须同时具备可控性好、容错能力强、噪声低、效率高等性能特点。目前，混合动力系统使用最广泛的是交流感应电机。这种电机本身就充斥着很难轻易解决的功率和效率之间的矛盾,因此,需要进一步研制出具有高效率、高功率密度的永磁电机等先进电机,来替代目前使用的交流感应电机。

风能

风能是太阳能的一种转换形式,地球接收到的太阳辐射能约有 2% 转化为风能,是一种无污染且无限可再生资源。人类利用风能的历史悠久,我国是世界上利用风能最早的国家之一,公元前数世纪我国人民就利用风力提水、灌溉、磨面和利用风帆推动船舶前进。19 世纪末,人们开始研究风能发电。1891 年,丹麦建造了世界上第一座试验性的风能发电站。到了 20 世纪初,一些欧洲国家如荷兰、法国等,纷纷开展风能发电的研究。20 世纪 70 年代中期以来,由于能源供应紧张,加之石油、煤炭对环境的污染日益严重,所以很多国家对风能发电的研究重视起来,而且近年来还加大了对风能在船舶、制热、制冷、海水淡化、提水等方面的研究,使风能的利用范围得到了进一步扩大,其中风力发电已成为目前陆上及海上风能利用最主要的形式,其发电规模已经越来越大。多年的实践表明,风能已经成为全世界增长最快的能源。据全球风能协会(GWEC)统计,风电发展覆盖 80 多个国家,到 2011 年底,全球累计风电装机接近 238 GW,近 15 年累计年市场增长率达到 28%。2011 年,中国的风电增长占世界市场份额的 43%,处于世界第一。在经济不景气的大背景下,2012～2016 年,全球新增装机容量将达到 255 GW,累计年均市场增长率接近 16%,到 2016 年底,全球风电累计总装机容量将接近 500 GW,2016 年新增将近 60 GW 装机容量,可见其发展速度是非常迅猛的。

但是,风能利用存在着间歇性、噪声大、受地形影响和干扰雷达信号等难以彻底消除的缺点。当前,风能利用主要是以风能作动力(风帆助航)和风力发电两种形式为主,在船舶上的应用形式偏重于作为航行的主动力或辅助动力,只在少数船舶上应用风力发电技术。风能具有可再生,永不枯竭的特点,分布广泛,遍布世界各地,属于典型的清洁能源,不存在任何污染,但是其稳定性较差,投资成本较高。

智能船舶

国际与国内贸易量的日益增加对交通运输的效率、安全与节能提出了新的挑战。航运作为一种重要的贸易运输方式,如何提高其运输载体——船舶的智能化水平是亟待解决的关键问题。近年来,在传感、通信、计算机、信息、自动化、智能控制等技术的引领下,船舶智能化发展较快并取得了一些新的成果。

在船舶智能航行方面,计算机技术、传感器技术、通信技术、信息技术的进步推动了船舶导航设备、自动化设备、环境感知设备的更新与升级,物联网技术、信息物理系统和大数据技术的应用加快了船船、船岸之间信息交互的发展,这为构建新一代综合船桥系统(Integrated Bridge System,IBS)提供了必要的基础。新一代 IBS 具备完善的综合导航、自动操船、故障自动诊断、自动避碰和报警等功能,通过对船舶周围和自身状态的监控,既保证了船舶的航行安全也节约了运营成本。此外,IBS 的发展和人工智能的突破也为实现船舶无人驾驶提供了可能。目前,美国、以色列等海洋强国已将无人驾驶的无人艇用于执行军事任务和海洋气象信息获取。与汽车无人驾驶相同,船舶无人驾驶必将成为现实。考虑到船舶无人驾驶是一个高度复杂、计算量大、可靠性要求极高的过程,很多相关理论和技术仍需进一步研究和应用。

在船舶智能管理与服务方面,船舶交通服务(Vessel Traffic Services,VTS)系统在港口船舶管理、内河交通管理中仍发挥着重要作用,但目前的 VTS 系统仅限于在重要水域进行覆盖,主要依靠雷达、船载自动识别系统(Automatic Identification System,AIS)和语音等手段进行船岸交互,无法实现对航行船舶的全程监控和管理。一些新兴的技术正在促进船舶管理与服务的发展,如长江电子航道图 3.0 版能实时提供船舶航行相关的水深、虚拟航标、航线设计、安全预警、水位预测、主缓流信息服务等功能,保障了船舶的航行安全;欧洲内河信息服务(Harmonized River Information Services,RIS)是欧洲为支持内河航运、交通管理、运输管理以及多式联运而提出的信息协同服务理念,为用户提供了电子江图、法律法规、船舶登记等静态信息以及船舶位置、货物信息、预计达到时间等动态信息;船讯网借助岸基AIS、卫星AIS和海事卫星等手段获取全球范围内船舶实时信息并利用WebGIS在互联网上实时显示;智能化船舶电子签证管理系统实现了不停船签证。

船舶智能化是在大数据、信息物理系统、物联网等技术和概念的推动下发展起来的,是继船舶自动化、信息化后船舶行业又一重要发展趋势。船舶智能化在船舶航行、船舶管理与服务两方面均有体现,未来将实现船舶制造、航行、管理和服务整个流程的智能控制,这种全智能运作方式在提升效率的同时降低了航运的营运成本,进一步稳固了航运在国际贸易中的地位。

但智能化发展也会遇到一些阻碍,主要表现在:① 构建全球范围内任何地点、任何时间内的船舶物联网在技术上可行,但当前海事卫星通信带宽有限,费用昂贵,需对船舶通信系统进行布设、更新和升级;② 大数据处理和无人驾驶过程对计算能力要求很高,普通计算机很难满足需求,除不断升级硬件外,还应从处理算法和分布式计算等方面来提升处理速度与能力;③ 系统智能化程度越高,人的参与就越少,一旦发生事故就可能造成比较严重的后果。因此,智能化系统的可靠性和安全性有待提高。

动力系统

概述

船舶是水路的重要运输工具,船舶动力装置技术水平关系到国家海上经济的发展以及军事安全问题。船舶动力装置历经了多个演化和改进阶段,从最早的蒸汽机到混合动力装置,船舶动力装置逐渐向着环保、高效的方向演进。尽管目前柴油机动力装置仍然在船舶动力装置中占据很大比重,但在不久的将来,随着技术的革新,更具经济性和环保性的动力装置将成为主流。

船舶动力装置是船舶的核心设备,其性能和发展水平直接反映了一个国家的造船实力和海上军事水平。

船舶常规动力装置的类型

柴油机动力装置

柴油机动力装置是以柴油为燃料的内燃机,其优点在于启动速度快、运行状态可靠和功率大等。柴油机动力装置是目前应用最为普遍的船舶动力装置,因此其技术成熟度也相对更高。柴油机动力装置在 20 世纪 60 年代开始全面取代蒸汽轮机,成为最主流的船舶动力装置。

柴油机动力装置分为四冲程柴油机和二冲程柴油机,其中二冲程柴油机的特点是转速相对较低,可以直接驱动螺旋机进行工作,主要应用于大中型远洋运输船舶上。而四冲程柴油机转速较高,一般主要应用于小型运输船、客船、军舰和豪华游艇上。目前,柴油机动力装置主要生产商为 MAN 公司和 WARTSILA 公司。我国柴油机动力装置技术水平近年来显著提升，但是国内企业较上述两家公司还有着一定的差距。

燃气轮机动力装置

燃气轮机动力装置是以油气作为燃料的动力装置，其突出的特点在于装置体积较小、重量轻、加速性能好，且运行过程中所产生的污染物远远少于柴油机动力装置。但是，燃气轮机动力装置也存在较多的缺点和不足，如燃气轮机的燃料（蒸馏油）价格非常昂贵、燃气轮机油耗较高、经济性不高等，因此很难在船舶当中得到普及。目前，只有少部分的高速客船和军用舰艇上配备了燃气轮机动力装置。

电力推进装置

电力推进装置，顾名思义是以电动机做功来推动船舶运行的动力装置。电力推进装置工艺较柴油机动力装置要更复杂，目前，多数的电力推进装置还需要配备柴油机或者燃气轮机产生电力能源，为电动机提供能源。电力推进装置的特点在于安全性较高、可操作性强，船舶运行更稳定，并且经济环保。电力推进装置目前主要配备于豪华游船、海洋工程船和部分军事舰船等，具有非常广泛的推广和利用空间。

混合动力装置

混合动力装置由电动组和主柴油机组成，通过联动形式为船舶提供动力。混合动力装置中，轴带电机工作模式为电动机，负责为船舶提供辅助动力。这类船舶当中柴油机为主要动力装置，但由于电动组提供必要的辅助推力，因此柴油机可选择功率较小的型号，以降低柴油油耗，并节省大量的机舱内部空间。随着科学技术的不断发展，混合动力装置的运行状况更加稳定，很大程度上保证了两大动力能源的稳定并车，这也使混合动力装置的应用越来越广泛，在许多船舶上都能够发现混合动力装置的身影。

船舶动力装置的发展趋势

柴油机动力装置的发展趋势

柴油机动力装置具有输出功率大、技术成熟度高等诸多优点，因此在未来同样有着较大的发展空间。未来，柴油机动力装置将会朝向单缸高功、低排放、低污染、智能化等具体的发展方向迈进。

首先，柴油机具有相对庞大的体积，占用了大量船舱内部空间。而柴油机多缸运作也使得燃料需求过高。目前，MAN公司等国际上一流的柴油机生产厂商，投入了大量资金和人力用于完整解决方案的开发和研究，试图通过对应的技术和方法提升单缸柴油机的做功效率，提升柴油机的技术水平，而这一方面的研究也取得了一定的技术突破。

其次，柴油机将会向着低排放、低污染的方向发展。柴油机工作中产生大量的废气，对生态环境造成重大影响。随着社会的不断发展，环境污染问题和能源危机问题日趋严重，柴油机必然会顺应可持续发展战略，不断优化装置的作业功率，提升燃油效率。此外，柴油机动力装置还会安装用于废气处理的先进技术和设备，以降低废气的环境污染问题。

再次，柴油机动力装置还将具备更强的智能化。智能化的控制系统，能够对柴油机动力装置进行最为稳定的调控，提升柴油机做功质量和效率，减少柴油机动力装置系统的故障率。同时，借助先进的智能化操控系统，还能够保持船舶运行的稳定性，不断提升柴油机动力装置的综合经济效益。

电力推进装置的发展趋势

常规电力推进装置基于其相对稳定的工作能力、经济环保等特点，在未来将会受到极大的普及和推广，以替代部分污染较为严重、性能低下的动力装置。常规电力推进装置的主要研究方向在于原动机，通过对清洁能源的使用以替代柴油等燃料，进而进一步保证电力推进装置的环保性能。

此外，电力推进装置还会继续加强对装置的经济性、操控性等方面的优化和改良，以提升电力推进装置的应用广泛度。与此同时，电力推进装置还将会进一步整合船舶电力系统，实现船舶动力与内部用电的一体化，进一步增强电力能源应用和管理上的整体性，不断提高电力推进装置的作用和价值。

吊舱式电力推进装置是目前备受关注的电力推进装置，这是一种全方位转动的动力装置，其最大优点是推进效率更高，并且重量更轻、噪声方面也有了显著的降低。目前，吊舱式电力推进装置在豪华游轮、军事舰艇上的应用越来越广泛，并且逐步在工程船、天然气运输船等船舶上应用。

混合动力装置的发展趋势

混合动力装置主要有柴—电推进装置、柴—燃推进装置以及柴—电—燃气推进装置。混合动力装置的特点在于综合了各类电力推进装置的部分优点，保证动力装置功率的同时，又能减少动力装置对环境的污染。混合动力装置目前主要在军事舰船上应用，近年来，混合动力装置也开始逐步应用于商用船舶上。

从混合动力装置的特点来看，混合动力装置属于船舶动力装置的过渡机型。混合动力装置的设计和研发，主要是从柴油机动力装置的缺陷出发，试图通过集成其他动力装置的优点以提升柴油机动力装置的性能。但是，随着科学技术的不断发展，混合动力装置将面临更多的技术难题和发展任务。首先，混合动力装置必须要在原有的基础上，进一步弱化柴油机动力装置的主动性，甚至是从混合动力装置中去除柴油机设备，从而提升装置的环保性和可再生性。

同时，混合动力装置必须要加强对全新能源的寻求和探索，为动力装置提供源源不断的能源。比如，太阳能作为当前重要的能源研究方向，混合动力装置中可以尝试将太阳能与动力装置相结合，或者是加强对风能和海洋能的利用，以求最大化地保持混合动力装置的使用效果，为混合动力装置的使用提供更为可靠的保障。

特种推进装置的发展趋势

特种推进装置，主要是应用于海洋工程船、调查船、高速客船、破冰船以及勘测船等特殊用途船只的推进装置。特种推进装置首先要满足船舶的性能需求，其次要尽可能地保证装置的做功效率以及环保性能。

目前，可调桨推进装置备受人们的关注和欢迎。可调桨推进装置主要具有节能环保、操控性好等特点，许多特种装置都在应用这类装置。可调桨推进装置的研究，将以如何进一步提升推进功率、降低能耗为主要方向。

特种推进装置在未来还会加强对侧推技术和喷水推进技术的研究，以提升船舶的行驶速度和操控性能。因为特种船舶时刻面临艰巨的任务，需要功率更为强劲的动力装置，而侧推技术和喷水推进技术能够在原有的基础上进一步提升动力装置的动力性能，并降低船舶整体的质量，促进船舶特别任务的完成。

低迷船市下船用柴油机的发展

2013年，《船舶工业转型升级实施方案》颁布，提出了我国船舶工业未来发展的方向和目标。2014年、2015年各项配套政策相继出台，更加细化了船舶工业发展的方向，同时也提出了提高关键配套设备的要求。2015年，《船舶配套产业能力提升行动计划（2016-2020）》的出台，更加明确了船舶配套业在船舶工业转型升级中的重要地位。船舶工业结构调整转型升级，不仅体现在向高技术、高附加值船舶的发展方面，同时也是淘汰过剩产能、优化产业布局、提高产业集中度、增强企业竞争力的过程，因此，对柴油机企业研发新产品、培育自主品牌、提升服务水平也都提出了新的要求。

我国船舶工业经济运行情况

2015年是我国船舶工业"十二五"规划的收官之年，党中央、国务院高度重视船舶工业发展，习近平总书记亲赴浙江省视察船舶企业并进行调研，国务院出台了《中国制造2025》等相关政策。我国船舶工业克服了航运市场持续萧条、国际船市低位震荡、全球造船产能严重过剩等困难，实现了产业集中度进一步提高、转型升级成效明显、智能制造有所突破、对外合作成绩显著、行业产业链进一步完善、兼并重组稳步推进等目标，综合实力得到提高，世界造船大国地位继续巩固。但受国际金融危机深层次影响，接单难、交船难、盈利难、融资难等问题依然存在，全行业经济效益出现下滑，船舶工业面临的形势依然严峻。

我国船用柴油机产业的发展情况

近十几年来，我国船用柴油机产业伴随着我国船舶工业的崛起而快速发展，产品质量达到国际先进水平。船用低速柴油机系列引进国际三大品牌，具备全系列生产能力，满足出口船、远洋船主动力配套需要；中、高速柴油机引进生产法国热机协会（SEMT）、日本大发、德国MAN、MTU、MWM、MAK、芬兰瓦锡兰等国际著名品牌50余种型号，满足军民船舶主动力、船用电站等发展需要。我国现有低速柴油机生产能力883万~1 103万kW，中速柴油机（引进产品）生产能力2 500~3 000台。

研制水平不断提高

近几年，MAN、WARTSSILA公司新推出了一系列先进的低速柴油机，我国柴油机企业成功研制生产出多种世界首台智能型船用低速机，首制满足IMO Tier Ⅱ排放要求的MAN 8L32/40等中速柴油机，一大批国内空白的新型柴油机相继研制成功，满足大型（万箱级）集装箱船、超大型油轮（VLCC）等船舶配套需要。

自主研发取得突破

近些年来，我国船用柴油机研究单位和生产企业，在引进柴油机研制水平不断提高的同时，在自主知识产权大功率船用柴油机的研制上也取得新的突破，成功研制出DN8330、6CS21/32等中速柴油机，性能指标达到国际先进水平，20V180 高速柴油机成功开发，小缸径低速柴油机研制工作正在积极推进。

船用低速机产品及技术发展趋势

船用低速机要不断提高环保性能，以满足国际海事组织 Tier Ⅲ 标准。包括高压共轨燃油喷射技术、高增压技术、高效燃烧技术和电子控制技术等。除此之外，为应对日益严格的排放标准，业界目前主要有两种可操作性较高的应对措施：一是增加后处理装置，选择性催化还原（SCR）、清洗除硫（Scrubber）、废气再循环（EGR）、余热回收（WHR）、微粒捕集（DPF）等；二是开发双燃料/纯气体发动机。

受船舶大型化趋势影响，船用低速机的另一发展趋势则是通过增大行程/缸径比，大幅提高平均有效压力、活塞平均速度和最高燃烧压力。同时，不断开发出缸数更多、功率更大的船用低速机。

为满足船东对主机经济性能不断提高的要求，柴油机公司通过引进新型高效涡轮增压器，降低燃油消耗率，并通过使用劣质重油降低燃油费用。目前，低速机的燃油消耗率已降至（155～172）g/kW·h，而热效率提高至 54.4%；大功率低速机能燃用黏度高达 700 mm²/s 的劣质重油，甚至渣油。柴油机的平均有效压力也不断提高，目前最高燃烧压力已达 20 MPa，这使得柴油机零部件机械负荷及热负荷增加。

随着现代信息技术的引入，智能化成为船舶柴油机发展的新趋势。目前，世界两大低速机设计公司 MAN 和瓦锡兰已分别将 G、X 超长冲程、高效、电控智能型柴油机作为其研发的重点方向。智能机的关键技术主要是电子调速器系统、电控燃油喷射系统、高压共轨燃油喷射系统、智能化电子控制系统等。

参考文献

[1] 刘淮. 国外深海技术发展研究（一）[J]. 船艇，2006，258：6-18.

[2] 刘淮. 国外深海技术发展研究（二）[J]. 船艇，2006，260：18-23.

[3] 周国平. 海洋工程装备关键技术和支撑技术研究. 第七届长三角地区船舶工业发展论坛—专题报告.

[4] 朱心科，金翔龙，陶春辉. 海洋探测技术与装备发展探讨[J]. 机器人，2013，25（3）：376-384.

[5] 高艳波，李慧青，柴玉萍. 深海高技术发展现状及趋势[J]. 海洋技术，2010，29（3）：119-124.

[6] 王颖，韩光，张英香. 深海海洋工程装备技术发展现状及趋势[J]. 舰船科学技术，2010，32（10）：108-124.

[7] 孙巍. 深海石油工程装备技术发展现状及展望[J]. 中外能源，2012，17（9）：9-14.

[8] 莫杰，肖菲. 深海探测技术的发展[J]. 科学，2012，64（5）：11-15.

[9] 刘涛，王璇，王帅. 深海载人潜水器发展现状及技术进展[J]. 中国造船，2012，53（3）：233-242.

[10] 刘峰. 世界海洋工程产业发展动态[J]. 竞争情报秋季刊，2010.

[11] 黄悦华，任克忍. 我国海洋石油钻井平台现状与技术发展分析[J]. 石油机械，2007，35（9）：157-160.

[12] 曹惠芬. 我国深海探测技术装备发展现状[J]. 船舶物资与市场，2005，2：19-22.

[13] 倪国江. 海洋资源开发技术发展趋势及我国的发展重点[J]. 海洋技术，2009，28（1）：133-136.

[14] 朱伟亚，万步炎，黄筱军. 深海底中深孔岩芯取样钻机的研制[J]. 中国工程机械学报，2016，14（1）：38-43.

[15] 陈新明. 中国深海采矿技术的发展. 长沙矿山研究院建院50周年院庆论文集, 2010.

[16] J. 魏莱普. 波浪和潮汐能开发技术的研发进展[J]. 水利水电快报, 2010, 31(4): 14-18.

[17] 岳文艳, 张友恒. 波浪能发电装置的研究[J]. 工业科技, 2011, 40(4): 41-43.

[18] 赵伟国, 刘玉田, 王伟胜. 海洋可再生能源发电现状与发展趋势[J]. 智能电网, 2015, 3(6): 493-499.

[19] 徐莹, 何宏舟. 海洋温差能发电研究现状及展望[J]. 能源与环境, 2016, (2): 17-21.

[20] 肖惠民, 于波, 蔡维由. 世界海洋波浪能发电技术的发展现状与前景[J]. 水电与新能源, 2011, (1): 67-69.

[21] 李艳, 张鹏辉, 王毅. 国内外铺管船的对比研究[J]. 中国造船, 2009, 50(增刊): 82-86.

[22] 刘嵬辉, 曾宝, 程景彬等. 国内外铺管船概况[J]. 油气储运, 2007, 26(6): 11-15.

[23] 周国平. 海洋工程辅助船研发构想[J]. 上海造船, 2009, (4): 4-8.

[24] 李含苹, 闵兵, 康为夏. 铺管船前景及船型开发[J]. 船舶, 2009, (2): 1-4.

[25] 罗续业, 王项南, 吴迪等. 国家级海上试验场建设构想[J]. 海洋开发与管理, 2010.

[26] 陈俊宁. 海上试验场综合数据集成与管理系统设计与实现[D]. 中国海洋大学, 2015.

[27] 赵涛. 自主水下航行器的研究现状与挑战[J]. 火力与指挥控制, 2004, 35(6).

[28] 侯巍. 自主水下航行器建模与控制系统研究开发[D]. 天津大学, 2004.

[29] 崔维成, 吴有生, 李润培. 超大型海洋浮式结构物开发过程中需要解决的关键技术问题[J]. 海洋工程, 2000, 18(16): 1-8.

[30] 杨春蕾. 船舶性能数值水池关键技术研究与应用[D]. 上海交通大学, 2014.

[31] 廉静静. 三维数值水池及船舶操纵性水动力数值计算[D]. 大连海事大学, 2013.

[32] 张甫兴. 浅谈新能源在船舶上的应用. 江苏船舶, 2012.10(29) No.5.

[33] 曹惠芬. 我国船舶柴油动力系统的发展现状. 船舶与设备. 2012.2.